本书获河南省社会科学院
哲学社会科学创新工程试点经费资助

中原学术文库·青年丛书

中部地区生产性服务业和制造业高质量协同发展研究

RESEARCH ON SYNERGY EFFECT OF HIGH QUALITY DEVELOPMENT OF
PRODUCER SERVICES AND MANUFACTURING INDUSTRY
IN CENTRAL CHINA

侯红昌 / 著

社会科学文献出版社
SOCIAL SCIENCES ACADEMIC PRESS (CHINA)

附　　录 ··· 106

第五章　河南省物流业与制造业高质量协同发展实证分析 ········· 111
　　第一节　物流业与制造业高质量协同发展理论基础·············· 112
　　第二节　物流业与制造业高质量协同发展机理···················· 119
　　第三节　河南省物流业与制造业发展现状分析···················· 130
　　第四节　河南省物流业与制造业协同发展灰色关联分析·········· 137
　　第五节　推动河南省物流业与制造业高质量协同发展
　　　　　　对策建议·· 144
　　附　　录 ··· 155

**第六章　工业先行国家（地区）生产性服务业与制造业
　　　　　高质量发展经验分析** ···································· 158
　　第一节　发达国家生产性服务业发展经验························· 158
　　第二节　发达国家生产性服务业发展带来的启示················· 169
　　第三节　沿海发达地区生产性服务业与制造业
　　　　　　高质量协同发展经验·· 172
　　第四节　沿海发达地区生产性服务业与制造业
　　　　　　高质量协同发展启示·· 180

**第七章　中部地区生产性服务业与制造业高质量协同发展
　　　　　模式分析** ··· 182
　　第一节　生产性服务业与制造业高质量协同发展模式机理········ 182
　　第二节　中部地区生产性服务业与制造业高质量协同发展
　　　　　　模式设计·· 184

**第八章　中部地区生产性服务业与制造业高质量协同发展
　　　　　路径选择** ··· 188
　　第一节　山西省生产性服务业与制造业高质量协同发展路径与
　　　　　　实现机制·· 188

第二节　安徽省生产性服务业与制造业高质量协同发展路径与
　　　　实现机制…………………………………………………… 191

第三节　江西省生产性服务业与制造业高质量协同发展路径与
　　　　实现机制…………………………………………………… 194

第四节　河南省生产性服务业与制造业高质量协同发展路径与
　　　　实现机制…………………………………………………… 198

第五节　湖北省生产性服务业与制造业高质量协同发展路径与
　　　　实现机制…………………………………………………… 201

第六节　湖南省生产性服务业与制造业高质量协同发展路径与
　　　　实现机制…………………………………………………… 205

第九章　中部地区生产性服务业与制造业高质量协同发展的
　　　　对策建议……………………………………………………… 210

第一节　建立健全相关法律法规，消除二业协同发展的
　　　　体制性障碍………………………………………………… 210

第二节　加快建立生产性服务业商会和制造业协会等
　　　　中介服务平台……………………………………………… 211

第三节　充分有效地利用外资，带动生产性服务业向深层次发展…… 212

第四节　编制二业协同发展专项规划，加大政策扶持力度………… 212

第五节　重视培养高级专门人才，提升二业协同互动的融入度……… 213

第六节　通过降低市场交易成本，鼓励二业协同以市场的
　　　　方式推进…………………………………………………… 213

第十章　主要结论与研究展望………………………………………… 215

第一节　主要结论……………………………………………… 215

第二节　研究展望……………………………………………… 216

参考文献………………………………………………………… 217

第一章 导 论

第一节 研究背景与意义

改革开放以来，制造业在我国实现普遍地快速增长。特别是我国加入WTO以后，东部沿海地区的外向型经济发展模式，对制造业的蓬勃发展带来极大的推力。相应地，中部地区的非外向性经济发展模式和以原材料的初级加工制造和非高端装备制造业为主体的发展路径带来了"中部塌陷"的现象。基于此，国家提出"促进中部地区崛起规划"。自"中部地区崛起"战略实施以来，中部地区各省与自身发展历史相比，经济社会得到了较快发展，但"中部塌陷"的局面尚未改观。这其中的原因很多，如政策因素、环境因素、区位因素、分工因素等，但制造业发展水平较低，生产性服务业落后，二业发展协同性不足是很重要的一个方面。

十八大以来，我国经济社会发展进入新时代，经济由高速增长转向高质量发展是新时代的鲜明特征。高质量发展是体现新发展理念的发展，是以质量第一、效益优先为原则的发展。制造业是经济发展中最活跃、最丰富的领域，通过和生产性服务业的协同耦合，能够获取价值链上高利润、高附加值的环节。中部地区制造业在承接东部沿海地区的产业转移过程中取得了很大成效，但在和生产性服务业的融合性协同发展中还有很大空间。

本研究正是基于此展开深入研究，具体而言具有如下重要意义。

一是有利于中部地区制造业的转型升级，并在有效承接东部地区产业转移的同时，顺利实现向价值链高端的攀升和切入高质量发展模式。2008年国际金融危机导致的外需冲击使得东部地区的制造产业急需向内地转移以尽快降低成本和开拓国内市场。如果中部地区制造业能较好地把握这一历史性发展机遇，将会顺利实现转型升级，从而更好推进"中部地区崛起"

战略实施。

二是有利于提高中部地区生产性服务业发展水平，加速经济产业结构调整步伐。"中部塌陷"既与其制造业处在产业分工体系低端有关，更与其相关生产性服务业整体发展滞后有关。加快发展生产性服务业不仅有利于完善中部地区的经济产业结构，更有利于提升中部地区的经济发展后劲，为与发达地区同步迈过"中等收入陷阱"提供有力保障，特别是当前经济新常态下的供给侧结构性改革，在为生产性服务业的发展提供难得历史机遇的同时，生产性服务业的加速发展也有助于供给侧改革的深入推进。

三是有利于完善生产性服务业和制造业升级协同发展理论。有关该理论的发展，主要是来自发达国家的经验总结式的定性抽象，缺乏一般意义上的严谨数学描述，尤其缺乏对后发地区（转轨国家）的理论意义上的一般性指导。对后发国家和地区生产性服务业和制造业发展状态的实践总结更是少之又少。因此本研究拟从理论和经验方面对此加以完善。

第二节 研究内容与思路

本研究通过对中部地区生产性服务业和制造业的协同发展现状进行分析，进而探讨其改进和调整的路径与方向。主要内容包括：

一是对生产性服务业概念的界定，特征的分析和详细的分类，并对国内外理论界对生产性服务业的研究历程进行总结和述评。其后对生产性服务业与制造业之间的关系从阶段类别、空间形态、作用途径等方面进行总结分析，并给出理论综述。

二是给出生产性服务业促进制造业升级的一般性理论解释。从生产性服务业的产生机制可以看出，是分工、知识、技术等因素促使其发展壮大，进而推动制造业的发展，其途径包括降低交易成本、培养竞争优势、增加附加价值、彼此共生集聚等。从更一般的意义上来讲，一旦生产性服务业从制造业部门中独立出来，在均衡的增长路径上，制造业会带动生产性服务业的加速发展，而生产性服务业的发展将会促进制造业生产效率提升。这种协同的发展方式在不同的时期会表现出不同的阶段性特征。

三是对中部地区生产性服务业与制造业关系的静态面板分析。分析表明，中部地区的制造业因其对能源原材料的过度依赖，与生产性服务业的协同程度较低。进一步基于河南的动态协整分析表明,生产性服务业对制造业有较大的促进作用,但制造业对生产性服务业的促进作用较小。两种理论分析方法的结论一致。

四是本研究进一步以河南省生产性服务业的强项产业物流业作为代表,借助灰色关联理论,探讨物流业与制造业的高质量发展之间的内在关联。研究结果表明,河南物流业与制造业具有较高的关联度,虽然只是在河南原有的制造产业结构和制造业发展水平与规模的基础上,但为河南制造业和生产性服务业的高质量协同发展提供了思路。

五是对工业先行国家(或地区)生产性服务业发展经验进行分析,结果表明,环境、科技和行业协同的交流等因素在生产性服务业的发展,以及生产性服务有效促进制造业的发展方面发挥着重要作用。东部沿海地区的发展模式就更为简洁,结合现有资源,对外引资、技术服务与合作是其成功的不二法门。

六是从理论和实践上给出中部六省在推进生产性服务业与制造业协同互动上的模式选择、发展路径和实现机制。

七是针对中部地区产业结构的普遍特征,给出推进生产性服务业与制造业协同发展的一般性政策取向。

八是本研究的主要结论和进一步的研究展望。

具体的研究思路和技术路线图,如图1-1所示。

第三节 研究方法与创新点

本研究拟采用的研究方法如下:

一是实地调查研究法,以获取一手资料,使课题更好地贴近实践。

二是理论推演法,运用局部均衡分析法,引入波特竞争优势理论深入分析生产性服务业和制造业升级的内在机制。

三是计量分析法,建立面板数据模型对中部地区生产性服务业发展和制造业升级的协同发展进行深入研究;建立动态 VAR 模式对河南的生产性服务业和制造业进行深入探析;基于灰色关联理论对河南的物流业与制造业的协同发展进行典型分析。

四是归纳演绎法,对发达国家和东部地区的生产性服务业与制造业的

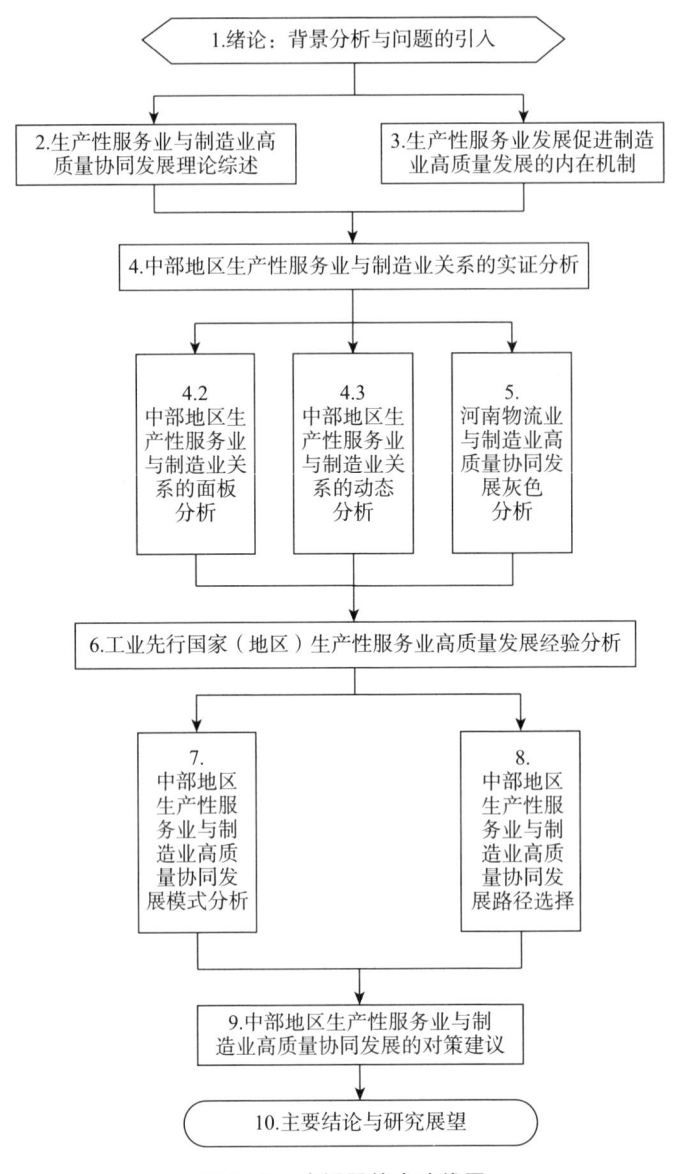

```
                    ┌─────────────────────────┐
                    │ 1.绪论：背景分析与问题的引入 │
                    └─────────────────────────┘
                              │
              ┌───────────────┴───────────────┐
              ▼                               ▼
   ┌────────────────────┐        ┌────────────────────┐
   │ 2.生产性服务业与制造业高 │        │ 3.生产性服务业发展促进制 │
   │ 质量协同发展理论综述   │        │ 造业高质量发展的内在机制 │
   └────────────────────┘        └────────────────────┘
              │                               │
              └───────────────┬───────────────┘
                              ▼
         ┌──────────────────────────────────────┐
         │ 4.中部地区生产性服务业与制造业关系的实证分析 │
         └──────────────────────────────────────┘
                              │
         ┌────────────────────┼────────────────────┐
         ▼                    ▼                    ▼
   ┌──────────┐         ┌──────────┐         ┌──────────┐
   │   4.2    │         │   4.3    │         │   5.     │
   │ 中部地区生 │         │ 中部地区生 │         │ 河南物流业 │
   │ 产性服务业 │         │ 产性服务业 │         │ 与制造业高 │
   │ 与制造业关 │         │ 与制造业关 │         │ 质量协同发 │
   │ 系的面板   │         │ 系的动态   │         │ 展灰色     │
   │ 分析       │         │ 分析       │         │ 分析       │
   └──────────┘         └──────────┘         └──────────┘
                              │
                              ▼
    ┌────────────────────────────────────────────────┐
    │ 6.工业先行国家（地区）生产性服务业高质量发展经验分析 │
    └────────────────────────────────────────────────┘
                              │
              ┌───────────────┴───────────────┐
              ▼                               ▼
        ┌──────────┐                    ┌──────────┐
        │   7.     │                    │   8.     │
        │ 中部地区  │                    │ 中部地区  │
        │ 生产性服  │                    │ 生产性服  │
        │ 务业与制  │                    │ 务业与制  │
        │ 造业高质  │                    │ 造业高质  │
        │ 量协同发  │                    │ 量协同发  │
        │ 展模式分析│                    │ 展路径选择│
        └──────────┘                    └──────────┘
              │                               │
              └───────────────┬───────────────┘
                              ▼
         ┌──────────────────────────────────────┐
         │ 9.中部地区生产性服务业与制          │
         │ 造业高质量协同发展的对策建议        │
         └──────────────────────────────────────┘
                              │
                              ▼
              ┌─────────────────────────┐
              │ 10.主要结论与研究展望     │
              └─────────────────────────┘
```

图 1 – 1　本课题技术路线图

协同发展模式进行经验总结，并给出对中部地区有益的发展启示。

五是实证与规范结合法，结合理论研究与实证分析的结构，提出中部地区的生产性服务业与制造业协同发展模式、路径和实现机制及对策。

本研究的创新点有三个，主要体现在以下方面：

（1）从新的研究视角解释生产性服务业与制造业升级协同发展的内在

机制。以局部均衡分析法和边际分析法，结合竞争优势理论分析了后发国家和地区生产性服务业与制造业的一般协同互动理论。

（2）深入探析了中部地区生产性服务业促进制造业高质量发展的一般性和特殊性。通过构造模型、提出命题、数据检验，全面探讨了中部地区生产性服务业和制造业之间的内在真实关系，使得理论的研究基础更为坚实，实践的分析更有意义。

（3）系统提出中部六省生产性服务业和制造业高质量协同发展一般模式的具体路径，以及实现机制。

第二章 生产性服务业与制造业高质量协同发展理论综述

研究生产性服务业与制造业协同发展的互动耦合机制，必须充分明晰生产性服务业的概念、本质、外延、特征和分类，厘清生产性服务业与制造业的相互关系。因此，我们分三个部分展开对现有理论研究的综述与评析。

第一节 生产性服务业的概念及分类

一 生产性服务业的定义

"生产性服务业"（Producer Services），最早是由 Machlup 于 1962 年提出的，他指出生产性服务业是知识生产产业，具有明显的知识密集特征。Greenfield 在 1966 年也阐述了生产性服务的概念，他认为生产性服务是向生产者而非消费者提供的服务，主要是企业对外购买的服务，如数据处理、设备租赁、交通运输、批发贸易、金融服务等。

关于生产性服务业的理论内涵，理论界主要从其服务功能和对象两个方面来界定。Borwnnig 和 Singemlna（1975）指出，生产性服务是提供专业性的服务行业包括金融、保险、法律、工商等服务和经纪等业务。Hubbard 和 Nutter（1982）认为，生产性服务业的专业领域是除去消费性服务行业以外的其他服务范畴。Howells 和 Green（1987）认为，生产性服务业是为其他公司提供的服务，主要包括金融服务和其他商业服务，如广告、市场研究、科学服务、会计、法律、R&D 等。Nyoelle 和 Staback（1984）、Gruble 和 Walker（1989）、Coffey 和 Polese（1989）等都对生产性服务业的概念做出定义，指出"它不是直接用来消费，直接可以产生效用的，它是一种经济中的中间投入，用来生产其他的产品或服务"，认为生产性服务业是中间性的投入而非最终产出。

生产性服务业作为服务提供者与接受者之间的一个中间连接，起到了桥梁的作用，这是它较为独特的地方。Gurbel 和 Walker（1989）指出，由于生产性服务的投入要素大部分为人力资本和知识资本，因此它们的产出也包含大量的人力资本和知识资本，这样生产性服务业就可以借此促进生产的专业化，扩大资本与知识密集型生产活动，从而提升了劳动与其他生产要素的生产效率。Campbell（1997）提出生产性服务业是为了满足公共或私有企业的需求，来参与服务活动的各类非政府企业所生产和销售的服务活动的集合体。Shearmur 和 Doloreux（2008）也认为，生产性服务业的本质就是中间性的服务部门，其服务对象是其他企业，而非个人。

在国内学术界，通常对生产性服务业的概念和定义基本沿用国外学者的研究成果，几乎没有对此进行重新定义的。比如，李江帆（1990）认为生产性服务业以服务的形式提供的生产资料主要是满足于生产的中间需求。于维香（1993）认为生产性服务的作用就是在商品（或其他服务）的生产过程中投入服务性要素。侯学刚、宁越敏（1998）认为生产性服务业是为社会的物质性生产提供的非实物形态产品或服务。刘志彪（2001）认为生产性服务是为生产、商务活动和政府管理提供的服务，而不是直接向消费的个体使用者提供的服务，是工业化生产过程中必不可少的重要活动。郑吉昌、夏晴（2004）认为生产性服务业是指为进一步的生产或最终的消费者提供的中间投入性服务。程大中（2006）认为生产性服务是市场化的非最终性消费服务，是为其他产品或服务生产提供用于中间性投入的服务。毕斗斗（2009）认为生产性服务业是指为三次产业的实物生产和服务生产过程提供中间性服务投入的部门。顾乃华（2010）认为生产性服务是指"那些被其他商品和服务的生产者用作中间投入的服务"，而生产性服务业是指"生产性服务企业的集合体"。

综上所述，我们可以看到，国内学者对生产性服务业的关注是从 20 世纪 80 年代后期才开始的，真正展开研究也就是 90 年代中期，而且在关于生产性服务业的概念和定义方面，基本沿用国外学者的成果，虽然各种表述方式略有不同，但是在有关生产性服务业的中间性投入，满足商品或服务生产活动的中间性需求方面看法一致。所以，我们在本研究中也同意这种表述方式，也即所谓生产性服务业就是为商品或服务的生产过程产生的服务性需求提供满足的供给,其主要内容是知识资本和人力资本等智力性投入。

二 生产性服务业的特征

生产性服务业主要有中间投入性、产业关联性、智力资本性三大明显特征。当然,生产性服务业作为服务业的一个分支,其本身也具有服务业的一些普通属性,比如,无形的非实物性、生产和消费在时空上的同步性等。不同于工业和农业,服务业的明显特征就是,在生产服务的同时,必须消费或接受服务,不然服务就会消失,供给就会无效。而生产性服务业在此基础上,还有显著不同于一般服务业之处,详述如下。

具有中间投入属性,这是生产性服务业区别于一般服务业的最本质特征。Coffey(1991)、Noyelle 和 Staback(1954)等学者指出,生产性服务业是中间性投入的产业,在财货或服务的生产过程中发挥中间的需求和供给功能,有助于提高生产者的生产效率。生产性服务的本质就是被用作生产商品或提供新的服务的生产过程的要素投入,其消耗的过程,会产生更多的符合市场需求的商品或有效的服务。因此,对生产性服务的消费不是一次性的最终消费,而是为了提高生产,创造更大更多商品价值而进行的中间性的生产耗费。

具有产业关联属性,这是生产性服务业的另一重要特征,并且这一特征是与中间投入属性紧密相关的。产业关联性是指该产业与其他产业的相互关系,具体包括产业的前向联系(指该产业与消耗其产出的产业之间的联系)和后向联系(指该产业与向它提供投入的产业之间的联系)。生产性服务业具有较强的产业关联属性,其与农业及工业的关系都极为密切,很多服务业本身就是从制造业不断发展中逐步分离出来的,原本就属于制造业生产过程中的某个环节,与制造业存在着千丝万缕的联系。此外,生产性服务业之间也相互存在密切的关联属性。

具有智力资本属性,这是指生产性服务业在推动和输送人力资本和知识资本向产品的凝结过程中发挥的重要作用。Gruble 和 Walker(1989)指出,人力资本和知识资本进入生产过程绝大部分是通过那些高技术人力以及科学与技术知识的主要使用者,亦即生产性服务业的从业者。尽管生产性服务业并不是把人力资本和知识资本引进生产过程的唯一渠道,但它是其中的重要途径之一。许多迅速增长的生产性服务业都是由高素质的劳动者所构成的服务企业提供的。比如，金融服务、财务会计、法律服务、广告文案、科学工程、通信技术以及个人培训等。正是这些高素质的生产性服务企业，促进和推动了人力资本和知识资本的积累，并通过日益专业化和迂回性生产来推动工业经济效率的不断提升。

此外，生产性服务业的发展还表现出外部化和集中性的发展趋向。随着企业规模的扩大和市场竞争的加剧，企业内部的许多服务项目被不断分离出来，形成独立的专业化生产性服务行业，这就使得生产性服务业的外部化倾向逐步显现。David L. Mckee（1988）从分工的角度指出，随着发达国家纷纷把传统工业外迁到发展中国家，留在发达国家内的有关融资、技术服务、信息处理、营销储运等一些生产性服务活动得到了蓬勃发展，形成了发达国家与发展中国家之间"较高层次服务业与一般工业、制造业"的国际分工格局。Coffey（1990）则从竞争策略的角度分析了生产性服务的外部化问题，他认为，企业为了更好分散不确定性带来的风险，会通过外包分散的形式来化解风险，为的是将现有资源集中在价值链中企业最具竞争优势的环节，这样一来，就能够更加有利于提高企业的竞争性、灵活性和生产效率。正是提高企业核心竞争力的要求和结局，使生产性服务业的布局呈现集中分布的态势。当前，随着经济全球化和信息技术的飞速发展，生产性服务业在全球的分布呈现出明显的特征，尤其是在一些所谓的"全球化城市"，聚集着大量的高端生产性服务业。

三 生产性服务业的分类

与其他行业一样，生产性服务业也是由很多细分行业组成。但由于理论界对生产性服务业的概念和定义存在部分分歧，不同学者对生产性服务业的划分也不太一致。对于大体的分类，比如，服务业整体分为生产性服务业和消费者服务业两大块，基本没有异议，分歧就在生产性服务业的门类细分上。因为生产性服务业是脱胎于工业制造业的门类的，所以很自然在经济的不同发展阶段，学者们对生产性服务业的认识不同，其对现实的指导意义也不同，这无论在国内还是国外理论界和实践中都存在。Hubbard 和 Nutter（1982）认为，生产性服务业的专业领域是消费性服务业以外的服务领域，并包括货物存储与分配、办公清洁和安全服务业等。Howell 和 Green（1986）认为生产性服务业是指保险、银行、金融和其他商业服务业以及科学服务等行业和门类。Coffey 和 Bailly（1991）认为，生产性服务业还包括工程服务、企业管理咨询、会计、设计和广告等门类。在实践中，美国商务部将生产性服务业划分为商业及专门技术（如电脑、工程、法律、广告及会计服务）、教育、金融、保险、电子传讯和外国政府。美国统计局则把生产性服务业划分为金融、保险、不动产、商务服务、法律服务、会员服务、其他专业服务等。中国香港贸易发展局关于生产性服务业的分类为专业服务、信息和中介服务、金融服务、与贸易相关的服务等。

在国内理论界关于生产性服务业的划分有早期的黄俊英（1987），其认为生产性服务业包括法律与会计服务、土木建筑服务、顾问服务、广告业、设计与出版业。薛立敏（1995）进一步把生产性服务业分为国际贸易、水上运输、铁路运输、其他运输仓储、通信、金融、保险、经纪、法律工商服务、设备租赁等。王玲（1997）关于生产性服务业的分类为金融保险业、房地产业、信息咨询服务业、计算机应用服务业、科学研究与综合技术服务业、邮电通信与交通运输业、教育、文艺和广播电视电影业、进出口贸易业等。

在实践中，我国对服务业的统计分类也经历了逐步与国际接轨的过程。中华人民共和国成立以后很长时间内，我国的产业分类一直遵循着苏联和东欧国家实行的物质产品平衡体系，核算范围仅限于物质产品，对非物质生产部门的第三产业没有给予重视。1985年，国家统计局提出了三次产业的分类。在这个分类中，各种类型服务业都划入了第三产业，共分为四个产业部门。1994年，为适应新的经济形势，国家统计局在《中国统计年鉴》中首次细分了行业统计，对服务业做了两级分类，共有11个二级分类和51个三级分类。2002年，为与国际产业分类接轨，并满足经济统计和研究的需要，国家统计局公布了新的《国民经济行业分类》（GB/T 4754 - 2002），这一版本在划分行业的原则和统计单位、分类的基本结构和编码方法等方面，都与联合国第三版《国际标准产业分类》基本保持一致，具有较强的国际可比性和可操作性。其中第三产业（服务业）包括15个门类、47个大类（见附表）。2011年，我国又进一步对《国民经济行业分类》进行了第3次修订，公布了《国民经济行业分类》（GB/T 4754 - 2011）版本，其中调整了部分门类名称和顺序，增减了个别大类，变化很小。随后，国家统计局于2015年6月正式公布了《生产性服务业的分类（2015）》，标志我国生产性服务业的分类有了正式的统一标准。

表 2-1 国家统计局生产性服务业分类表（2015）

代码			名称	说明	行业分类代码
大类	中类	小类			
11			研发设计与其他技术服务		
	111		研发与设计服务		
		1111	生产性自然科学研究和试验发展	仅包括直接应用于生产活动的信息科学与系统科学、化学、生物学等科学研究服务	7310*
		1112	工程和技术研究和试验发展	新材料研发、新产品研发、新工艺研发等包含在此类	7320
		1113	农业科学研究和试验发展		7330
		1114	生产性医学研究和试验发展	仅包括直接用于生产活动的药学、中药学等研究与试验发展	7340*
		1115	专业化设计服务		7491
	112		科技成果转化服务	新技术、新产品和新工艺推向市场进行的技术推广、转让活动，产学研用合作，创新成果产业化服务等包含在此中类	
		1121	农业技术推广服务		7511
		1122	生物技术推广服务		7512
		1123	新材料技术推广服务		7513
		1124	其他技术推广服务	不包括环保技术的推广服务	7519**
		1125	其他科技推广和应用服务业		7590
		1126	科技中介服务	创业、创新扶持服务、技术孵化、科技评估和鉴定、科技信息交流、技术咨询等包含在此类	7520
	113		知识产权及相关法律服务		
		1131	知识产权服务	专利、商标、软件、集成电路布图设计等的代理、转让、鉴定、评估、认证，以及研发设计交易、知识产权交易、专利运营、专利分析评议和预警、无形资产评估等服务包含在此类	7250

续表

代码 大类	代码 中类	代码 小类	名称	说明	行业分类代码
11		1132	生产性法律服务	仅包括为生产活动提供的法律服务，知识产权调解、仲裁服务	722*
	114	1140	检验检测认证标准计量服务质检技术服务	第三方检验、检测、测试、分析、认证、计量和标准活动包括在此类	7450
	115		生产性专业技术服务		
		1151	生产性气象服务	仅包括用于生产活动的气象服务	7410*
		1152	生产性地震服务	仅包括用于生产活动的地震服务	7420*
		1153	生产性海洋服务	仅包括用于生产活动的海洋服务	7430*
		1154	生产性测绘服务	仅包括用于生产活动的测绘服务	7440*
		1155	矿产勘查服务	指采矿前的矿产勘查服务	7471 7472 7473
		1156	工程管理服务	工程项目策划、造价、工程咨询、招标代理、工程技术监理等包含在此类	7481
		1157	其他生产性专业技术服务		7482
					7493
					7499
12			货物运输、仓储和邮政快递服务	本类别加上"数据处理与存储服务"中的"物流信息平台服务"，再加"商务咨询服务"中的"物流咨询、物流方案策划"即为"第三方物流"	
	121		货物运输服务	各类货物运输、铁水联运、江海直达、滚装运输、道路货物甩挂运输等包含在此中类	
		1211	铁路货物运输		5320
		1212	道路货物运输		5430
		1213	水上货物运输		552
		1214	航空货物运输		5612
		1215	管道运输业		5700
	122		货物运输辅助服务		

续表

代码			名称	说明	行业分类代码
大类	中类	小类			
12		1221	铁路运输辅助活动		533
		1222	道路运输辅助活动		544
		1223	水上运输辅助活动		553
		1224	航空运输辅助活动		563
	123		仓储服务	货物仓储、运输中转等服务，以及公共仓储、自助仓储、仓储租赁等包含在此中类	
		1231	谷物、棉花等农产品仓储		591
		1232	其他仓储业		5990
	124		搬运、包装和代理服务		
		1241	生产性装卸搬运	仅包括为生产活动提供的装卸搬运	5810*
		1242	生产性包装服务	仅包括为生产活动提供的包装服务	7293*
		1243	货物运输代理		5821
					5829
	125		国家邮政和快递服务		
		1251	生产性邮政服务	仅包括为生产活动提供的邮政服务	6010*
		1252	生产性快递服务	仅包括为生产活动提供的快递服务	6020*
13			信息服务		
	131		信息传输服务		
		1311	生产性固定电信服务	仅包括为生产活动提供的固定电信服务	6311*
		1312	生产性移动电信服务	仅包括为生产活动提供的移动电信服务	6312*
		1313	其他生产活动电信服务	仅包括为生产活动提供的电信增值服务	6319*
	132		信息技术服务	制造业智能化、柔性化服务；知识库建设、信息技术集成实施、运行维护、测试评估、信息安全等服务；工业流程再造和优化服务，软件服务、生产经营数字化服务等包含在此中类	

续表

代码			名称	说明	行业分类代码
大类	中类	小类			
13		1321	生产性互联网服务	仅包括为生产活动提供的互联网接入及相关服务	6410*
		1322	互联网信息服务		6420
		1323	其他互联网服务	云计算服务、物联网服务、农村互联网服务包含在此类	6490
		1324	软件开发		6510
		1325	信息技术咨询服务	信息安全服务包含在此类	6530
		1326	信息系统集成服务	系统解决方案服务包含在此类	6520
		1327	集成电路设计		6550
		1328	其他信息技术服务业		659
	133		电子商务支持服务	第三方电子商务综合服务平台，电子商务集成创新，开放式电子商务快递配送信息平台和社会化仓储设施网络服务，电子商务可信交易保障等服务包含在此中类	
		1331	数据处理和存储服务	电子商务平台服务、物流信息平台服务、再生资源回收和废弃物逆向物流交易平台服务、大宗商品交易平台服务、互联网信贷平台服务（P2P）和大数据服务等包含在此类	6540
		1332	互联网销售	仅包括为生产活动提供的互联网零售以及企业间的网络营销活动（B2B）	5294*
		1333	非金融机构支付服务	互联网支付服务包含在此类	6930
14			金融服务		
	141		货币金融服务		
		1411	商业银行服务	仅包括为生产活动提供的商业银行、信用合作社服务	6620*
		1412	财务公司		6632
		1413	其他非货币银行服务	为节能减排提供的非银行贷款服务包含在此类	6639
		1414	银行监管服务		6640

续表

代码			名称	说明	行业分类代码
大类	中类	小类			
14	142		资本市场服务		
		1421	基金管理服务		6713
		1422	期货市场服务		672
		1423	资本投资服务	为节能减排提供的投融资服务包含在此类	6740
		1424	其他证券和资本服务		6711 6712 6790
	143		生产性保险服务		
		1431	生产性财产保险	仅包括为生产活动提供的财产保险服务	6820*
		1432	生产性再保险	仅包括为生产活动提供的再保险服务	6830*
		1433	保险经纪与代理服务		6850
		1434	保险监管服务		6860
		1435	风险和损失评估		6891
		1436	其他未列明保险活动		6899
	144		其他生产性金融服务		
		1441	担保服务		7296
		1442	金融信托与管理服务		6910
		1443	控股公司服务		6920
		1444	金融信息服务		6940
		1445	其他未列明金融业		6990
15			节能与环保服务		
	151		节能服务		
		1511	节能技术和产品推广服务	仅包括节能技术和产品的开发、交流、转让、推广服务，以及"一站式"合同能源管理综合服务	7514**
		1512	节能咨询服务	仅包括节能技术咨询、节能评估、能源审计、节能量审核服务	7514**
	152		环境与污染治理服务		

续表

代码			名称	说明	行业分类代码
大类	中类	小类			
15		1521	生产性环境保护监测	仅包括对生产活动产生的各类污染排放物的测试和监测服务	7461*
		1522	环保技术推广服务	仅包括环保技术的推广服务，以及清洁生产审核（非政府职能）、环境总承包服务	7519**
		1523	生产污水处理和水污染治理	仅包括为生产活动提供的污水处理和水污染治理	7721* 4620*
		1524	生产性大气污染治理	仅包括为生产活动提供的气体污染治理	7722*
		1525	生产性固体废物治理	仅包括为生产活动提供的固体废物治理	7723*
		1526	生产性危险废物治理	仅包括为生产活动提供的危险废物治理	7724*
		1527	生产性放射性废物治理	仅包括为生产活动提供的放射性废物治理	7725*
		1528	生产性其他污染治理	仅包括为生产活动提供的噪声污染、光污染等治理服务	7729*
	153		回收与利用服务	废弃物回收与资源化处理，再制造旧件回收等包含在此中类	
		1531	再生物资回收与批发		5191
		1532	废弃资源综合利用业		42
16			生产性租赁服务		
	161		融资租赁服务		
		1610	金融租赁服务	人民银行、银监会批准成立的金融租赁公司和国务院商务主管部门批准成立的融资租赁公司均包含在此类	6631
	162		实物租赁服务		
		1621	汽车租赁		7111
		1622	农业机械租赁		7112
		1623	建筑工程机械与设备租赁		7113
		1624	计算机及通信设备租赁		7114

续表

代码			名称	说明	行业分类代码
大类	中类	小类			
16		1625	其他机械与设备租赁	环保设备租赁包含在此类	7119
17			商务服务		
	171		企业管理与法律服务		
		1711	企业总部管理		7211
		1712	投资与资产管理	产权交易、废弃物交易、碳排放交易包含在此类	7212
		1713	单位后勤管理服务		7213
		1714	其他企业管理服务		7219
	172		咨询与调查服务		
		1721	会计、审计及税务服务	资产评估、清算服务以及能源审计服务包含在此类	7231
		1722	市场调查		7232
		1723	商务咨询服务	物流方案策划、物流咨询、发展战略规划、营销策划、管理咨询以及环保咨询包含在此类	7233 7239
	173		其他生产性商务服务		
		1731	广告业		7240
		1732	生产性安全保护服务	仅包括为生产活动提供的保安服务、安全系统监控服务等	728*
		1733	市场管理		7291
		1734	会议及展览服务		7292
		1735	办公服务		7294
		1736	信用服务		7295
		1737	其他未列明商务服务业		7299
18			人力资源管理与培训服务		
	181		人力资源管理		
		1811	职业中介服务		7262
		1812	劳务派遣服务		7263
		1813	其他人力资源服务		7269

续表

代码			名称	说明	行业分类代码
大类	中类	小类			
18	182		职业教育和培训		
		1821	职业初中教育		8232
		1822	中等职业学校教育		8236
		1823	高等职业学校教育	仅包括为生产活动提供的高等职业学校教育	8241*
		1824	职业技能培训	为生产活动提供就业人员就业技能的培训服务以及农业技术培训等包含在此类	8291
19			批发经纪代理服务	本类不包括零售服务	
	191		产品批发服务	进出口包含在此中类	
		1911	农、林、牧产品批发		511
		1912	食品、饮料及烟草制品批发		512
		1913	纺织、服装及家庭用品批发		513
		1914	文化、体育用品及器材批发		514
		1915	医药及医疗器材批发		515
		1916	矿产品、建材及化工产品批发		516
		1917	机械设备、五金产品及电子产品批发		517
		1918	其他未列明批发业		5199
	192		贸易经纪代理服务	国内贸易代理和对外贸易代理服务包含在此中类	
		1921	贸易代理		5181
		1922	拍卖		5182
		1923	其他贸易经纪与代理		5189
20			生产性支持服务		
	201		农林牧渔服务		
		2011	农业服务业		051
		2012	林业服务业		052
		2013	畜牧服务业		053
		2014	渔业服务业		054

续表

代码			名称	说明	行业分类代码
大类	中类	小类			
20	202		开采辅助服务		
		2021	煤炭开采和洗选辅助活动		1110
		2022	石油和天然气开采辅助活动		1120
		2023	其他开采辅助活动		1190
	203		为生产人员提供的支助服务		5310*
		2031	为生产人员提供的交通服务	仅包括为生产、商务活动提供铁路、公路、水上、民航的旅客运输,以及城市公共交通运输服务	541* 5420* 551* 5611*
		2032	为生产人员提供的其他支助服务	仅包括为生产、商务活动提供旅游饭店、一般旅馆的住宿服务,以及为生产、商务活动提供的正餐、餐饮送配和机构餐饮的服务等	6110* 6120* 6210* 6291* 6299*
	204		机械设备修理和售后服务	产品设备的安装调试、以旧换新、远程检测诊断、运营维护、技术支持等售后服务,以及设备监理、维护、修理和运行等全生命周期服务包含在此中类	
		2041	金属制品、机械和设备修理业		43
		2042	生产用汽车修理与维护	仅包括为生产活动提供的汽车维修和维护服务	8011*
		2043	计算机和办公设备维修	电子办公设备的三包等售后服务包含在此类	802
		2044	生产用电器修理	仅包括为生产活动提供的电器维修及其他三包售后服务	803*
	205		生产性保洁服务		
		2051	建筑物清洁服务		8111
		2052	其他清洁服务		8119

注:符号 * 表示该行业类别仅有部分内容属于生产性服务业;符号 ** 表示除部分对应外,该行业类别还对应生产性服务业的其他类别。

资料来源:国家统计局网站。

本研究基本按照这一新的分类从事研究分析,但从数据的可获得性的角度,在实证分析中有所微调。

第二节　生产性服务业的理论研究述评

理论界关于生产性服务业研究的历史并不久远,国外肇始于 20 世纪 60 年代,国内则主要是从 20 世纪 90 年代起步的。系统梳理生产性服务业的研究历程,对于全面把握生产性服务业相关知识,以及在此基础上的深入研究是有重要意义的。

一　国外生产性服务业研究的历程

一般认为,国外学者对于生产性服务业的研究可以分为四个主要阶段:萌芽期、成长期、成熟期、深化期。

1. 理论萌芽期

萌芽期主要是指国外学者在 20 世纪六七十年代的研究。当时,美国经济正经历二战后的刺激性高速增长逐步消失。美国在世界市场上的出口贸易额开始下降,同时国内扩张性财政政策正在失去作用,实体经济缺乏增长点,科技发展处于低潮。经济理论界一些学者开始探寻工业制造业的价值来源于制造业的哪一个环节,由此促进了学界对生产性服务业的密切关注。Machlup(1962)在《美国的知识生产与分配》中首次明确指出生产性服务业是知识生产产业,强调了生产性服务业的知识密集特性。Greenfield(1966)则清晰界定了生产性服务的服务对象,即企业、非营利组织和政府向生产者而非消费者提供服务,并强调主要是企业外购服务,比如,数据处理、设备租赁、交通运输、批发贸易、金融服务等。Funchs(1987)指出了服务业中间需求增长的原因,分工的深化导致生产产品的行业对服务的中间需求增加,而生产性服务业的增长正是分工深化、专业化程度提升的结果。Browning 和 Singelmann(1975)明确界定了生产性服务业的属性和概念,他们主要将服务业分为四大类:分配性服务业、生产性服务业、社会服务业、个人服务业。其中分配性服务业是指运输与仓储业、通信业、批发与零售业等行业,后来被一些学者也并入生产性服务业的类别。这些理论界早期的探索制造业价值链条中的重要环节取得的成就,就是发现了生产性服务业是制造业价值链的关键环节,指出了在经济低迷期提升制造业利润的努力方向,但对生产性服务业理论来说由此正式登上经济思想史的舞台。

2. 理论成长期

生产性服务业这一巨大宝藏被发现后,随即引起了一大批经济学家的关注,迎来了它的快速成长期。20世纪80年代,随着美国经济的逐步复苏,实务界对生产性服务业的发展有了很大的需求。这就对理论界有关生产性服务业的发展提出了要求。这一时期出现了许多新的生产性服务业的研究主题,发展了很多重要的文献,是生产性服务业的高速成长期。总结来看,这一时期的研究主要基于以下几个方面:

一是探讨了生产性服务业需求增长的原因。生产性服务业的需求增长主要来自制造业方面。Damesick(1986)指出生产性服务业需求增长主要是源自制造业投入需求的变动,以及经济技术变革的速度加快,使得生产部门更多地利用专业化的服务,如设计、营销、金融、管理等方面的服务。现代工业体系的完善对生产企业的适应力和响应力提出了更高的要求,而这些都需要通过专业化的外部生产性服务业来提供和满足需求。Marshall等(1987)指出制造业的效率提升受到生产性服务业发展的制约,同时也限制着生产性服务业的部分增长。服务业内部分工和专业化的提升,同样也促进了生产性服务业需求增长。

二是总结了生产性服务业的界定方法。Marshall等(1987)总结了理论界常用的两种界定生产性服务业的方法,其一是通过识别标准产业分类体系中服务产业的主要销售对象,若销售对象为企业而非最终消费者则为生产性服务业。不过这种方法对于个别具有消费者和生产者双重导向的服务业行业无法很好地区分。其二是利用投入产出表来识别满足中间需求而非最终需求的服务业成分。这种方法较好地纠正了上一个方法的偏差,但问题在于投入产出表的获取并没有那么容易。Grubel和Walker(1989)通过深入分析投入产出表界定的生产性服务业内涵,提出了新的替代方法,那就是把扣除消费者服务业的国内生产总值和当前消耗性的政府支出后的剩余服务业产出视为生产性服务业产出。这种方法的好处是,在计算总量时便易，但无法进行生产性服务业的细分行业计算。其实生产性服务业的界定方法是动态的，因为随着制造业的升级和改造，一些原本属于制造业的部分环节会被分离处理，以便于制造业更专注高价值的分共生产环节。

三是构建了生产性服务贸易模型。Markusen（1989）通过建立两部门一般均衡模型，研究了具有一定规模经济水平和产品差异度的生产性服务贸易。并认为，仅仅存在最终产品的贸易是可以存在生产性服务贸易的次优替代的，这是因为生产性服务的自由贸易存在帕累托改进。此外，从世界范围来看，生产性服务贸易能带来比仅仅最终品的自由贸易更多的贸易条件改善。Melvin（1989）进一步构建了两部门、两商品生产性服务贸易模型，认为，虽然比较优势和H—O理论运用于生产性服务贸易时，解读方式可能与传统的标准模型不同，但生产性服务业贸易也可以实现一般均衡，但是当服务业属性的资本密集或劳动密集较高时，这种均衡就会与一般商品贸易的均衡存在一定差异。此外 Melvin 还指出，存在生产性服务出口的国家如果出现商品贸易赤字，这只反映了该国在生产性服务方面的比较优势显著，并不意味着传统贸易理论有关商品贸易赤字会带来一些问题的命题成立。总之，有关生产性服务贸易的理论研究为生产性服务业的发展带来了更大的空间，使得生产性服务业不仅可以为本国、本地区的制造业效率提升提供帮助，更可以为他国、他地区的制造业发展提供支持。这是生产性服务业理论发展历程中由萌芽期迈向成长期的一个重要标志。

四是阐明了生产性服务业的作用途径。Grubel 和 Walker（1989）指出，生产性服务业作为其他商品或服务的中间投入，其目的是最终的消费服务。他们基于新经典经济理论阐明了生产性服务业的作用途径。其一，因大部分生产性服务是以人力资本和知识资本作为主要投入的，因此，生产性服务业也就成为输送人力资本与知识资本进入最终商品或服务的媒介。其二，生产性服务业的供给者本身，通过生成过程的迂回性，提高了生产效率，深化了智力资本，同时借助生产过程，实现了智力资本的积累和生产效率提升的正向反馈和闭合循环。

3. 理论成熟期

进入 20 世纪 90 年代，生产性服务业理论进入成熟期，在实践和实证研究中取得了重大进步。很多相关学科的学者积极投身这一领域，比如，区域经济学、经济地理学、制度经济学、产业经济学、城市生态学等。随着生产性服务业研究领域的更加广泛，很多基础理论问题开始取得一致看法，并在此基础上使生产性服务业的整体理论体系得以完备，这主要表现在以下几个方面。

一是从企业层面进一步解释了生产性服务业的需求来源。企业所生产的产品或服务发生改变会导致生产性服务业的需求增加。随着企业追求更多的生产者剩余，会推行产品差异化策略，这样一来对生产性服务业的需求也会增加。随着消费市场的日益成熟，产品与服务生产过程中的研发、设计、营销变得日益重要，也对生产性服务业的需求增加。在全球化的大潮下，企业还需要在应对国外市场的竞争与挑战，保持与国外伙伴的良好协作关系以及有效管理海外的销售网络方面对生产性服务业需求增加。随着企业规模的扩大，比如面临规模失效问题，这就对企业内部的管理提出新的要求，而生产性服务可以从企业组织结构优化，组织内部人、财、物、信息流动量的优化等方面提供有效帮助，使得越来越多的专业化生产性服务参与到企业的战略规划、组织协调、控制管理等环节。

二是深入研究了生产性服务业的外部化问题。生产性服务业外部化其实就是独立的生产性服务业自我发展。这主要从两个方面来展开深入探讨，其一是生产性服务业的增长是否"真实"？其二是生产性服务业外部化的发展动力在哪里？对于第一个问题，Francois（1990）和 Coffey、Bailly（1991）认为，生产性服务业的增长是真实的，因为制造业本身的内部生产性服务活动也在增加，证据就是非生产性工人份额的不断上升。对于第二个问题，Goe（1991）从五个方面归纳了生产性服务业外部化动力因素，如成本效率、非财务资源、需求、职能与管制等因素。Beyers、Lindahl（1996）更进一步指出，随着知识经济的到来，一些非财务资源的因素，即通过外部化获取企业内部无法生产的专业知识资本，越来越成为生产性服务业外部化的重要驱动力。

三是有关生产性服务业的经济角色定位研究。这主要是从生产性服务业的就业效应及其在区域经济发展中的角色定位这个角度展开理论探讨的。Harrington（1995）指出，20 世纪 60 年代到 80 年代，美国生产性服务业中的劳动就业增长迅速。Daniels（1998）统计了亚太地区 1984~1993 年的生产性服务业的就业人数增长率，认为在这些国家中，生产性服务业就业比重为6%~140%，且比重还在不断提升。在生产者促进区域经济发展方面，Hansen（1990）指出，在不否认区域内制造业出口可能产生重要的乘数效应的同时，日益有证据显示生产性服务业的出口会对区域发展产生类似的乘数效应。Harrington等（1991）认为，生产性服务企业拥有很大的区域外销售份额。Noyelle（1994）也指出，无论是大都市区域的生产性服务企业，还是处于较低城市层级的区域的生产性服务业都存在出口效应。

此外，生产性服务业还在区域经济发展中构筑了极具吸引力的外部环境。Harrington（1995）指出，生产性服务业的供给是区域经济发展的一个重要动力，通过前向、后向联系生产性服务业带动了相关经济活动的发展。Bermejo和Philippe等（1990）指出，生产性服务业在区域经济中的角色定位，更多地取决于它们对其他经济活动的吸引力，只要生产性服务业类型丰富、服务能力具有稀缺性，就会对其他相关经济活动产生吸引力。

四是有关生产性服务业的空间集聚与扩散的探讨。通常分为两个层面，首先是在区域间层面。生产性服务业主要集聚在大都市区域的论点得到了大多数学者的认同。Beyers（1992）指出，1985年，美国90%的生产性服务业就业人员集聚于大都市区域，占总就业的83%。Harrington（1995）认为，潜在客户的布局、各类劳动力的可获得性是生产性服务业在大都市区域集聚的主要原因。其次，在大都市区域内部，生产性服务业通常分布于城市中心，尤其是中央商务区（CBD）。Kirn等（1990）指出，与客户的接近性、交通的便利性、高技能劳动力的可得性、通信系统的质量、同类企业的空间接近性等是影响生产性服务业在大都市区域内部布局的主要因素。Park、Nahm（1998）指出，生产性服务企业布局的影响因素有便利的交通与通信、地理上接近主要客户、便利地获取必要的信息、租金与其他经济因素、获取必要的劳动力、相似行业的集聚、地理上接近主要的供应商、接近政府和公共办事处等。

五是有关生产性服务业竞争优势创造的探讨。借助波特的竞争优势理论，学者们探讨了生产性服务业的竞争优势创造问题。这一部分研究主要集中于探讨波特的竞争优势理论在生产性服务业中的应用。Porter（1990）自身探讨了钻石模型在服务业整体中的应用：生产要素（专业人才储备不可缺）、需求条件（成败的关键）、相关和支持性产业（提升效应依然如故）、企业战略与结构、自由而有弹性的竞争环境仍然是服务业国际竞争优势的重要决定要素。Farrell 等（1992）认为，当生产性服务企业同时追求较高的服务质量和较低的成本支出时，其绩效较差。Tordoir（1994）指出，在生产性服务业的发展早期，它是高度定制的、知识密集型的；在其成熟时期，其服务有标准化的趋势；在较为成熟的阶段，竞争优势逐步被价格竞争所替代，成本导向了企业的发展。Lindahl、Beyers（1999）指出了生产性服务企业竞争优势的主要来源：对客户需求的感知、已建立的声誉、服务价格、服务的速度、快速适应客户需求的能力、与供应商/客户的地理接近性、营销活动和能力等。此外，还有一些生产性服务企业并不能很好地匹配波特的竞争优势战略分类。

4. 理论深化期

21 世纪初，国外学者针对生产性服务业的经济角色定位、空间集聚与扩散展开深入研究。具体包括两个方面：

一是深入发掘新的研究对象。20 世纪 90 年代末和 21 世纪初期，理论发掘出生产性服务业的新的研究对象，即高级生产性服务业（Advanced Producer Services，APS）和知识密集型商业服务业（Knowledge Intensive Business Service，KIBS）。Bryson 等（2004）将高级生产性服务业定义为由其他企业构成的市场上运营的高级的、专业化的、知识密集型的服务行业。Lundquist、Olander（2008）进一步指出，高级生产性服务业与知识密集型商业服务业在界定上存在一致性。Shearmur 和 Doloreux（2008）认为，所谓"高级"，是指将类似管理和工程咨询的生产性服务业与类似安全机构、工业清洁的生产性服务业区分开来，而且从广义上而言，知识密集型商业服务或高级生产性服务一般都包含商业服务与信息服务。

二是对两个基本问题展开深度发掘。其一是关于生产性服务业的经济角色定位问题。Hutton（2001）总结了生产性服务业在工业生产中的角色演变：（1）"润滑"作用，这主要体现在 20 世纪 50~70 年代；（2）"生产力"作用，这主要体现在 20 世纪 70~90 年代；（3）"推进器"作用，体现在 20 世纪 90 年代至今。Moyart（2005）指出，生产性服务业的产业关联效应在制造业发展中发挥重要作用，包括提升其生产率和竞争力等。Macpherson（2008）认为，制造企业从生产性服务业中获取创新支持，从而加速内部处于设计阶段产品的商业化进程。Lunduist、Olander 等（2008）进一步指出,生产性服务业的不同行业在经济发展中扮演了不同的角色,如咨询服务业促进了企业的效率和利润的提高;研发设计、市场调研服务业则直接推动了企业的产品创新和技术进步。Muller(2009)认为,知识密集型商业服务业正在从制造业创新的贡献者或使用者转变为合作者。其二是生产性服务业布局研究的拓展。这其中主要集中于对知识密集型商业服务业也就是高级生产性服务业的集聚研究。Aslesen、Isaksen(2007)认为,知识密集型商业服务业在大都市区域集聚原因的研究可以从供给、需求两个方面来解释。在供给侧,一方面大都市区域为知识密集型商业服务业提供了获取专业知识、高素质专业劳动力的便利性;另一方面,知识密集型商业服务业企业的集聚有助于通过增进交流、增强竞争的方式激发创新。在需求侧,他们认为知识密集型商业服务业企业需要在布局上接近其优质客户,尤其是大型企业或组织的总部,而这些总部通常集聚于大都市区域。因此,供给和需求这两个因素彼此推动、彼此强化,加剧知识密集型商业服务业在大都市区域的集聚。

二 国内生产性服务业研究的历程

1. 萌发阶段

20世纪90年代初期,随着我国工业经济的发展,实践中生产性服务业开始萌芽,理论界借机正式展开对生产性服务业的研究,但主要是以吸收、引进国外的研究成果为主,初步解释工业制造业发展到一定程度后,对生产性服务业的大力需求的原因,以及生产性服务业在促进工业制造业的效率提升、技术改造等方面的积极作用。于维香(1993)通过分析生产性服务业在商品生产上、中、下游阶段发挥的作用,指出了生产性服务业外部化的发展趋势。侯学刚(1998)指出金融保险业等生产性服务业继续呈现在中心城区发展的态势,同时也呈现出软化趋势,即知识、技术、信息的含量增加。姚为群(1999)认为,生产性服务业的发展动因是服务生产的外部化,而生产性服务业的发展进一步促进了服务业在经济活动中的自主交易,驳斥了学界尚存的有关对服务业的价值偏见。事实上,中国这一时期的生产性服务业在经济结构转型过程中扮演了重要的角色,成为企业生产、传播市场信息的关键媒介。

2. 成长阶段

进入 21 世纪，特别是随着我国加入 WTO 后，工业制造业深度融入世界工业产业链条，对生产性服务业有了更多更广泛的需求。国内理论界对生产性服务业的研究也蓬勃展开，研究领域更加宽泛，深入探讨了诸如生产性服务业的发展布局、经济效应、产业关联等问题。

在生产性服务业的经济效应方面，国内学者主要围绕生产性服务业在区域经济发展中的角色展开。钟韵、闫小培（2003）认为生产性服务业的发展促进了对外贸易和相关服务业的发展，进一步的反馈带来了生产性服务业的发展。顾乃华（2005）通过构建生产性服务业与经济增长的理论模型，指出生产性服务业存在规模递增效应，源自其内生比较优势，有力地促进了经济的增长，并且在实证上也证明生产性服务业与经济增长存在因果关系。陈保启、李为人（2006）指出，生产性服务业作为技术、知识进入生产过程的媒介，促进了分工的深化和技术的进步，从而对我国经济增长方式的转变产生巨大的推动作用。王保伦、路红艳（2007）认为，生产性服务业主要是通过作用于企业的创新力、作用于制造业的效率的提升、作用于产业集群的竞争机制，有力地影响了区域经济和产业的发展。杨玲、郭羽诞（2010）指出，生产性服务业的知识溢出效应和规模化效益，有力地促进了国际贸易的发展。

在生产性服务业的产业关联方面，国内学者主要围绕其与农业、工业的产业关联展开探讨。韩坚、尹国俊（2006）通过研究生产性服务业在提高农业生产效率中的作用，得出在我国需要加快农业生产性服务业发展的结论。申玉铭、邱灵等（2007）基于中国 1997 年、2002 年的投入产出表，分析了我国生产性服务业的产业关联效应，指出我国生产性服务业的主要服务对象为第二产业，传统生产性服务的需求较多，制造业对生产性服务业的需求层次偏低。张宁（2009）探讨了生产性服务业在提升农业比较利益方面的动力效应，研究了生产性服务业在实现农业规模经营、农产品价格提升、"离土不离乡"方面的媒介作用。陈伟达、金立军（2009）分别对中国东部、中部、西部三大经济区域生产性服务业的产业关联效应进行了投入产出分析，指出东部地区工业与生产性服务业的互动发展最为融洽，中部次之。郑德权、冯英浚（2010）认为，生产性服务业和制造业的关联主要体现在，其在促进制造业的专业化程度提高、市场交易成本降低方面发挥了重要作用，提升了制造业的综合实力。张沛东（2010）借鉴物理学中的耦合度函数，对我国区域生产性服务业与制造业的耦合协调发展状况进行了实证分析，结论表明，我国"制造业—生产性服务业系统"的协调程度尚处于中低水平。

在生产性服务业的空间集聚与拓展方面，国内的学者主要是围绕北京、上海、广州等大都市区域进行研究的。宁越敏（2000）研究了上海生产性服务业空间布局的集聚性现象，结论指出，影响生产性服务业布局的主要因素为办公区及整体环境质量、计划经济和市场经济的相互作用等。赵群毅、周一星（2007）通过分析北京都市区 228 个"街区单元"，指出北京都市区生产性服务业的空间布局呈现出显著的集聚特征。生产性服务业在中心城区和近郊区内沿呈片状集中分布，尤其以后者为集聚的核心区域。在近郊区内沿通过规划建设引导形成 CBD，呈现出多核心空间结构，这一点与国外在中心城自发形成的 CBD 有所不同。刘慧敏（2007）借助 EG 指数法对北京都市区生产性服务业的空间布局进行研究，结论认为，生产性服务业集中布局于都市空间，且这种集聚更多由集聚的内部引力引起。赵群毅、谢从朴等（2009）也对北京的生产性服务业空间布局进行研究，结论指出，北京中心城集聚的生产性服务行业同质性较差，而近郊区内沿集聚的生产性服务行业同质性较强。陈建军、陈国亮等（2009）对全国 222 个地级以上城市的截面数据分析表明，影响生产性服务业集聚的因素主要是信息技术水平、知识密集度、城市和政府规模等，并且这种集聚具有一定的差异性。张厚明（2010）通过分析北京市的生产性服务业，指出其空间布局中形成了"同心圆"式的层层向外拓展的模式。

三　研究评述

通过对国内外生产性服务业理论研究的梳理，可以看出生产性服务业理论的萌生和发展是紧紧伴随着生产性服务业的发展与壮大的，而生产性服务业的发展与壮大一方面与工业制造业的快速发展、效率逐步提升而引起的生产性服务的外溢有关；另一方面也与经济发展的大周期大环境有密切关系。在这样的背景下，我们可以对国内外的生产性服务业理论做出以下评述。

一是生产性服务业理论的发展整体上还处在不断发展成长的阶段。这一方面是因为一个理论或者说学派学科的成熟需要有成形的思想体系或理论框架模型，而现有的生产性服务业理论显然还没有出现。另一方面，实践中的生产性服务业发展并非一帆风顺，总是受经济发展周期、发展环境的制约和影响，而不是局限在工业制造业的发展。所以，就生产性服务业的现有理论而言，目前其围绕一些基本的概念和定义的问题研究方向是正确的，但还需要进一步深化、梳理，特别是有关生产性服务业发展壮大的相关因素需要进一步深入研究。

二是生产性服务业理论应积极向其他学科理论借鉴和融合。作为一门新的学科理论，生产性服务业的现有理论研究者来自各个学科，比如，产业经济学、地理学、城市学、生态学、管理学、计量经济学等。这些不同学科背景的研究者为生产性服务业理论的发展壮大做出了重要贡献，也带来了各自学科理论的方法和技术路线等。但现有的生产性服务业理论体系还不完备，发展路线不是特别明显。因此，生产性服务业理论若要发展壮大，必须尽快融合各相关学科理论的知识、模式和方法等，尽快形成自身的发展路线和完备理论体系。以期尽快在经济学理论中找到自己的独有空间和位置。

三是生产性服务业理论的发展应密切关注制造业理论与实践的发展脚步。生产性服务业的产生起初是制造业内部服务活动外部化的结果，但随着生产性服务业的发展，随着制造业的升级转型，二者的关系紧密融合，成为生产性服务业理论框架体系里面的一个重要组成部分。而这一部分理论的发展自然和制造业的发展实践和理论方向密切关联。现有的理论研究对二者关系的探讨主要是借助投入产业表的关系来进行，有些狭窄；加之考虑到该数据的获取便利性和时效，所以，对二者关系的深入探讨还需要进一步借助新的研究路径和技术路线。

四是生产性服务业理论研究方法的融合与新生问题。目前有关生产性服务业的理论研究主要包括定性分析与定量分析相结合，既有对文献资料进行逻辑推理，又有根据二手统计资料或访谈、问卷调查内容进行实证分析。定量分析中，投入产出法应用最为广泛，新的面板数据分析、时间序列分析等其他计量经济分析方法也逐步被应用。这些方法都是一些实证性的研究和对实践问题的反映，主要存在两个方面的问题：一是对现有研究的理论整合不够全面和完善；二是现有理论性研究的推导及演绎模式不够科学，没有很好融入现代经济学的理论框架。

此外，在生产性服务业的研究视角选取上还存在不够丰富的问题，比如，用宏观经济、中观产业、微观企业层面的视角来看待生产性服务业的作用机制研究等。

第三节 生产性服务业与制造业发展关系研究述评

作为生产性服务业理论研究中的重头，或者说当前生产性服务业理论的主体部分，生产性服务业和制造业的关系一直是理论研究者关注的重点和探析的热点。所以很有必要单独就生产性服务业和制造业之间的关系的理论研究进行系统的梳理。

理论界初期对于生产性服务业与制造业关系的探究，主要集中于对二者关系类型的厘清，明确相互关系的地位和作用，随后逐步深入到对二者关系相互作用机制和路径的研究，近年来有关一些产业转移的协同发展性等外在的表现形态问题开始受到重视。围绕这些主题，学者们主要从不同的视角和不同的层次展开研究。比如，从产业层面的视角，学者们探讨了制造业分工的深化、专业化程度的提升，进而提出生产性服务业在其中发挥的作用。在企业层面，学者们探析了制造业的内部化、外部化生产性服务问题，以及生产性服务业在构筑制造企业的竞争性优势方面的作用。进一步，学者们还把研究对象的视角放在微观的层面，比如提出了"产品—服务包""整体解决方案"等概念，说明从更微观的角度来探讨生产性服务业与制造业之间的相互关系已成为逐渐流行的趋势。

此外，一些学者注意到了生产性服务业与制造业的动态关系视角。对于这一问题，学者们的探析之路主要借助的力量有：动态经济学和动态面板数据理论，以及物理学的系统动力学理论等。探寻生产性服务业与制造业的动态关系是生产性服务业理论的最新理论前沿和热点与难点，它不仅涉及对现有其他学科成熟理论的适宜借鉴，更涉及对生产性服务业理论体系的补充和完善。因为，从动态的角度而言，二者之间的关系表现出更深层次的复杂性、深植性和多样性。

具体而言，理论界对生产性服务业与制造业之间的关系主要是从以下三个方面来展开探讨的。

一 对生产性服务业与制造业的具体关系类型探讨

有关生产性服务业与制造业之间的具体关系类型，理论界的研究大致可以分为三类："互动性""融合性""共生性"，基本反映出实践中工业经济发展的阶段性突出特征。

一是早期对二者"互动性"关系的探析。Quinn等（1988）最早提出服务业与制造业之间的互动关系，他认为，二者的互动关系主要体现在，服务业促进了制造业开辟新的市场、降低成本、推动其国际化运营；而制造业促进生产性服务业不断发展壮大。此外，还有其他学者如Park和Chan（1989），Wolfl（2006），高传胜和刘志彪（2005），陈建军等（2009）从不同的角度探析了生产性服务业与制造业之间的互动关系，基本的判断是，制造业的升级和发展促进了生产性服务业的大发展，而生产性服务业的发展通过提升制造业的生产效率加速其升级的步伐。

二是中期对二者"融合性"关系的研究。随着制造业的发展和生产性服务业的壮大，理论界发现对二者关系的研究仅停留在"互动性"的层面，很难合理解释实践中发生的制造业与生产性服务业二者之间的一些现象。于是有关二者关系的新的理论应运而生。国外学者植草益（2001），Daniels和Bryson（2002），Pilat和Wolfl（2005），Preissl（2007），国内学者周振华（2003）、陆小成（2009）、汪德华等（2010）对这一问题展开了研究。他们首先提出，由于现代信息技术的发展（当然信息技术也属于生产性服务业），制造业和生产性服务业的边界进一步模糊，特别是物联网技术的兴起，使得规模化、自动化、个性化生产成为可能，这样一来产品制造与市场之间的通道越发通畅，沟通也越发紧密，制造业的抗风险能力得到提升，盈利更有保障，与生产性服务业的融合更加紧密。他们进一步指出，通过研发设计、市场调研、营销、售后服务等生产性服务的提供，制造企业的业务模式由"产品导向"转变为"产品—服务共同导向"，极端情况下制造企业会转型成为生产性服务企业，IBM就是一个典型的例子。

三是当前对二者"共生性"关系的探析。近年来，随着中国制造业深度融入世界经济产业链，一些学者开始借用其他学科的"共生"概念来理解生产性服务业和制造业之间的关系。喻国伟（2008）认为，制造业与生产性服务业之间的共生关系的本质是"知识共生网络"。唐强荣和徐学军等（2009）撰文指出，经济发展中生产性服务业与制造业间存在着内生性匹配关系，两者共生发展、共同繁荣。

事实上，生产性服务业与制造业的关系并不是一成不变的，只是在某一时段的某一特征表现得更为显著罢了。陈宪和黄建锋（2004）就指出，在产业的分工时期，分工是制造业与服务业之间相互关系的一般解释；随着分工的深化，生产性服务业与制造业的关系进入互补阶段，相互间的互动依赖关系表现显著；随着经济的发展，生产性服务业与制造业之间出现新型的合作关系，分工更加深入，关系更为密切，表现为融合性的特征。生产性服务业与制造业关系的这种动态变化，真实反映出了经济的不同发展阶段，生产性服务业和制造业之间力量的对比消长。

二 生产性服务业与制造业发展关系的空间表现形态

生产性服务业与制造业的动态关系的具体表现形态就是，生产性服务业在空间布局上的变化和位移，或者说是围绕制造业进行集聚与扩散。

在早期的发展阶段，生产性服务业总是紧密地围绕制造业进行空间分布，因为要靠近市场，便于从近距离的制造业获取对生产性服务的需求信息，尤其是一些个性化的需求。刘志彪和江静（2007）指出，基于时间的"可达性"是解释生产性服务业与制造业空间地理定位的重要变量。但 Farrell 等（1993）认为，协同定位并不否认生产性服务业与制造业布局具有一定的空间可分性。如 Goe（1994）的研究表明，生产性服务业在"去工业化"城市依然可以保持发展，说明其并不单纯依赖制造企业的发展布局。

随着制造业的升级和生产性服务业的发展，越来越多的生产性服务业可以脱离制造业的布局而独立发展。特别是在一些工业化国家的大都市区，聚集着大量的生产性服务业企业。江静和刘志彪（2006）指出，在一定的区域内，随着商务成本的提高，一些对交易成本较为敏感的生产性服务业会趋于向区域性中心城市集中，而另一些对要素成本比较敏感的制造企业则会倾向于在中心城市的外围区域布局，从而形成了独特的生产性服务业与制造业的协同互动定位效应。

随着全球化的浪潮，经济产业链在国际层面展开构建，生产性服务业伴随制造业的全球转移也出现了跨国追逐制造业的现象。朱有为（2005）

指出，制造业和生产性服务业转移的协同性主要体现在三个方面：规模协同——两者在转移规模上呈现同步增长的趋势；结构协同——两者互相促进对方向更高层次转移；区位协同——生产性服务业 FDI 在布局上优先考虑制造业 FDI 集中的区域。Raff 等（2001）和 Ramasamy 等（2010）指出，生产性服务业进入国外市场时的信息壁垒可能是其对制造业的追随效应产生的原因，尤其是生产性服务业 FDI 对下游制造业 FDI 的追随效应更为明显。唐保庆（2009）认为，生产性服务业与制造业在国际间的协同转移是两者之间的依赖性从国内市场向国际市场的延伸。

三 生产性服务业与制造业相互关系的作用途径

在生产性服务业与制造业之间的相互关系得到理论界的一致认同，并被部分学者实证检验后，一些学者开始关注二者之间相互关系的作用途径和内在机制。具体表现在以下几个层面：

一是产品层面。Vandermerwe 和 Rada（1988）认为，制造业服务化是指制造企业由单纯供给物品（或附加服务），向以客户为中心的物品、服务、支持与知识的"市场包"的转换。Verstrepen 和 Berg（1999）认为，制造业服务化就是在其供给的核心产品上额外添加一些服务的元素。Gebauer 等（2005）指出，服务作为一种基本的价值附加活动，而物品则仅作为供给物的一个组成部分。Preissl（2007）指出，其实在很多制造业行业中，产出不再仅由"产品"构成，也包括诸如修理、保养、培训和运营服务等"服务"性的元素在里面。比如，在机器和汽车租赁行业，设备的监控和保养成为重要的一个部分，汽车与机器则成为服务投入的载体，处于附属地位。Mathieu（2001）甚至指出，在一些特殊的情况下，客户能够在不消费企业提供的实物产品条件下体验企业供给的服务。

二是企业层面。生产性服务业与制造业在企业层面的作用途径主要是借助分工与交易成本的视角来进行探析。生产性服务活动自从制造业内部独立出来，曾被认为是其发展和增长的原因，虽然后来又被否决，但不可否认的是制造业与生产性服务业的分工深化与生产性服务业的发展有着密切关系，进一步，生产性服务业的发展扩大了制造业生产过程的迂回性，使得生产的分工更加专业化，资本得以深化，从而提高资源配置效率，降低交易成本。高传胜和刘志彪（2005）、熊智伟（2007）对此指出，作为人力资本和知识资本载体的生产性服务业会随着制造业的分工的深化,得到进一步发展,使人力资本和知识资本获得进一步的积累,进一步降低交易的成本,提升分工的深化,从而与迂回生产表现为一个不断发展的循环经济。

从交易成本的视角而言,生产性服务业促进了制造业的分工深化并降低其交易成本,促进了制造业的发展。事实上,生产性服务业受制造业发展的推动作用,加之行业发展属性,其交易成本本身就具有比较优势,是生产性服务业发展的一个重要原因。高传胜(2008)指出,生产性服务业降低交易成本的方式有很多种,如专业化分工、规模经济和范围经济、网络通信与信息技术,以及风险管理和统筹安排等。另外,郑吉昌和夏晴(2004)指出,制造企业在投入中间性物品和服务的过程中,包括在协商、监控和实施合同的过程中,会增加对生产性服务业的需求,也需要借助生产性服务业来降低其交易成本,如信息成本等。总之,只要生产性服务业和制造业分工的边际收益和交易成本的降低效应之和大于其分工成本和交易费用增加之和,则二者的相互作用就会更加显著,一样可以形成良性反馈的循环圈。

三是产业层面。生产性服务业与制造业的相互作用途径从产业层面来看,主要是在价值链的背景下展开探讨。其一是生产性服务业拓展了制造业的原有价值链,并演化成为制造业价值链中的重要环节。Moyart(2005)、杨春立和于明(2008)等认为,在制造业的整个价值链条中,生产性服务业贯穿始终,包括上游的可行性研究、产品研发设计、市场调研等环节,以及中游的质检与库存、设备维修与保养等环节,再到下游的产品营销、售后服务等各个环节,生产性服务业通过管理、信息、咨询、金融、物流等活动融入其中,发挥着重要的作用。其二是生产性服务业促进了制造业价值链的分化与重组。制造业对价值链的分化与重组主要包括:将自身不具备优势的环节外包给具有相对优势的企业,从而使企业集中资源于其核心业务,将一些固定成本转化为可变成本,提高企业的运作效率,提升企业的核心竞争力。在这一转化重组过程中,生产性服务业发挥了重要作用,特别是在对制造业非核心业务的承接和固定成本转化可变成本方面发挥了不可替代的作用。Baines(2009)、刘鹏和刘宇翔(2008)指出,制造企业对价值链进行重组,会由自身提供生产性服务以满足客户需要。进而,制造企业通过研发设计等一些生产性服务活动形成产品的实质性差异，再通过市场营销、售后服务等生产性服务互动形成"非技术差异化"。其三是生产性服务业的"黏合剂"功能，强化了制造业价值链各环节的契合。Riddle（1986）认为，服务业是经济的黏合剂，是有力地促进其他部门经济增长的过程性产业，推动市场经济交易的顺利进行。韩坚（2008）、王荣艳和齐俊妍（2009）都分别强调了生产性服务业在链接各个专业化生产环节的重要纽带作用。

四　研究评述

综上所述，生产性服务业与制造业之间存在密切的关联性，特别是在后工业化社会，各国经济对生产性服务业和制造业的倚重并举。同时，也正是生产性服务业与制造业之间的相互促进、共同发展才使一国经济得以高效运转。然而，在理论界对二者关系的研究还远未成熟，研究中理论框架还不够系统完备，对两者关系的研究很多是重复性的、浅表性的，缺乏深入的理论探析，尤其是对微观机制的研究，还未能科学合理纳入现有经济理论体系中。也正是这种理论上的滞后，导致理论在指导现实需要方面的参考价值受到削弱。

附录

表 2-2 1997 年《北美产业分类体系》中的服务业分类

门类	大类	类别、名称
22		公用事业
	221	公用事业（含电力生产、传输和配送，天然气配送，水、污水系统，蒸汽和制冷供应）
42		批发业
	421	批发贸易、耐用品
	422	批发贸易、非耐用品
44~45		零售业
	441	机动车及其配件经销商
	442	室内装饰和家具店
	443	电子设备和电器店
	444	建筑材料、园林设备供应商
	445	食品和饮料店
	446	健康和个人护理中心
	447	汽油站
	448	服装和服装配饰店
	451	运动品、玩具、书籍和音乐店
	452	百货店
	453	其他零售店
	454	无店面零售
48~49		运输和仓储业
	481	航空运输业
	482	铁路运输业
	483	水上运输业
	484	卡车货运
	485	公共交通和地面客运
	486	管道运输
	487	旅游观光运输
	488	运输辅助业
	491	邮政服务
	492	邮递员和分发员
	493	仓储业
51		信息业
	511	出版业
	512	动画和唱片业
	513	广播和通信业
	514	信息服务和数据处理服务

续表

门类	大类	类别、名称
52		金融和保险业
	521	货币中心—中央银行
	522	信用中介及相关活动
	523	证券、贸易合同及其他金融投资等相关活动
	524	保险公司及相关活动
	525	基金、信托和其他金融工具
53		房地产和租赁业
	531	房地产
	532	租赁和出租服务
	533	非金融无形资产出租人（版权作品除外）
54		专业、科学和技术服务
	541	专业、科学和技术服务〔包括法律服务、会计、税款准备、记账、工资服务，建筑、工程及相关服务（含地球物理测量和绘图服务），专业设计服务，计算机系统设计（包括软件开发）及相关服务，管理、科学和技术咨询服务，科学研究和发展服务，广告和相关服务，其他专业、科学和技术服务等〕
55		公司和企业管理
	551	公司和企业管理
56		行政管理及支持、废物管理和治理服务
	561	办公管理及支持服务（包括办公管理服务、设备支持服务、就业服务、商务支持服务、旅行安排和预订服务、调查和安全服务、建筑大楼和住宅物业服务、其他支持服务）
	562	废物管理及治理服务（包括废物收集、废物处理和处置、修复和其他废物管理服务）
61		教育服务
	611	教育服务
62		卫生保健和社会救助
	621	门诊医疗服务
	622	医院
	623	护理和社区医疗服务设施
	624	社会救助
71		艺术、休闲和娱乐业
	711	表演艺术、体育比赛及相关产业
	712	博物馆、历史古迹及相关产业
	713	娱乐、博彩和休闲产业
72		住宿和餐饮服务业
	721	住宿
	722	餐饮服务业

续表

门类	大类	类别、名称
81		其他服务业（公共管理除外）
	811	修理和维护
	812	个人护理和洗衣服务
	813	宗教、慈善、社团和其他类似组织
	814	私人家政
92		公共管理
	921	行政、立法和一般政府管理
	922	司法、社会治安和安全保障
	923	人力资源项目管理
	924	环境质量项目管理
	925	房屋项目、城市规划和社区发展
	926	经济项目管理
	927	空间研究和技术
	928	国家安全和国际事务

注：美国统计局在北美产业分类体系中给出注释，私人服务业（Private services - producing industries）包括北美产业分类代码中的以下门类：22、42、44～45、48～49、51、52、53、54、55、56、61、62、71、72、81。此处加上公共管理、服务业共计16个门类。

资料来源：http://www.census.gov/epcd/naics/naicscod.txt。

表2-3　我国三次产业分类（2002年版）

第三产业	F		交通运输、仓储和邮政业
		51	铁路运输业
		52	道路运输业
		53	城市公共交通业
		54	水上运输业
		55	航空运输业
		56	管道运输业
		57	装卸搬运和其他运输服务业
		58	仓储业
		59	邮政业
	G		信息传输、计算机服务和软件业
		60	电信和其他信息传输服务业
		61	计算机服务业
		62	软件业

续表

第三产业	H		批发和零售业
		63	批发业
		65	零售业
	I		住宿和餐饮业
		66	住宿业
		67	餐饮业
	J		金融业
		68	银行业
		69	证券业
		70	保险业
		71	其他金融活动
	K		房地产业
		72	房地产业
	L		租赁和商务服务业
		73	租赁业
		74	商务服务业
	M		科学研究、技术服务和地质勘查业
		75	研究与试验发展
		76	专业技术服务业
		77	科技交流和推广服务业
		78	地质勘查业
	N		水利、环境和公共设施管理业
		79	水利管理业
		80	环境管理业
		81	公共设施管理业
	O		居民服务和其他服务业
		82	居民服务业
		83	其他服务业
	P		教育
		84	教育

续表

第三产业	Q		卫生、社会保障和社会福利业
		85	卫生
		86	社会保障业
		87	社会福利业
	R		文化、体育和娱乐业
		88	新闻出版业
		89	广播、电视、电影和音像业
		90	文化艺术业
		91	体育
		92	娱乐业
	S		公共管理和社会组织
		93	中国共产党机关
		94	国家机构
		95	人民政协和民主党派
		96	群众团体、社会团体和宗教组织
		97	基层群众自治组织
	T		国际组织
		98	国际组织

资料来源：国家统计局网站。

表2-4　我国三次产业分类（2011年版）

产业分类	《国民经济行业分类》（GB/T 4754—2011）		
	门类	大类	名称
第三产业（服务业）	A	05	农、林、牧、渔服务业
	B	11	开采辅助活动
	C	43	金属制品、机械和设备修理业
	F		批发和零售业
		51	批发业
		52	零售业
	G		交通运输、仓储和邮政业
		53	铁路运输业

续表

产业分类	《国民经济行业分类》（GB/T 4754—2011）			
	门类	大类	名称
第三产业（服务业）	H	54	道路运输业
		55	水上运输业
		56	航空运输业
		57	管道运输业
		58	装卸搬运和运输代理业
		59	仓储业
		60	邮政业
	H		住宿和餐饮业
		61	住宿业
		62	餐饮业
	I		信息传输、软件和信息技术服务业
		63	电信、广播电视和卫星传输服务
		64	互联网和相关服务
		65	软件和信息技术服务业
	J		金融业
		66	货币金融服务
		67	资本市场服务
		68	保险业
		69	其他金融业
	K		房地产业
		70	房地产业
	L		租赁和商务服务业
		71	租赁业
		72	商务服务业
	M		科学研究和技术服务业
		73	研究和试验发展
		74	专业技术服务业
		75	科技推广和应用服务业

续表

产业分类	《国民经济行业分类》（GB/T 4754—2011）		
	门类	大类	名称
第三产业（服务业）	N		水利、环境和公共设施管理业
		76	水利管理业
		77	生态保护和环境治理业
		78	公共设施管理业
	O		居民服务、修理和其他服务业
		79	居民服务业
		80	机动车、电子产品和日用产品修理业
		81	其他服务业
	P		教育
		82	教育
	Q		卫生和社会工作
		83	卫生
		84	社会工作
	R		文化、体育和娱乐业
		85	新闻和出版业
		86	广播、电视、电影和影视录音制作业
		87	文化艺术业
		88	体育
		89	娱乐业
	S		公共管理、社会保障和社会组织
		90	中国共产党机关
		91	国家机构
		92	人民政协、民主党派
		93	社会保障
		94	群众团体、社会团体和其他成员组织
		95	基层群众自治组织
	T		国际组织
		96	国际组织

资料来源：国家统计局网站。

第三章　生产性服务业与制造业协同发展的机理分析

一般认为，随着经济社会的不断发展和进步，以及社会分工的产生，制造业会从其中延伸出生产性服务业的萌芽，这是生产性服务业产生的环境。而一旦生产性服务业从制造业中独立出来，便有相当的活力和动力去促使制造业的转型升级，本章我们就此从不同方面展开论述。

第一节　生产性服务业与制造业协同发展的理论基础

一　交易成本理论

交易成本理论是由诺贝尔经济学奖得主科斯（R. H. Coase，1937）所提出，交易成本理论的根本论点在于对企业的本质加以解释。由于经济体系中企业的专业分工与市场价格机能之运作，产生了专业分工的现象；但是使用市场的价格机能的成本相对偏高，而形成企业机制，它是人类追求经济效率所形成的组织体。由于交易成本泛指所有为促成交易发生而形成的成本，因此很难进行明确的界定与列举，不同的交易往往涉及不同种类的交易成本。总体而言，简单的分类可将交易成本区分为以下几项（Williamson，1975）：①搜寻成本：商品信息与交易对象信息的搜集。②信息成本：取得交易对象信息与和交易对象进行信息交换所需的成本。③议价成本：针对契约、价格、品质讨价还价的成本。④决策成本：进行相关决策与签订契约所需的内部成本。⑤监督交易进行的成本：监督交易对象是否依照契约内容进行交易的成本，例如追踪产品、监督、验货等。⑥违约成本：违约时所需付出的事后成本。Williamson（1985）进一步将交易成本加以整理区分为事前与事后两大类。所谓事前的交易成本是指签约、谈判、保障契约等成本。事后的交易成本是指契约不能适应所导致的成本；讨价还价的成本——指两方调整适应不良的谈判成本；建构及营运的成本；为解决双方的纠纷与争执而必须设置的相关成本；约束成本——为取信于对方所需之成本。

产生交易成本的原因，来自人性因素与交易环境因素交互影响下所产生的市场失灵现象，造成交易困难所致。Williamson 指出六项交易成本的来源：一是有限理性，指参与交易的人，因为身心、智能、情绪等限制，在追求效益极大化时所产生的限制约束。二是投机主义，指参与交易的各方，为寻求自我利益而采取欺诈手法，同时增加彼此不信任与怀疑，因而导致交易过程监督成本的增加而降低经济效率。三是不确定性与复杂性，由于环境因素中充满不可预期性和各种变化，交易双方均将未来的不确定性及复杂性纳入契约中，使交易过程增加不少订定契约时的议价成本，并使交易困难度上升。四是少数交易，某些交易过程过于专属性，或因为异质性信息与资源无法流通，使交易对象减少及造成市场被少数人把持，使得市场运作失灵。五是信息不对称，因为环境的不确定性和自利行为产生机会主义，交易双方往往握有不同程度的信息，使得市场的先占者拥有较多的有利信息而获益，并形成少数交易。六是气氛，指交易双方若互不信任，且又处于对立立场，无法营造一个令人满意的交易关系，将使交易过程过于重视形式，徒增不必要的交易困难及成本。

而上述交易成本的发生原因，进一步追根究底可发现源自交易本身的三项特征。这三项特征形成三个构面影响交易成本的高低。一是交易商品或资产的专属性，交易所投资的资产本身不具有市场流通性，或者契约一旦终止，投资于资产上的成本难以回收或转换使用用途，称之为资产的专属性。二是交易不确定性，指交易过程中各种风险的发生概率。人类有限理性的限制使得面对未来的情况时，人们无法完全事先预测，加上交易过程买卖双方常发生交易信息不对称的情形，交易双方因此通过契约来保障自身的利益。因此，交易不确定性的升高会伴随着监督成本、议价成本的提升，使交易成本增加。三是交易的频率，交易的频率越高，相对的管理成本与议价成本也升高。交易频率的升高使得企业会将该交易的经济活动内部化以节省企业的交易成本。

制造业与生产性服务业长期良性互动关系的建立以及对专用性资产的

共同占有成为第一个交易成本发生原因的有效选择。而这种良性互动关系一旦建立战略性的协作关系,便降低了交易的不确定性,从而使交易成本产生的第二个原因得以化解。制造业与生产性服务业联动发展实质上是两业在能力上的互补从而形成一种持续的依赖关系,这就是 Williamson 所称的"双边依赖",这种治理结构一旦确立,反而有助于降低交易成本。

二 博弈论的解释

博弈论(Game Theory),有时也称为对策论,或者赛局理论,是应用数学的一个分支。主要研究公式化了的激励结构[游戏或者博弈(Game)]间的相互作用,是研究具有斗争或竞争性质现象的数学理论和方法。博弈论考虑游戏中的个体的预测行为和实际行为,并研究它们的优化策略。表面上不同的相互作用可能表现出相似的激励结构,所以它们是同一个游戏的特例。具有竞争或对抗性质的行为成为博弈行为。在这类行为中,参加斗争或竞争的各方各自具有不同的目标或利益。为了达到各自的目标和利益,各方必须考虑对手的各种可能的行动方案,并力图选取对自己最为有利或最为合理的方案。博弈论就是研究博弈行为中斗争各方是否存在最合理的行为方案,以及如何找到这个合理的行为方案的数学理论和方法。制造业和物流业是否合作,从本质上看,是双方的博弈问题,博弈矩阵见表3-1。

表3-1 生产性服务业外包中的制造业与生产性服务业的博弈矩阵

制造业 \ 生产性服务业	不合作	诚意合作
不外包	(Id', Id')	(Id, IC')
诚意外包	(IC', Id)	(IC, IC)

如表3-1所示,IC 表示双方诚意合作时每个企业的收益;IC' 表示对方不诚意合作时企业收益,IC 不等于 IC';Id 表示背叛对方时自己获得的收益;Id' 表示双方不合作时的收益。$IC > Id'$ 且 Id 不等于 Id'。在一次博弈中,参数不同,模型均衡结果也不同:

当 $IC > Id$、$IC' > Id'$ 时,双方选择合作策略是唯一的纳什均衡;

当 $IC < Id$、$IC' < Id'$ 时,双方不合作是唯一的纳什均衡;

当 $IC > Id$、$IC' < Id'$ 时，（诚意外包，诚意合作）和（不外包，不合作）是纳什均衡；

当 $IC < Id$、$IC' > Id'$ 时，（诚意外包，不合作）和（不外包，诚意合作）是纳什均衡。

可见，当博弈只进行一次时，每个参与人都着眼于短期利益，只考虑一次性的收益，若背叛者受到的惩罚太小，则博弈双方合作的可能性是比较小的。如果博弈重复多次，参与人会为了长远利益而牺牲眼前利益从而选择不同的均衡战略，使得在一次性博弈中不可能存在的合作成为可能，实现更为有效的均衡。假设有制造业 A 和物流业 B，如果 A 不外包物流业务，此时双方均可获益（2，2）。如果 A 将物流外包给 B，B 又能够全力合作，则联盟组织运行良好，双方均可获益（10，10）。如果 A 将物流诚意外包给 B，而 B 作为代理方因拥有更充分的信息而有可能采取机会主义行为，则 A 的资产受损，此时的收益为 -6，B 则因采取机会主义行为而得到更多的好处 8。如果 A 外包物流业务后，在 B 充分合作的情况下有败德行为而导致合作中断，此时 A 收益 8，B 收益为 -6。双方的博弈分析见表 3-2。

表 3-2　制造业与生产性服务业博弈分析

制造业 A ＼ 生产性服务业 B	不合作（机会主义）	诚意合作
不外包（或外包中败德）	（2，2）	（8，-6）
诚意外包	（-6，8）	（10，10）

在表中，最终有两个纳什均衡，即不结成联盟（2，2）和结成联盟后双方采取诚意合作态度（10，10）。若上述博弈重复进行，则各博弈方在当前阶段的博弈要考虑到不能引起其他博弈方在后面阶段的对抗、报复或恶性竞争。

在有限次多重博弈中纳什均衡存在的必要条件是每一阶段博弈的纳什均衡都成立。现假定在市场上每次交易的费用相等，用 P 来表示，那么 n 次博弈成功的总费用是 np，如果这一系列交易由一次交易 I 达成，而这一次交易的费用 $P < np$，那这次交易就是一个更有效的交易安排。可以证明：

$$当\ n \to \infty\ 时, P\{P < np\} \to 1$$

显然，如果博弈重复多次，合作博弈将是制造业和物流业必然的策略选择，这是经济道德的要求，也是经济人利益权衡和双方博弈后的理性决策。

三 竞争力理论解释

著名的管理学家迈克尔·波特在其价值链分析模型中指出，产业竞争优势来自整个产业链条上游的研发、设计，中游的零件制造和组装，下游的广告、品牌、包装、促销、分销以及售后保证等诸多环节。从宏观的角度而言，竞争力优势主要是从制造业与上中下游生产性服务业的关系上进行分析。详述如下。

1. 上游的产品研发、设计

产品的研发涉及物流基础设施的应用。制造企业研发新产品的规格，对物流业的基础设施具有一定要求。物流技术与设备是联系物流企业、生产制造企业及物流技术与设备提供方的重要纽带，对物流业的发展起着举足轻重的作用。制造业与物流业产品设施系统使用统一的标准，不仅可以使规则、格式统一，使单证的传输共享不会有后顾之忧，还可以促进产业的标准化，加速中国物流产业集约化的进程。

2. 中游的产品制造

目前，制造业制造过程中存在的问题主要是与上下游企业之间信息不畅通，政策落实不到位。在物料需求、生产控制、销售控制上，制造业和生产性服务业实现信息集成和信息共享，能够使商品流通过程中的需求量化问题清晰透明。制造业因此可以实行精益生产，针对车间生产线上的物料、在制品而研制的工业生产流程自动化管理系统，对生产过程中的物料和在制品信息进行精确采集、整合、集成、分析和共享，为企业生产物资管理和产品生命周期管理提供基础信息解决方案。制造业产业结构调整及流程再造，去掉非增值的流程，优化企业的流程，目的是减少成本，达到企业效益最大化。物流企业与制造企业之间搭建信息交流平台，可以提高信息反馈的及时性，使之具有更好的弹性。制造业需求量增大，必将带动生产性服务业发展。

3. 下游的销售网络

从国际贸易来看，为了保持和增加市场份额，制造业必须以有竞争力的价格在合适的时间和地点提供合适的产品，因此，制造业与下游销售企业必须正确地实现商品的供应、储存、运输和市场营销。有关数据表明，物流成本占到商品价值的 30%～50%，制造成本不足总成本的 10%。销售是制造业的主要收入来源，制造业与下游销售企业的联系在于销售要有及时响应市场需求、提高客户满意度的能力。制造业为了保持和增加市场份额所采取的销售环节物流外包措施，同时带动了生产性服务业的发展。从销售物流的角度来看，物流业的发展应提供准时、有效、科学的物流服务，以减少制造业压力，使其将更多精力、资源用于运营核心业务，促进制造业发展。

第二节 生产性服务业产生与发展的机制分析

一 社会分工的深化促使生产性服务业产生

依据古典经济学的分工理论，生产性服务外部化是分工深化、专业化程度提升的必然结果。早在 1776 年，亚当·斯密就在其《国富论》中指出，劳动分工可以通过增进劳动者熟练程度和节约工种交替的时间来提高劳动生产率，带动相关产业的发展，最后促进社会经济的发展。对于生产性服务业产生与发展的原因，理论界有一个普遍的共识，即生产性服务业作为一个独立产业是从制造业中分离出来的，它的产生与发展是社会分工不断深化的结果。生产性服务业本来就存在于农业和工业等实物生产部门，只是随着社会分工逐步深化，这些存在于实物生产部门的服务职能逐步从中分离，从而由另外一些专门化的服务企业来承接。

陈宪和黄建锋（2004）认为，社会分工能够真正对服务业的增长做出一般性的解释，同时也正是社会分工的进一步深化促进了生产性服务业的产生和发展。随着企业面临的需求日益多样化以及竞争强度越来越大，追求更高水平的专业化而不是盲目的规模经济，已经成为企业的一个重要战略选择。因此，一些研发、设计、会计、营销、咨询等职能部门，被逐步从企业内部剥离开来，进行独立市场运作。Coffey 和 Bailly（1990）、Perry（1990）认为，企业通过外购服务既可以使自身具有一定效率又能分散风险，将资源集中在最有竞争优势的生成环节，从而增强企业的灵活性，提高自身核心竞争力。

进一步，由于生产性服务从原来企业的分离是市场选择的结果，而非人为因素，这样就促使企业在购买相应服务时，如与自身内部的管理成本和购买成本进行比较，结果就是使得市场上存在的生产性服务必然在专业化、竞争力和适应度等方面强于企业内部的服务供给。从制造业企业自身而言，专门技能服务需要经常更新，投资又蕴含风险，还非企业主业，在这样的情况下，制造企业的最优选择自然是从外部购买服务，既转移风险又降低成本，还符合自身的长远战略规划。这种制造企业由分工深化带来的服务需求，在带动生产性服务业产生与发展的同时，必然导致生产组织结构的变革和分工的进一步深化，进而促使更多的服务环节从制造业内部分离出来，形成正向反馈循环。

因此，伴随社会分工的专业化和精细化，以及市场化水平的不断提高，在很大程度上推动了服务业的独立化发展，进而，生产性服务逐步开始了由"内在化"向"外在化"的演进。在生产性服务从制造业中不断分离、不断独立的过程中，生产性服务业的发展愈加专业，创新愈加频繁，规模效应凸显，于是生产性服务业得以快速发展，并作为中间投入在制造业中广泛使用。

二 对知识资源的需求促进了生产性服务业发展

所谓"知识资源"，源自"知识经济"的概念，而"知识经济"是指建立在知识和信息的需求、供给和使用、分配基础之上的新经济，它是世界经济一体化条件下的经济业态，在其中智力、技术等无形资产起着决定性作用。新经济增长理论认为，知识作为一个重要的生产要素，能够有效地提高投资的收益。由此，当前的世界经济主要表现为以知识经济为标志，并进一步主导着世界经济的潮流。企业尤其是制造业企业在以"知识经济"为标志的世界经济潮流中，对其中的知识资源产生了巨大的需求，有力地促成了生产性服务业的快发扩展与发展。由于生产性服务业中大部分都以人力资本和知识资本作为投入要素，产出主要表现为人力资本与知识资本的相关服务，从而生产性服务业成为把日益专业化的人力资本和知识资本引进制造业生产的"飞轮"。正是由于生产性服务业的特殊功能与属性，再以特定形式的资本要素进入生产过程中，提高了劳动与物质要素相结合的生产效率，进一步在提供差异化产品和改进产品质量方面起到前所未有的作用。生产性服务业是知识和智力转化为生产力的最有效和最直接的媒介，正是"知识经济"的典型特性。

由此可见，制造业对生产性服务业的需求是生产性服务业发展的基础，换言之，即制造业的发展水平直接关系着生产性服务业的发展水平。而事实上，制造业对生产性服务业的需求其本质就是对知识要素的需求。所以，科技、智力、知识正逐渐成为生产与服务的重要资源要素，制造企业也愈加重视这种无形资本的投入，借此以提高企业的核心竞争力。正是制造企业对与技术相关的基础服务的需求越来越多，其对制造企业的重要性也日益提升，而智力和知识在其中又起到决定性的作用，所以说，制造业对知识需求的不断增加、对知识资源依赖性的不断提升，进一步促进了生产性服务业的扩展与提升。

三　技术的持续创新推动了生产性服务业的扩张

科技的创新必然衍生出一批新的产业，这是一个普遍规律，不仅适用于制造业发展，同样适用于生产性服务业的扩张。新的技术研发出了具有可替代性和专业性的产品或服务，改变了原有产品或服务的技术发展路线，进而改变了原有制造业企业或生产性服务业的生产成本和价值曲线，为新的产品和服务业态的出现提供了发展机遇。同时，科技创新也改变了市场需求曲线的位置和曲率，不仅带来了新的市场需求，也对旧有的市场需求带来冲击，这样一来就为新的产品和服务的业态发展扩宽了空间。特别是随着知识经济的迅猛发展，信息技术的日新月异，高新技术的加速发展，一方面促使新的生产性服务业等业态不断涌现，另一方面还使得原有的生产性服务业不断获得新的技术和知识的支持，充满活力。伴随制造业企业对以信息技术为代表的高新技术的不断追求，生产性服务业中涌现出很多基于信息技术的新兴行业，如咨询服务、金融保险、信息服务、科技中介等生产性服务业，成为经济发展的有力推进器。

与此同时，以交通运输、仓储配送、批发零售为代表的传统生产性服务业借助于新的信息技术手段，如条形码、二维码的自动识别技术，全球卫星定位系统，以及正在试验中的无人机技术等获得了新的发展生机，在某种程度上以新型的生产性服务业态出现，并获得了空前的快速发展和扩张。对于一些本就属于新型生产性服务业的行业，通过运用新技术、新管理、新模式在保持领先的同时，还会演变为新的生产性服务业。所以说，技术的持续创新，在推动制造业升级和改进的同时，也有力推动了整个生产性服务业的快速扩张，成为整个服务业成长和规模扩张的主导因素。

此外，生产性服务业的产生和发展还与一个国家或地区的市场发育状况密切相关。各国实践证明，市场体系的发育程度越高，服务业越发达，其中生产性服务业的发展也越充分。原因主要是，市场经济在其形成和发展的过程中必然带动生产性服务业的发展和扩张，同时服务业市场的扩张，必然伴随生产性服务业规模的扩大，反过来又促进了市场体系的完善和市场经济的发展。具体体现在，一方面，市场经济在其形成和发展过程中，不仅产生大批服务业的从业人员和生产性服务业的集聚区域，而且随着其中的市场体系不断完善，一些新的服务业态将不断涌现；另一方面，由于市场经济的发达程度往往伴随以市场体系的建设完备与否为标准，在一个较为发达的市场经济体里面，各种生产要素都会得到充分的培育和发展，从而带动一批服务新业态的兴起，尤其是在与资本要素和人力要素结合紧密的生产性服务业领域，出现了大量新兴服务业态，如科技服务、信息支持等生产性服务新业态。而且，随着市场体系建设的完善，生产性服务业的领域也正在逐步拓宽。因此，市场环境的发达程度直接关系到生产性服务业的生存和发展，是其进一步成立的重要因素。

第三节　生产性服务业与制造业协同发展的内在机理

一　推动降低双方交易成本

"交易费用"概念最早是由科斯在《企业的性质》一书中提出的，科斯指出，"交易成本是获得准确市场信息所需要的费用，以及谈判和经常性契约的费用，是由信息搜寻成本、谈判成本、缔约成本、监督履约情况的成本、可能发生的处理违约行为的成本所构成"。伴随社会分工的深化，制造业和服务业尤其是生产性服务业之间的交易数量将会大大增加，交易费用必然增加，通过有效提升生产性服务业的供给效率，使生产性服务业和制造业之间交易的边际收益大于边际成本，那么双方的生产效率都会得到提升，分工也会得到进一步的深化，生产性服务业和制造业能同时得到规模扩张和结构性的升级。

带来的后续影响就是，制造业企业进一步深化对生产成本降低的追求，并且通过内部非生产核心业务的不断外置剥离，逐步提升自身生产效率以期不断降低和外部服务业的交易成本。在生产性服务业方面，随着交易规模的扩大，自身的生产规模也逐步扩大，并且在生产性服务业内部也存在对更高利润的追求，与制造业所不同的是生产性服务业对更高利润和核心竞争力的追求，是通过对科技创新的不断追求来实现的。也正是在科技方面的不断创新，才使得生产性服务业在和制造业的交易中处于不败地位，从而能有效地减少交易费用长期趋低带来的不利影响。长期来看，整个社会的经济效率越来越高不仅仅是受生产活动本身的生产效率的影响，更是受到各个经济活动，如制造业和生产性服务业之间的相互协同联系的影响。

二 培养企业竞争新优势

一般而言，企业的生产效率提升，将会有助于企业将自己的主要资源配置在具有相对优势的生产活动上，从而不断提升自身的核心竞争力。波特（1985）在其竞争优势理论中指出，生产性服务是制造业产品价值的重要构成部分和产品差异化的主要来源，而产品差异化是企业核心竞争力的关键来源。基本上每一个制造企业的经济活动都包含设计、生产、销售、发货和其他一些辅助性经济活动，进而在一个特定的行业中展开竞争的经营。所有这些活动大致可以用图3-1来显示。

由图3-1可以看出，企业对利润的追求是通过一系列关联紧密的经营活动进行的。这些活动又可分为两大类——基本的经营活动和辅助性的经营活动，即图中的上下两个部分。所谓基本的经营活动，主要涉及生产环节的前后关联，比如产品的制造环节、销售储运环节以及售后服务等经营活动。这些基本的生产经营性活动是企业尤其是制造业企业的根基，企业的所有利润皆来源于此。图中的上半部分，主要是企业围绕基本经营活动展开的一些辅助性经营活动，主要包括研发设计、人力资源、基础设施等，我们基本上可以把这些辅助性的经营活动都归为生产性服务，其存在的意义就是为企业的基本经营活动提供支撑性服务，确保企业的经营活动顺利进行，为制造业企业的最终利润实现创造条件。

制造业企业若要在激烈的市场竞争环节保持不败，或者说为确保其生产的产品能顺利在产品市场上实现交易，必须充分在如图3-1的各个经营活动环节优化升级，而传统的仅对基本经营活动进行优化提升的方式已经不能确保企业的产品顺利实现交易，必须另辟蹊径。而辅助性的经营经济活动自然成了制造业企业提升产品竞争新优势的最好选择。辅助性经营活动，或者说在此基础上发展壮大的生产性服务业逐步成为制造业保持和培育竞争新优势的重要战略环节。

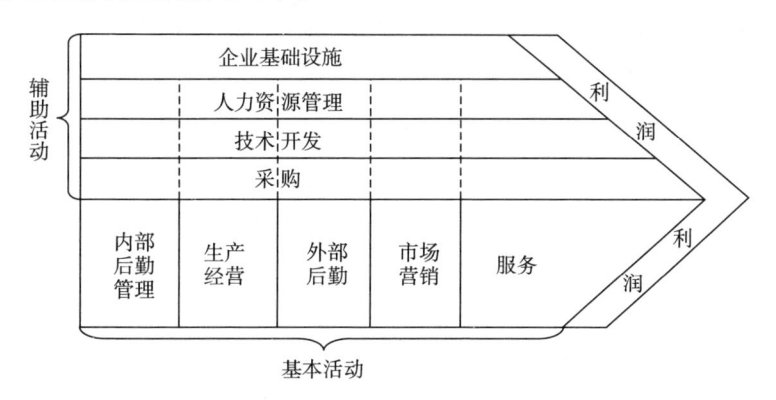

图 3-1　企业的生产经济活动

三　促使向各自价值链攀升

通过与生产性服务业的互动发展和密切合作，制造业企业会保持原有竞争优势，培育新的竞争优势，但这还不够。要想在激烈的市场竞争中不被淘汰，还必须不断地向价值链的高端攀升。价值链"微笑曲线"的提出，便是对此生动形象的描述。如图3-2所示，其直观地展示了生产性服务业在制造业价值链条中的位置。该图指出，在企业生产的产品价值中，包含了由研发设计、组装加工、销售物流等各个环节的各种生产经营活动，但它们对产品的价值贡献是不同的。贡献大的是位于曲线左边的上游研发、设计、材料等环节，属于提升产品差异性和竞争力的高科技产业。曲线右边的下游销售、品牌、营销、物流等对产品的价值贡献也比较大，它们属于提高产品附加值和帮助产品实现价值的最后一环的顺利交易的完成。可以看出整个曲线的两侧均属于高附加值的和高利润的生产性服务业。在价值曲线的中间底部则属于附加值较低的一些普通的加工、组装和制造环节。

因此，制造业和生产性服务业的协同发展与耦合共生是必然的，也是有益双方的。在企业产品价值链的运动过程中，并非这条曲线上的每一个环节的地位都相同，它们的重要性源自它们对产品价值的贡献度。制造业企业的产品价值的创造、增加、实现很大程度上来自这条价值曲线上的某个特定的环节，而沿着价值曲线向两端攀升，创造并保持上、下游制造业企业生产性服务业的意义都很大。制造业企业对利润的追求，必然带来对生产性服务业的需求不断增加，促使生产性服务业在其内部向专业化、高标准化升级，必然沿着生产性服务业特有的价值曲线攀升。

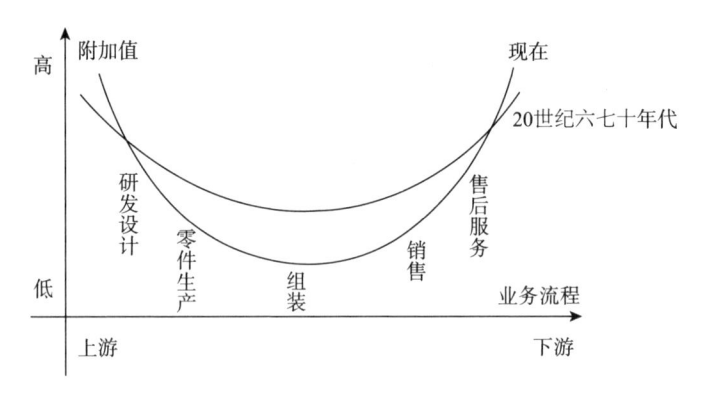

图 3-2　价值链"微笑"曲线

四　促使彼此产业集聚共生

生产性服务业和制造业之间的协同发展还体现在地理空间上的耦合共生、集聚发展，形成一定的经济生态群落。所谓生态群落是指在特定的时间、空间或环境下，由一定生物种类组成的生物集合体，具有一定外貌结构和特定的功能，各种生物之间、生物与环境之间彼此影响、相互作用。经济生态群落是指经济生态系统中的一种特定组织，各种经济体在一定的时间、空间和环境下，彼此发生相互影响和相互关系。群落内部企业之间及群落与群落之间的协同作用行为将产生耦合效应，整个群落产生的整体价值将大于各个产业企业体原有产生价值的简单之和。

生产性服务业由于本身具有的"黏合剂"的功能，成为整个经济群落里面一个非常重要的亚群落，这一亚群落作为整个经济群落中相互交流的知识流，在各个产业间以它们的中间投入存在，从而使得生产性服务业亚群落与制造业亚群落之间形成一个有机的经济群落，彼此耦合共生。其中，制造业亚群落为生产性服务业提供生存所需的环境，包括生产性服务业从制造业亚群落中衍生出来，以及制造业亚群落是生产性服务业亚群落的主要消费吸收者。从另一个角度而言，生产性服务业亚群落为制造业亚群落提供发展的营养，如生产性服务业亚群落为制造业亚群落提供产业升级和保持活力的知识流，进而通过对制造业中间投入的强化来促进制造业核心竞争力的提升。总之，生产性服务业亚群落和制造业亚群落的关系为：制造业亚群落拉动生产性服务业亚群落的发展，生产性服务业亚群落推动制造业亚群落的升级，两者互动互惠、耦合共生。

综述分析，随着社会分工的不断深化，生产性服务业从制造业中不断地剥离出来，逐渐成长为一个重要的社会分工产业，为制造业的发展提供更加专业的技术服务产品，在促使制造业不断保持现有生机活力的前提下，推动其不断升级，提升核心竞争力。与此同时，生产性服务业在制造业生机勃勃的发展态势下，自身的发展也被拉动得生机盎然，呈现出与制造业共生共进的势头。可以说，制造业是生产性服务业产生的母体、发展的基础，生产性服务业依赖制造业的发展而发展，没有制造业的发展，生产性服务业就失去了需求的来源。而制造业的发展同样离不开生产性服务业的有力支撑。许多生产性服务业，如技术服务、物流仓储、金融保险等，都是支持制造业发展的重要部门。如果没有生产性服务业的有效支撑，制造业劳动生产率的提升、产品竞争力的增强都将难以得到保障。

第四节 生产性服务业与制造业协同发展的模型分析

一般而言，对于物质性的生产要素，比如土地，在生产过程中所起的作用会表现出收益递减的倾向，而非物质的生产要素比如智力资本则在其中不会出现收益递减的现象，甚至还会出现收益递增的现象，一旦二者的效应相互抵消，就可以得出收益不变率。就制造业而言，可知其紧紧依赖物质要素投入的增加并不能一直带来规模效应，若想提升生产效率，则还必须加大对智力和知识等要素的投入，才能重复发挥规模效应。生产性服务业以人力资本和智力资本为产品要素的主要构成，在其大量投入制造业的生产过程中能够大大提升其生产效率，扩大其规模效应。

本节基于 Ethier（1982）的生产函数和 Romero（1990）的"内生技术变动"模型，构建一个从数理说明的生产性服务业和制造业协同关系的理论模型，进而证明制造业可以带来生产性服务业的发展和生产性服务业可以促进制造业的升级。

一 模型简介

Ethier（1982）利用 D—S 效用函数来重新解释生产函数，经过数理推导后认为，新产品的引进可以提升制造企业的生产效率。因为新增加的中间投入品的种类，可以内生出一种新的比较优势，从而促进制造业发展和经济的增长。Markusen（1989）在此基础上，进一步将生产性服务业作为中间投入产品引入模型，分析生产性服务业促进制造业和经济增长的内在机制。Romer（1990）在内生技术模型中，通过假设存在两个部门：一个产品制造部门，一个提升知识存量的研发部门。提出，不管这两个部门处于什么样的条件下，都将收敛于一条平衡增长路径，而且在这条平衡增长路径上，产品制造部门的生产率提升主要依赖内生要素的投入，也即提升知识存量增加的技术研发。所以 Romer 认为，制造业部门在长期的平稳增长路径上，其增长速度主要依赖于中间知识要素的投入。

二 模型分析

一般而言，按照新增长理论，我们可以假设在一个封闭的经济体内，存有产品制造业和生产性服务业两个部门。其中，产品制造业部门主要生产普通的物质形态最终产品，生产性服务业部门主要生产非物质的技术服务类中间产品。具体变量为：劳动（L）、资本（K）、技术服务（A）、产品产出（Y）。一般设定模型为动态的连续时间模型。此外，我们做特殊假设处理，假定劳动（L）既参与制造业部门的生产活动，比例分别为（$1-a_L$），也参与生产性服务业部门的生产活动，比例分别为 a_L，a_L 为外生不变的参数值，而资本（K）仅仅参与制造业部门的生产过程。这样，对这两个部门封闭经济体而言，产品生产制造部门使用三种生产要素资本（K）、劳动

(L) 和技术服务 (A), 生产出物质形态的普通产品 (Y), 即 $Y(t) = K(t)^{\alpha}[(1-a_L)L(t)A(t)]^{1-\alpha}$, $0 < \alpha < 1$; 而生产性服务业部门的投入要素仅有劳动 (L), 加之对原有的技术服务产品的路径依赖, 其生产函数为 $\dot{A}(t) = Ba_L L(t) A(t)$, $B > 0$, B 为外生转移参数。为简化起见, 我们还假定该封闭经济体内的储蓄率保持不变, 即 $\dot{K}(t) = sY(t)$。

在此基础上, 我们假定产品制造业部门的具体生产函数为:

$$Y = [(1-a_L)L]^{1-\alpha} \int_{i=0}^{A} x(i)^{\alpha} di, 0 < \alpha < 1$$

其中 $x(i)$ 为资本品 i 的使用量, A 表示知识的存量。若假设 $0 \leq i \leq A$, $x(i) = K/A$, 其他情况下为 0, 则有:

$$Y = [(1-a_L)L]^{1-\alpha} \int_{i=0}^{A} \left(\frac{K}{A}\right)^{\alpha} di$$

因为 K/A 和 i 是两个互不相干的变量, 故可对上式求积分整理:

$$Y = [(1-a_L)LA]^{1-\alpha} K^{\alpha}$$

在此, 我们假定产品制造业部门生产所需要的技术服务都来自生产性服务业部门, 则生产性服务业部门的服务产品生产函数为:

$$\dot{A}(t) = Ba_L L(t) A(t)$$

此处, 我们设定 $\dot{K}(t) = Y(t) - C(t)$, 且 $\dot{L}(t) = 0$。

为简化起见, 我们假定这两个部门均为规模报酬不变的行业, 且在这两个封闭的部门经济体内, 各个经济活动的参与主体都具有相对不变的风险厌恶偏好, 即 $\dfrac{\dot{C}(t)}{C(t)} = \dfrac{r(t) - \rho}{\theta}$, 其中, r 是的利率, ρ 是贴现率 (对于现期消费, 当 ρ 变大时, 生产者对未来消费的估计变低), θ 是相对风险厌恶系数。

进一步, 我们假定, 产品制造业和生产性服务业两部门所面对的要素供给市场是完全竞争市场, 所以劳动者的工资是不变的, 并且可以随意在这两个部门间自由流动。同样, 产品生产者部门所面对的生产性服务业部门所提供的服务产品的价格也是不变的。

首先, 我们分析产品制造业部门的行为。

对产品制造业部门而言，假设劳动的工资为 w，资本品 i 的租金价格为 $p(i)$，为简化起见，按照上文假设，则产品制造业部门所需要的劳动力数量为：

$$L_Y = (1 - a_L)L$$

则，产品制造业部门生产 1 单位的产品所需要的最低的成本函数为：

$$\min: wL_Y + \int_{i=0}^{A} x(i)p(i)di$$

$$\text{s.t.} \ L_Y^{1-\alpha} \int_{i=0}^{A} x(i)^\alpha di = 1$$

这样，我们就可以构建产品制造业部门的拉格朗日方程：

$$F[L_Y, x(i)] = wL_Y + \int_{i=0}^{A} x(i)p(i)di + \lambda[1 - L_Y^{1-\alpha} \int_{i=0}^{A} x(i)^\alpha di]$$

分别对 L_Y 和 $x(i)$ 求一阶偏导：

$$\frac{\partial F}{\partial L_Y} = w - \lambda(1-\alpha)L_Y^{-\alpha} \int_{i=0}^{A} x(i)^\alpha di = 0$$

$$\frac{\partial F}{\partial x(i)} = p(i) - \lambda L_Y^{1-\alpha} \alpha x(i)^{\alpha-1} = 0$$

进一步计算出产品制造业部门面对完全竞争的生产要素市场 [即 $x(i)$、L_Y、$p(i)$ 不变] 条件下的式子：

$$x(i) = \left[\frac{\alpha}{1-\alpha} \cdot \frac{w}{p(i)} \cdot L_Y^{2-\alpha}\right]^{1/1-\alpha}$$

由于产品制造业部门面临的是生产要素完全竞争市场，所以其实现利润最大化的要素使用原则就是使劳动的边际成本等于边际收益。而产品制造业部门使用劳动要素的边际成本为要素价格 w；使用劳动要素的边际收益为边际产品价值，也即边际产品与边际产品的价格（此处价格被正规化为1），那么就可以得出以下等式：

$$\frac{\partial F}{\partial L_Y} = \lambda(1-\alpha)L_Y^{-\alpha} \int_{i=0}^{A} x(i)^\alpha di = w$$

代入 $x(i) = \left[\frac{\alpha}{1-\alpha} \cdot \frac{w}{p(i)} \cdot L_Y^{2-\alpha}\right]^{1/1-\alpha}$，整理可得：

$$x(i) = \left[\frac{\alpha}{p(i)}\right]^{1/1-\alpha} L_Y$$

这样，我们就得出了产品制造业部门每生产1单位的最终物质形态的产品，所需要的最少资本产品 i 量。

其次，我们计算生产性服务业部门的行为。

生产性服务业部门专门生产智力服务产品，并把它作为中间产品，以资本品 i 的形式提供给产品制造业部门使用。对生产性服务业部门而言其提供的资本品 i 不同于一般意义上的物质产品。主要体现在，生产性服务业的初始投资较高，但一旦进入规模化后，其边际成本几乎可以忽略不计，所以，规模化对生产性服务业具有重要的意义。这样一来，那些拥有差异化服务产品的生产性服务业部门就能够在市场上形成占优型垄断竞争性厂商，成为资本品 i 的垄断供应商。其面对的需求函数为：

$$x(i) = \left[\frac{\alpha}{p(i)}\right]^{1/1-\alpha} L_Y$$

对等式两边取自然对数得：

$$\ln x(i) = \frac{1}{1-\alpha}[\ln\alpha - \ln p(i)] + \ln L_Y$$

因为资本的需求弹性为：$\frac{\partial x(i)}{\partial p(i)} \cdot \frac{p(i)}{x(i)} = \frac{\partial \ln x(i)}{\partial \ln p(i)}$

这样可得式子：

$$\frac{\partial x(i)}{\partial p(i)} = -\frac{1}{1-\alpha}$$

资本品 i 的垄断供应商，即生产性服务业部门面对的市场需求曲线利润：

$$\pi = [p(i) - c(i)]x(i)$$

其中，$c(i)$ 为生产单位资本品的成本，则生产性服务业部门选择最大化利润的资本数量为：

$$\frac{\partial \pi(i)}{\partial x(i)} = \frac{\partial p(i)}{\partial x(i)} x(i) + p(i) - c(i) = 0$$

整理可得：

$$p(i) - c(i) = -\frac{1}{\frac{\partial x(i)}{\partial p(i)} \cdot \frac{p(i)}{x(i)}} \cdot p(i) = (1-\alpha)p(i)$$

这样，我们就可得到生产性服务业部门面对市场需求时的利润函数：

$$\pi = (1-\alpha)p(i)c(i)$$

再次，我们分析生产性服务业部门在均衡增长路径上的行为。

按照内生技术理论，产品制造业部门和生产性服务业部门不管其初始状况如何，最终都会收敛于一条均衡性增长路径上，即产品制造业部门和生产性服务业部门都会相互协作共同发展。当产品制造业部门和生产性服务业部门处在均衡增长路径上时，资本 K、技术 A、产品 Y 和消费 C 的增长率是相同的，即生产性服务业部门的增长率与产品制造业部门的增长率一样。

假设 r 和 a_L 都保持不变，$x(i)$ 和 $p(i)$ 都独立于 i 且不随时间而发生变化。又假设 $\bar{p}$ 为均衡增长路径上的 $p(i)$，$\bar{x} = K/A$ 为均衡增长路径上的 $x(i)$。因为生产性服务业面对的劳动要素市场也是完全竞争市场，所以使用劳动要素原则同样为边际成本等于边际收益。劳动要素的边际成本为劳动力工资，即 W_A；劳动要素的边际产品价值为边际产品与其价格的乘积。因生产性服务业部门的生产函数为 $\dot{A}(t) = Ba_L L(t)A(t)$，$B > 0$，那么劳动要素的边际产品为：

$$\frac{\partial \dot{A}}{\partial a_L L} = BA(t)$$

由于生产性服务业部门作为产品制造业部门中间资本品的垄断供应者，其服务产品的价格会上涨为其所能得到的利润值，由上文分析的生产性服务业的利润为 $\pi = (1-\alpha)p(i)c(i)$。且在均衡增长路径上，$x(i)$ 和 $p(i)$ 都是相互独立的，资本品 i 不随时间发生变化。这样就可得到资本品出租的利润现值为：

$$\pi^{PDV}(t) = \int_{\tau=t}^{\infty} \theta^{-\int_{s=t}^{\tau} r(s)ds}(1-\alpha)\bar{p}\bar{x}d\tau$$

因为，我们假设实际利率是不变的，所以可以对上式进行计算和代入整理，可得生产性服务业部门生产的知识服务产品的价格为：

$$P_A = \frac{(1-\alpha)\bar{p}\bar{x}}{r}$$

这样我们就可以得出生产性服务业部门使用劳动要素生产出的技术服务产品的边际产品价值。按照边际产品价值等于边际成本的行为法则，我们可以得出以下等式：

$$W_A = \frac{(1-\alpha)\bar{p}\bar{x}}{r}BA(t)$$

又由产品制造业部门对资本品 i 的需求函数 $x(i) = \left[\frac{\alpha}{p(i)}\right]^{1/1-\alpha} L_Y$，且在均衡增长路径上的 $\bar{x}^{1-\alpha} = \frac{\alpha}{p}L_Y^{1-\alpha}$ 代入上式，并计算整理得到生产性服务业部门使用劳动力要素的工资函数：

$$W_A = \frac{\alpha(1-\alpha)L_Y^{1-\alpha}\bar{x}^\alpha BA}{r}$$

最后，我们分析产品制造业部门在均衡增长路径上的行为。

由上文可知产品制造业部门的生产函数为：

$$Y = L_Y^{1-\alpha} \int_{i=0}^{A} x(i)^\alpha di$$

那么其在均衡增长路径上生产函数就为：

$$Y = L_Y^{1-\alpha} \int_{i=0}^{A} x(i)^\alpha di = L_Y^{1-\alpha}\bar{x}^\alpha A$$

由此，我们可以得到产品制造业部门使用劳动要素的边际产品为：

$$\frac{\partial Y}{\partial L_Y} = (1-\alpha)L_Y^{-\alpha}\bar{x}^\alpha A$$

事实上，产品制造业部门在均衡增长路径上的劳动边际产品是由劳动的供给量、生产性服务业部门所提供的均衡资本品和原有知识存量决定的。所以，产品制造业部门的生产函数还可以写为：

$$Y = (L_Y A)^{1-\alpha} K^\alpha$$

所以，我们可以得到产品制造业部门使用资本要素的边际产出：

$$\frac{\partial Y}{\partial K} = \alpha L_Y^{1-\alpha} \left(\frac{K}{A}\right)^{\alpha-1}$$

考虑到在均衡增长路径的 $\bar{x} = K/A$，我们可以得到：

$$\frac{\partial Y}{\partial K} = \alpha L_Y^{1-\alpha} \bar{x}^{\alpha-1}$$

可以看到，在均衡增长路径上，产品制造业部门使用资本要素的边际产出是由劳动供给量和生产性服务业部门所提供的均衡资本来决定的。

由于劳动力是假定可以在产品制造业部门和生产性服务业部门之间自由流动的，所以，这两个部门所面对的劳动力要素市场都是完全竞争的，这样我们就可以认为这两个部门的劳动力的工资是相等的，即 $w = W_A$。按照前文关于产品制造业部门的产品价格被正规化为 1，则其使用劳动要素的边际产品价值等于劳动的边际成本 w，从而，我们可以得出在均衡增长路径上的式子：

$$w = (1-\alpha) L_Y^{-\alpha} \bar{x}^{\alpha} A$$

进而，我们可以得到：

$$(1-\alpha) L_Y^{-\alpha} \bar{x}^{\alpha} A = w = W_A = \frac{\alpha(1-\alpha) L_Y^{1-\alpha} \bar{x}^{\alpha} BA}{r}$$

整理可得：

$$r = \alpha L_Y B$$

也即：

$$L_Y = r/\alpha B$$

这样，我们就得到了产品制造业部门使用的劳动力要素的最优函数。

三 均衡增长

由内生知识积累模型可知，若两个部门的内生投入品规模报酬不变，则无论该两部门处于什么样的发展状态，终将收敛于一条均衡增长路径上。换言之，新产品的投入能够提高产品生产部门的生产效率。这样我们就可得出结论：产品制造业部门和生产性服务业部门会处在同一条均衡发展路径，实现二者的协同发展。也就是说，也正是因为产品制造业部门和生产性服务业部门之间的这种互补性分工，使得二者最终收敛于一条均衡增长的路径之上。

当产品制造业部门和生产性服务业部门处于长期均衡发展路径上时，即二者协同互动耦合发展时，产品制造业部门生产效率的提升主要源自技术服务产品的增加。而技术服务产品的生产者就是生产性服务业部门，这样我们就可得出，正是生产性服务业部门的发展提升了产品制造业部门的生产效率。

具体推导如下：

由上文可知，生产性服务业部门在均衡增长路径上的生产函数为：

$$\dot{A}(t) = Ba_L L(t) A(t)$$

则，$\dot{A}(t)/A(t) = Ba_L L(t)$，即生产性服务业部门的增长率为 $Ba_L L(t)$。如果我们将长期均衡的增长率定义为 g，则生产性服务业部门的增长率和产品制造业部门的增长率是相等的。

由于在长期的均衡增长路径上，消费的增长率为：

$$\frac{\dot{C}(t)}{C(t)} = \frac{r(t) - \rho}{\theta} = g = Ba_L L$$

在此基础上，可以推导出产品制造业部门雇用的劳动数量为：

$$L_Y = \frac{r(t)}{\alpha B} = (1 - a_L) L$$

整理后将 $a_L L = L - r(t)/\alpha B$ 代入前式，得到：

$$r = \frac{\alpha(\rho + \theta BL)}{\alpha + \theta}$$

代入式子 $a_L L = L - r(t)/\alpha B$，可得：

$$a_L = 1 - \frac{\alpha(\rho + \theta BL)}{(\alpha + \theta)\alpha BL}$$

继续代入式子 $g = Ba_L L$，可得：

$$g = BL\left[\frac{\alpha BL - \rho}{(\alpha + \theta)BL}\right] = \frac{\alpha BL - \rho}{\alpha + \theta}$$

由此我们可以得出，在长期均衡的增长路径上，产品制造业部门和生产性服务业部门的增长率是各个参数的复杂函数。产品制造业部门和生产性服务业部门的增长率与转移参数 B、劳动力数量 L、相对风险厌恶系数 θ 和贴现率 ρ 相关。其中，劳动力数量的提升可以增加产品制造业部门的生产效率；相对风险厌恶系数 θ 越高，产品制造业部门和生产性服务业部门增长率越小。从均衡的角度看，虽然最终产品制造企业在其所有市场中都是价格接受者，技术服务产品生产部门在初始资源的市场中也是价格接受者，但因为每个中间投入的生产企业都是具有一定市场权利的某种特殊中间投入的单一生产者，因此，我们说，这种以专业化产生的收益递增为基础的均衡增长，基本上是一种垄断竞争型的均衡增长。

总之，由整个模型的推演过程可以看出，当生产性服务业部门从制造业部门分离并独立出来以后，实现了产品制造业和生产性服务业的合理分工，两个部门在长期就会收敛于均衡增长路径，生产性服务业就能够促进产品制造业的发展。一旦二者处在均衡的增长路径上，制造业会带动生产性服务业的发展，而生产性服务业的发展将会促进制造业提升生产效率。原因主要有三个方面，其一，生产性服务业中的技术服务产品作为制造业的中间投入要素在产品制造过程中发挥至关重要的作用，尤其能在推动制造业技术创新、产品升级、结构更新发展上发挥关键效能。其二，生产性服务业的中间产品生产能够大大提升产品制造业部门的产品附加值，特别是生产性服务业的技术服务产品作为产品制造业部门的重要生产要素，增加了迂回生产过程，拉长了产业链条，大大增加了产品的附加值。其三，将生产性服务业生产的技术创新型服务产品应用到产品制造业中去，可以有力地降低生产成本，减少能源消耗，从而提升产品制造业的绿色生产效能。

第五节　生产性服务业与制造业协同发展的特征分析

生产性服务业与制造业的互动协同发展，是从生产性服务业一出现就发生的，但在不同的发展阶段，二者协同的关系表现出不同的阶段性特征，具体如下。

一 生产性服务业与制造业"共生"发展特征

所谓"共生"特征，是指在生产性服务业的产生早期，其与制造业的分离不能完全隔开，因为生产性服务业刚刚从与制造业的"寄生"关系中成长起来，对制造业的依赖性较强。这一时期，由于产业结构处于不断调整期，制造企业为提高竞争力已经开始将重心集中于内部具有相对优势的生产部门，而与生产经营活动不够密切的一些服务部门，即生产性服务业，被逐渐剥离，离开核心生产企业被独立出来。这一时期的生产性服务业组织相对松散、发展水平较低、服务功能单一，且服务对象大多仅限于以前的从属制造企业。不少生产性服务业企业与制造业企业存在着嫡系关系，生产性服务业依赖着制造业发展，二者存在于一种共生模式上发展。

正是在这种"共生"发展阶段，生产性服务业对制造业的发展提供了辅助的管理功能，在财务、仓储等方面发挥了润滑剂的作用。另外，制造业借助生产性服务业的向外剥离，向内辅助，进一步有效地集合了自身的经营自由，专注于生产的环节，在不断提升生产效率的同时，逐步壮大自身发展规模，调整产业结构。正是在这个共生发展的时期，生产性服务业和制造业的关系才真正理顺，生产性服务业逐步从对制造业的寄生性依赖，发展到共赢性生长的关系。

二 生产性服务业与制造业"共振"发展特征

当生产性服务业经过与制造业从稳定的共生阶段走来，其所处的外部市场环境体系基本已经发展完备。生产性服务业之间的发展开始出现竞争性的关系，进而出现了空间地理上的初步集聚形态。也就是说生产性服务业开始紧紧围绕着制造的地理位置进行扎堆发展，以期能够更好地生存和为制造业的发展服务。另外，随着制造业的生产性服务社会化，制造业企业对生产性服务业企业的重视和争夺也逐渐明显，各类制造业都对能够提供高效和精准辅助的生产性服务业企业展开争夺，也就是制造企业在其生产要素的中间品供给上展开竞争。其结果就是制造业企业在选址时将周围的生产性服务业企业配套情况作为一个重要的参考依据。这样就形成了二者共振发展时期，也就是生产性服务业的选址、集聚与发展要充分考虑制造业的地理空间，同时制造业也把周围生产性服务业的配套情况作为生产基地选址的重要参考因素之一。

在这一共振时期，生产性服务业开始发挥自身的外溢效应，对制造业在物流、咨询、金融等方面发挥着辅助管理的功能，成为制造业发展的重要"生产力"。而制造业企业开始正视消费者的不同需求层次，以期获取更多的生产者剩余和抢占更多的市场份额。这样一来，制造业企业开始更多地关注能够帮助其提供有效差异化产品的生产性服务业企业。这样的共振结果就是，制造业对生产性服务的需求逐步由"辅助"转向"支撑"，由以前简单的财务、仓储等服务转向金融、商务、物流等较为高级的生产性服务。

三 生产性服务业与制造业"耦合"发展特征

"耦合"一词来自工科上的一个专门术语，指的是两个或两个以上的体系通过各种相互作用而彼此深度影响，以至联合起来发生作用的现象。生产性服务业和制造业的关系在走过"共振"阶段之后，自然就走上了"耦合"的发展时期。也就是说，在生产性服务业和制造业彼此的发展都各自成为较为完备的经济个体体系后，两个体系间发生深度互联互通关系，而且这种关系在某种程度上而言，还会发生一定的"化学"反应，即 1+1>2 的现象。

作为已经发展得较为完备的经济产业体系，生产性服务业此时已经开始显现出成为国民经济主导力量的趋势。生产性服务业规模与产值大幅增长，一些企业大量集聚，形成内部资源共享的良性生态机制。在为制造业提供服务方面，出现了一体化的趋向，并进一步形成了制造业产业链上一体化的服务功能群。对制造业的外溢效应已经开始由"支撑"向"战略导向"转变，一些研发设计、供应链管理优化服务开始融入对制造业的服务中去。也正是技术创新和技术融合，促使生产性服务业与制造业从"共振"的发展阶段，转移到"耦合"发展时期。

伴随通信与信息技术的快速发展，最新的信息技术革命使技术融合的发生已逐步渗透到各个领域，进而使众多产业走向"耦合"发展的阶段。尤其是现代生产性服务业与先进制造业的"耦合"发展，使得生产性服务与产品制造越发难以分离，彼此融为一体。比如，在高新技术产品中，有时候服务的价值比重远远超过实物的价值部分。生产性服务业与制造业在"耦合"时期的这种发展，其实质是二者关系的又一次深入演进，使得彼此的互动关系更为紧密，分工更为深入。

总之，在生产性服务业和制造业的不同协同互动发展阶段，二者的发展特征也不尽相同。也正是二者之间表现出来的不同发展特征，反映了生产性服务业和制造业之间的真实互动关系。生产性服务业从一出现，就表现出与制造业协同式的互动发展特征。两者具有先天性的"血缘"关系，彼此依赖，又彼此促进，虽然在不同发展阶段表现出不同的阶段特征，但是生产性服务业和制造业关系的实质仍是紧密的互动、协同发展关系。

第四章 中部地区生产性服务业与制造业关系的实证分析

由前文理论分析可知,制造业的发达程度对一个国家或地区的经济发展具有决定性的重要作用,而生产性服务业的发展进度则直接影响了制造业的产业结构水平和核心竞争力。生产性服务业与制造业协同互动关系的发展阶段、发展路径、发展特征则直接影响到一个地区的经济发展水平。

第一节 中部地区生产性服务业与制造业发展现状分析

改革开放以来,我国的经济发展基本呈现出东高、西低、中部居中的阶梯状发展格局。进入21世纪以来,随着国家对西部大开发战略的逐步推进,三个地区的经济都有了很大的发展,彼此的差距有了一定程度的缩小。但2002年中部地区首次出现增速垫底低于西部地区的现象,即所谓的"中部塌陷",引起多方的关注。如果"中部塌陷"长期继续发展,不仅会给中部地区造成严重的危害,而且会给我国经济发展造成整体性危害,削弱我国经济的综合实力和竞争优势。随后,经过一番酝酿,我国于2006年正式出台了《中共中央国务院关于促进中部地区崛起的若干意见》,为中部六省的发展指明了方向。随着中部崛起战略的推进实施,2009年9月,国务院又提出实施《促进中部地区崛起规划》,要求中部地区实现经济发展水平显著提高、发展活力进一步增强、可持续发展能力明显提升、和谐社会建设取得新进展的发展目标。2010年9月,《国务院关于中西部地区承接产业转移的指导意见》正式出台,标志着中部地区的塌陷基本抚平,将和东部、西部地区同步,加快经济结构调整和发展方式转变,同时积极承接来自东部地区的产业转移,在全国范围内推动形成合理的区域产业分工格局,促进区域协调发展。经过多年的发展,中部地区的生产性服务业和制造业都获得了较大的发展。

一 生产性服务业发展现状

近 10 年来,生产性服务业是世界经济中增长幅度最大的行业,无论是在发达国家和地区,还是在新兴国家和地区。自中部崛起战略推进实施以来,中部地区的经济有了很大的发展,如图 4-1 所示。

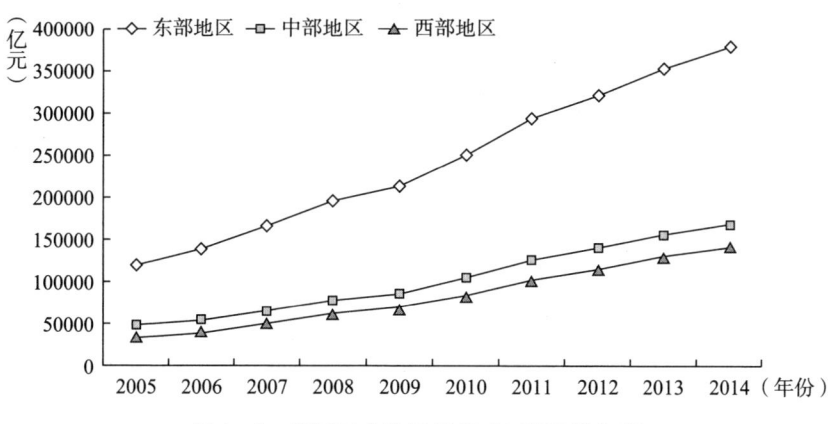

图 4-1 我国三大地区近 10 年 GDP 增加值

由图中我们可以看出,自《中部崛起战略规划》实施推进以来,中部地区的经济发展保持了稳步的发展态势,虽然比起东部地区仍有不小的差距,但在增速方面已经超过东部地区,如图 4-2 所示。

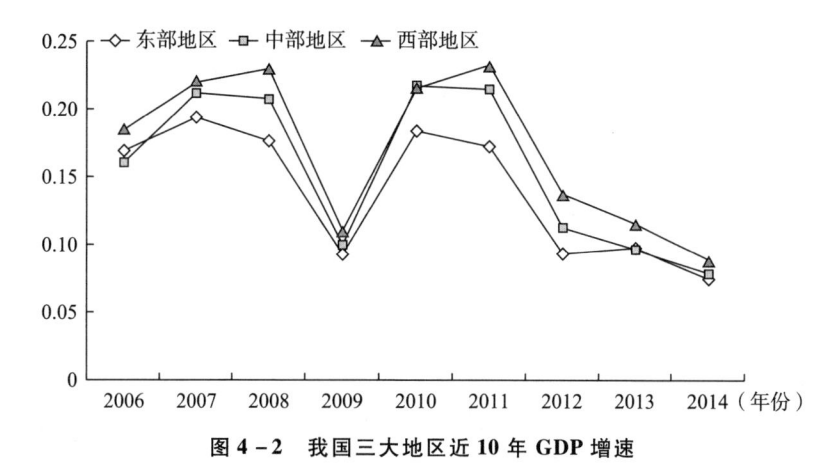

图 4-2 我国三大地区近 10 年 GDP 增速

中部地区在与西部地区的增速比较方面,如图 4-2 所示,我们可以看到在规划实施的第一年，即 2010 年，中部地区的增速远超东部地区，也超过了西部地区的经济发展速度。但在随后的经济随世界经济潮流减速时，减速过猛，减速超过西部地区和东部地区的经济发展速度。2014 年三大地区的增速十分接近，保持在 8% 左右。

在这样的整体经济背景下，中部地区的服务业却保持稳步增长，增速平稳，如图 4-3、图 4-4 所示。

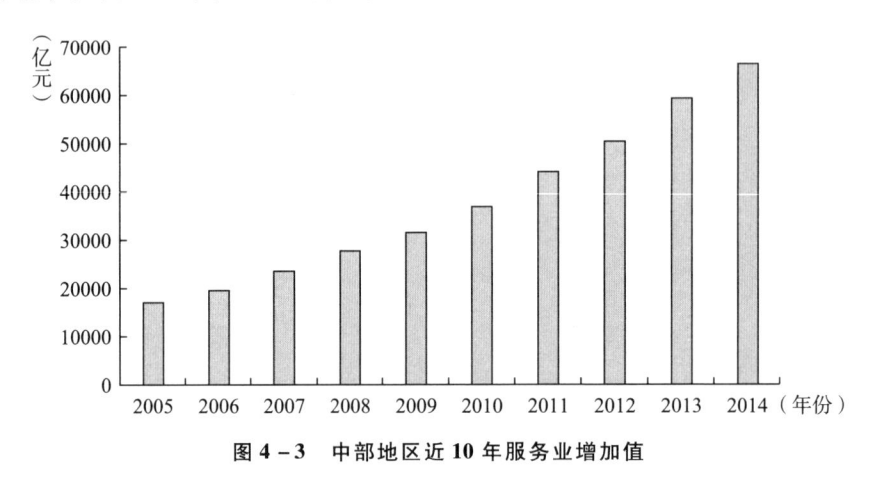

图 4-3 中部地区近 10 年服务业增加值

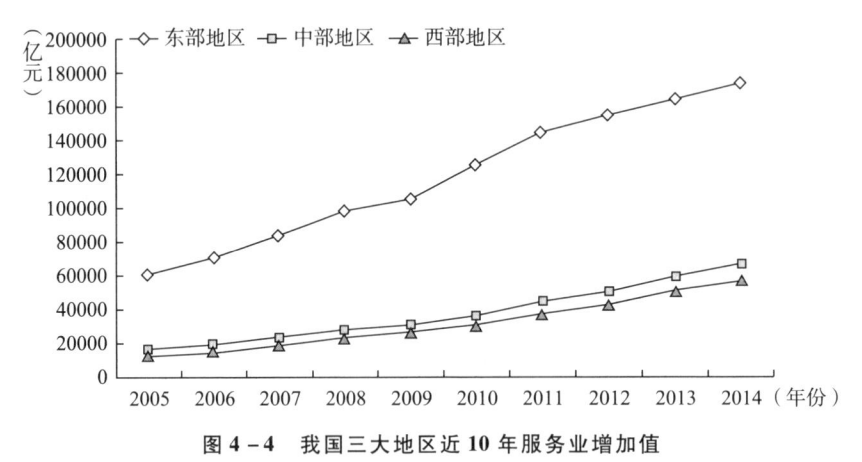

图 4-4 我国三大地区近 10 年服务业增加值

因为数据所限，我们仅以服务业的发展指标来大致表示中部地区的生产性服务业概况。由图 4-4 可以看到，近 10 年整个中部地区的服务业发展保持在一个稳步的态势之上，而且发展速度基本是和西部地区的服务业发展处在同步的路径上，很明显，增速与东部地区的服务业发展相比，差距在逐步拉大。

为进一步探析中部地区生产性服务业的发展概况，我们特选取生产性服务业的一个门类——金融业作为代表，如图4-5所示。

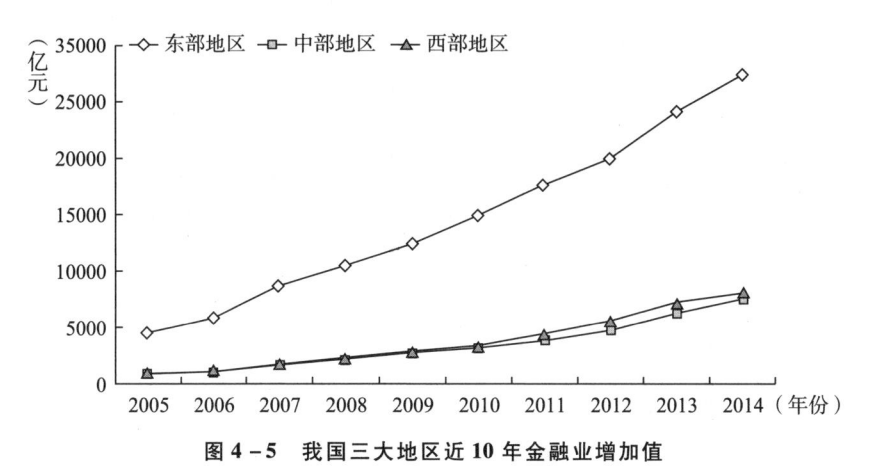

图4-5　我国三大地区近10年金融业增加值

由图4-5可以看出，中部地区的金融业现状是：总量规模小，发展增速低。近些年不仅低于东部地区，还落后于西部地区。

二　制造业发展现状

中部地区的经济发展处于工业化中期，近些年，工业经济得到很大发展，产业结构也不断得到优化。随着工业化进程的不断深入，制造业也在迅速壮大，其增加值总量也不断上升，如图4-6所示。

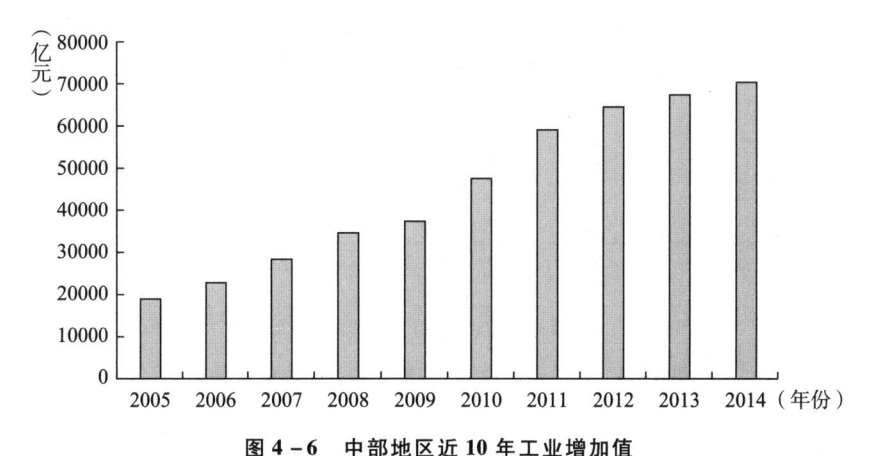

图4-6　中部地区近10年工业增加值

由于制造业统计数据获取较为困难,我们以工业增加值代替制造业增加值,可以看到近10年的中部地区工业增加值稳步增长的良好态势。中部地区工业增加值与东西部地区的对比情况见图4-7。

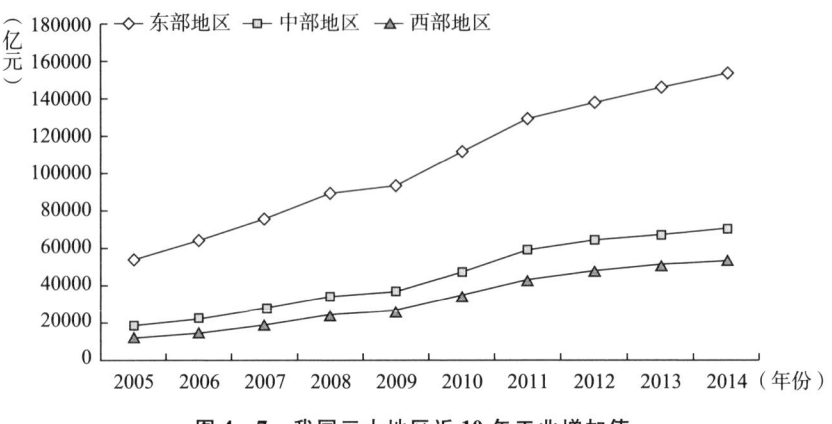

图4-7 我国三大地区近10年工业增加值

图4-8是我国三大地区近10年工业增加值百分比堆积柱状图,可以看出,中部地区的工业增加值在全国的比重一直以来都是不高的水平,与东部地区的差距较大,与西部地区没有拉开距离,这可能与中部地区主要还是以资源型企业为主,制造业的低端产品过多有关,凸显出中部地区制造业内部结构的不科学、不协调。

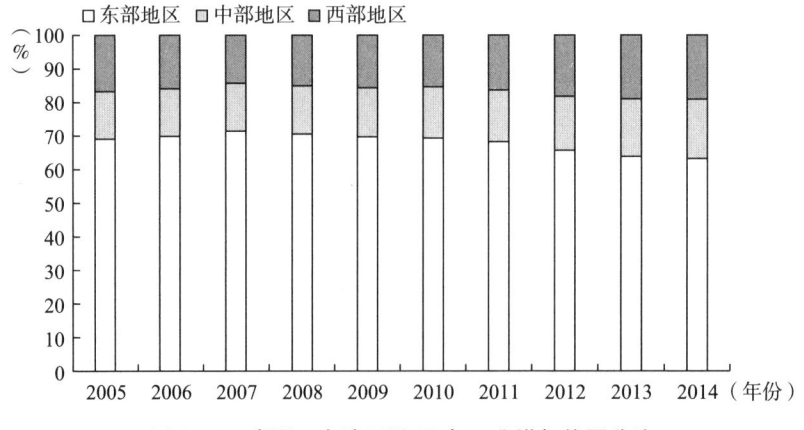

图4-8 我国三大地区近10年工业增加值百分比

第二节 中部地区生产性服务业与制造业关系的面板分析

由上文的简单数据分析可知，中部地区的生产性服务业和制造业虽然与历史相比较已经获得了较大的发展，但是与东部地区相比差距还是很大的，尤其与基础条件相似的西部地区相比在增速、内部结构等方面没有拉开距离，有时还存在掉队现象。整体来看，中部地区的生产性服务业和制造业都没有在全国层面形成有效的东、中、西部阶梯状发展势头。

为深入探析中部地区的生产性服务业和制造业之间的内在关系，本节我们借助面板数据进行分析。面板数据的特征是，能够克服实证分析中的数据量少、异方差或共线性等问题，从而使得模型的设定与实际更为相符，分析结构更为合理。

一 面板模型概述

面板数据（Panel Data）是指对不同时刻的截面个体做连续观测所得到的多维时间序列数据，进行合并后得到的数据，合并后的数据含有横截面、时间和指标等信息。相对截面数据模型或者时间序列数据模型，面板数据模型具有一些特殊优势。一是它提供的数据相对更多，增加了自由度并减少了共线性，进而提升了模型估计的有效性；二是融入数据的缺失，截面变量和时间变量的结合能够显著地减少缺失变量所带来的对模型的估计偏差；三是能够同时反映出研究对象在时间和截面两个方向上的变化规律，以及不同时间、不同单元特性。因此，利用面板数据模型可以构建和检验比以往单独使用截面或者时间序列数据更加真实的行为方程，更加深入地分析经济现象。

面板数据模型主要分为静态和动态两种，此处我们主要介绍静态模型。其数学表达式如下：

$$y_{it} = \alpha_{it} + x'_{it}\beta_{it} + \varepsilon_{it}, (i=1,2,\cdots,N; t=1,2,\cdots,T) \quad 4.1$$

式中，y_{it} 为因变量，$x_{it}=(x_{1,1t}, x_{2,2t}, \cdots, x_{k,it})'$ 为 $k \times 1$ 维的自变量向量，（4.1）式是指 k 个经济变量在 N 个截面（个体）与 T 个时间点上的变

动关系，N 为截面变量，T 为每个截面的观测时间期数。α_{it} 为模型的截距，β_{it} 为对应于自变量的 $k \times 1$ 维系数向量，ε_{it} 为影响自变量并随时间变化而变化的随机扰动项。

一般而言，我们会对（4.1）式做多种不同的假设，这样就可以得出不同类型的面板数据模型，如混合回归模型、固定效应模型、随机效应模型。对混合回归模型的假设是，不同变量在不同的时点上都不存在显著性差异，这样，我们就可以用普通最小二乘法去估计模型中变量的参数。当然，这种假设条件下的模型在很多情况下有局限性。

所谓固定效应模型，是假设模型的斜率相同，而截距不同。具体又可以细分为个体固定效应模型、时点固定效应模型、时点个体固定效应模型等类型。经常使用的主要是个体固定效应模型，即假设不同的时间序列中各参数中只有截距项不同，其模型的数学表达式为：

$$y_{it} = \alpha_i + x'_{it}\beta_k + \varepsilon_{it} \qquad 4.2$$

所谓随机效应模型，是假设模型中的误差项没有与个体和时间变化相关时，则称此模型为随机效应模型。

二 模型的设定与变量选择

为充分探析生产性服务业和制造业之间的互动关系，我们构造了三个模型深入研究中部地区的生产性服务业和制造业之间的互动关系。

模型1：中部地区制造业总增加值的发展受到中部地区生产性服务业总增加值的变化影响。考虑到生产性服务业对制造业的关键影响主要来自技术研发的因素，但因数据难以获得，我们已经把技术合同成交额的滞后一期作为控制变量加入模型。

模型2：中部地区生产性服务业增加值的变化受制造业增加值的变化影响。

模型3：中部地区制造业总增加值的发展受到中部地区各个相关生产性服务业增加值的变化影响，控制变量为滞后一期的技术合同成交额。

在变量的选取方面，考虑到数据的可获得性，我们以中部六省的工业增加值之和作为中部地区的制造业增加值（Man），生产性服务业我们以交通运输、仓储和邮政业（TSP）、金融业（Fin）的增加值之和来代表。控制变量为技术市场成交额（TCs），数据的时间跨度为1993～2014年，所有数据均来自相关年份《中国统计年鉴》和相关省份的统计年鉴。具体详见附录《表4-2 中部6省制造业和生产性服务业原始面板数据》。

三 面板模型分析

在进行实证分析之前，我们需要先对面板数据进行一些描述性的统计分析，如下：

```
rg:     1, 2, …, 6                              n =      6
year:   1993, 1994, …, 2014                     T =     22
        Delta (year) = 1 unit
        Span (year)  = 22 periods
        (rg * year uniquely identifies each observation)

Distribution of T_i:   min    5%    25%    50%    75%    95%    max
                        22    22     22     22     22     22     22
```

Freq.	Percent	Cum.	Pattern
6	100.00	100.00	1111111111111111111111
6	100.00		XXXXXXXXXXXXXXXXXXXXXX

Variable		Mean	Std.Dev.	Min	Max	observations	
man	overall	3386.978	3579.841	233.76	15904.28	N =	132
	between		1389.055	2150.741	5999.235	n =	6
	within		3345.907	-1933.896	13292.02	T =	22
tsp	overall	435.9176	320.0645	39.43	1676.46	N =	132
	between		116.1302	305.4509	628.7677	n =	6
	within		301.8559	-89.48007	1483.61	T =	22
fin	overall	277.287	306.9758	43.23	1509.2	N =	132
	between		75.65258	172.2323	396.385	n =	6
	within		299.0456	-30.02803	1390.102	T =	22
ps	overall	712.7312	610.1494	87.87	3123.17	N =	132
	between		185.7431	477.6832	1022.312	n =	6
	within		585.9286	-117.141	2813.589	T =	22

tcs	overall	34.07397	67.11774	.4	601.74	N =	131
	between		29.29151	9.414762	90.03409	n =	6
	within		61.50967	-48.90012	545.7799	T =	21.8333
ln_ma	overall	7.584507	1.076751	5.454295	9.674343	N =	132
	between		.396016	7.099222	8.257177	n =	6
	within		1.013757	5.847008	9.338194	T =	22
ln_ps	overall	6.242254	.8164497	4.475858	8.046604	N =	132
	between		.241126	5.917302	6.644489	n =	6
	within		.7859827	4.737656	7.797587	T =	22
ln_tc_1	overall	2.640841	1.266131	-.9162907	5.985497	N =	126
	between		.8557918	1.405865	3.654179	n =	6
	within		.9939259	.3186849	5.200918	T =	21

其中，考虑到对数据的异方差问题，我们对原始数据进行取自然对数处理：

```
Ln_ma = log (Man)
Ln_ps = log (TSP + Fin)
Ln_tsp = log (TSP)
Ln_fi = log (Fin)
```

技术合同成交额的滞后一期变量：

```
ln_tc_1 = log (L.TCs)
```

1. 模型一分析

由前文可知，对模型一，我们主要考虑的是以中部六省生产性服务业增加值作为解释变量分析制造业增加值受此影响的变化。具体模型如下：

$$\ln\_ma_{it} = \alpha + \beta_1 \ln\_ps_{it} + \beta_2 \ln\_tc\_1_{it} + u_{it} \quad i=1,\cdots,6; t=1,\cdots,22 \qquad 4.3$$

首先，我们假设模型（4.3）为固定效应，并据此进行估计，模型估计结果如下：

```
Fixed-effects (within) regression        Number of obs    =    126
Group variable:  rg                      Number of groups =      6

R-sq:  within  = 0.9601                  Obs per group: min =    21
       between = 0.9671                                 avg =   21.0
```

```
                      overall = 0.9580                              max =         21

                                                        F (2, 118)      =    1420.74
corr (u_i, Xb) = 0.1999                                 Prob > F        =     0.0000
```

ln_ma	Coef.	Std. Err.	t	P>|t|	[95% Conf. Interval]	
ln_ps	1.215149	.0483602	25.13	0.000	1.119382	1.310915
ln_tc_I	.0676322	.035781	1.89	0.061	-.0032239	.1384882
_cons	-.1863842	.2292013	-0.81	0.418	-.6402652	.2674969
sigma_u	.096831					
sigma_e	.1997425					
rho	.19029051	(fraction of variance due to u_i)

```
F test that all u_i = 0:      F (5, 118) =       4.64    Prob > F = 0.0007
```

在此固定效应模型中，我们发现个体效应和随机干扰项的方差估计值（分别为 sigma_u 和 sigma_e），以及二者之间存在的相关关系（rho），我们发现模型的个体效应十分显著。进一步，由最后一行给的估算结果给出了检验固定效应是否显著的 F 统计量和相应的 P 值。因 F 统计量的概率值为 0.0007，所以，我们拒绝固定效应不显著的原假设，认为该模型个体的固定效应显著。正因为模型的固定效应显著，因此我们可以做出不能使用混合回归模型的判断。

随后，我们对模型（4.3）进行随机效应的计算估计，结果如下：

```
Random-effects GLS regression                   Number of obs    =         126
Group variable: rg                              Number of groups =           6

R-sq: within  = 0.9601                          Obs per group: min =        21
      between = 0.9665                                         avg =      21.0
      overall = 0.9581                                         max =        21

                                                Wald chi2 (2)    =     2920.04
corr (u_i, x) = 0 (assumed)                     Prob > chi2      =      0.0000
```

ln_ma	Coef.	Std. Err.	z	p>|z|	[95% Conf. Interval]	
ln_ps	1.211531	.0430402	28.15	0.000	1.127174	1.295888
ln_tc_1	.0750994	.0301554	2.49	0.013	.0159959	.1342029

_cons	-.1832707	.2138284	-0.86	0.391	-.6023666	.2358253
sigma_u	.0819963					
sigma_e	.1997425					
rho	.1442155	(fraction of variance due to u_i)				

在估算基础上,我们进一步进行 BP 检验,以验证该随机效应模式是否优于混合 OLS 模型。BP 计算估计结果如下:

Breusch and Pagan Lagrangian multiplier test for random effects

In_ma [rg, t] = Xb + u [rg] + e [rg, t]

Estimated results:

	Var	sd = sqrt (Var)
In_ma	1.077403	1.03798
e	.0398971	.1997425
u	.0067234	.0819963

Test: Var (u) = 0

$$\text{chibar2 (01)} = 16.79$$
$$\text{Prob > chibar2} = 0.0000$$

可以看出,该估算结果中的卡方检验统计概率值为 0,因此,我们要拒绝该模型随机效应不显著的零假设。也就是说,对于模型(4.3)而言,我们可以得出使用随机效应进行估算会优于使用混合 OLS 模型的估算结果。

接下来,我们还需要进行 Hausman 检验。若前两步检验的结果表明,面板模型相比较于混合 OLS 模型更加合适。则需要通过 Hausman 检验,明确是选择固定效应模型还是选择随机效应模型,进行下一步的分析。Hausman 检验结果如下:

	——Coefficients——			
	(b) fixed	(B) random	(b-B) Difference	sqrt (diag (v_b-v_B)) S.E.
In_ps	1.215149	1.211531	.0036177	.0220511
In_tc_1	.0676322	.0750994	-.0074672	.0192595

b = consistent under Ho and Ha; obtained from xtreg

B = inconsistent under Ha, efficient under Ho; obtained from xtreg

```
Test:    Ho:   difference in coefficients not systematic
              chi2 (2)   = (b - B)·[V_b - V_B^ ( -1)] (b - B)
                         =    2.69
              Prob > chi2 =    0.2604
```

由估算结果可知，Hausman 统计量服从自由度为 2 的卡方分布。根据卡方检验统计量所对应的概率值 0.2604，大于 0.05 的基准值，则我们可以接受随机效应成立的零假设，即我们得出面板模型（4.3）选择随机效应模型为最佳的模型估算方法。

接下来，我们在对模型进行随机效应估算之前，还需要进行序列相关的检验，以确保随后的模型估算有效。这一步骤我们是通过对随机模型的残差进行检验来实现的。在随机模型初步估算的基础上，我们可以得出残差的检验结果如下：

```
Tests for the error component model:

      In_ma [rg, t]  = Xb + u [rg] + v [rg, t]
         v [rg, t]   = Iambda v [rg, (t-1)] + e [rg, t]

Estimated results:
                Var            sd = sqrt (Var)
        In_ma | 1.077403         1.03798
            e | .0398971         .1997425
            u | .0067234         .0819963

Tests:
   Random Effects, Two Sided:
   LM (Var (u) =0)        = 16.79 Pr > chi2 (1)  = 0.0000
   ALM (Var (u) =0)       =  1.76 Pr > chi2 (1)  = 0.1846

   Random Effects, One Sided:
   LM (Var (u) =0)        =  4.10 Pr > N (0, 1)  = 0.0000
   ALM (Var (u) =0)       =  1.33 Pr > N (0, 1)  = 0.0923

   Serial Correlation:
   LM (Iambda = 0)        = 84.43 Pr > chi2 (1)  = 0.0000
   ALM (Iambda = 0)       = 69.40 Pr > chi2 (1)  = 0.0000
```

```
Joint Test:
    LM (Var (u) = 0, lambda = 0) = 86.19 Pr > chi2 (2) = 0.0000
```

由以上结果可以看出，（1）当假设没有序列相关的时候，该模型存在双尾和单尾的随机效应；（2）当假设有序列相关时，则模型的双尾和单尾随机效应都不显著。此外，我们还可以看到，（3）无论有没有随机效应的存在，该模型都存在 1 阶序列相关；（4）最后一个联合检验的结果表明，该模型的随机效应和序列相关的联合检验显著。由此，我们可在此检验基础上，对原随机模型估算方法进行修正，采用可行广义最小二乘法（FGLS）重新估算，估计结果如下：

```
Cross-sectional time-series FGLS regression

Coefficients:  generalized least squares
Panels:        homoskedastic
Correlation:   common AR (1) coefficient for all panels (0.8828)

Estimated covariances       = 1      Number of obs     =    126
Estimated autocorrelations  = 1      Number of groups  =      6
Estimated coefficients      = 3      Time periods      =     21
                                     Wald chi2 (2)     = 785.71
                                     Prob > chi2       = 0.0000
```

ln_ma	Coef.	Std. Err.	z	p > |z|	[95% Conf. Interval]	
ln_ps	1.026505	.0462299	22.20	0.000	.9358965	1.117114
ln_tc_1	.0701812	.0261365	2.69	0.007	.0189545	.1214078
_cons	.9814823	.2662169	3.69	0.000	.4597067	1.503258

从而，我们可以得出模型（4.3）的表达式为：

$$\widehat{\ln\_ma}_{it} = 0.981 + 1.027\ln\_ps_{it} + 0.070\ln\_tc\_1_{it} \qquad 4.4$$

根据随机效应模型的回归结构，我们可以做出简单的边际分析。也就是说中部地区的生产性服务业每提高 1 个百分点，将给中部地区的制造业发展带来近 2 个百分点的增长。换言之，中部地区的生产性服务业通过在金融服务、物流仓储、技术创新等方面的发展，对制造业增加值的提升和高质量发展有很大的促进作用。

2. 模型二分析

按照前文的假设，为充分研究生产性服务业和制造业之间发展的互动关系，我们还需要建立模型二，以中部六省的制造业增加值为解释变量，分析生产性服务业增加值受此影响的变化。具体模型如下：

$$\ln\_ps_{it} = \alpha + \beta \ln\_ma_{it} + u_{it} \quad i = 1, \cdots, 6; t = 1, \cdots, 22 \qquad 4.5$$

同时，我们首先进行该模型的固定效应假设估计如下：

```
Fixed-effects (within) regression              Number of obs    =      132
Group variable: rg                             Number of groups =        6

R-sq:   within  = 0.9606                       obs per group: min =     22
        between = 0.9460                                      avg =   22.0
        overall = 0.9546                                      max =     22

                                               F (1, 125)       =  3045.65
corr (u_i, Xb)  = -0.2576                      Prob > F         =   0.0000
```

ln_ps	Coef.	Std. Err.	t	p>|t|	[95% Conf. Interval]
ln_ma	.7598796	.0137691	55.19	0.000	.7326289	.7871303
_cons	.4789418	.1053534	4.55	0.000	.2704345	.6874492
Sigma_u	.08689118					
Sigma_e	.15976234					
rho	.22827776	(fraction of variance due to u_i)				

```
F test that all  u_i=0:      F (5, 125) =   6.08           Prob > F = 0.0000
```

在该固定效应模型估算中，我们可以由最后一行的 F 统计量和相应的概率 P 值得出，拒绝固定效应不显著的原假设结论，进而推出论断，认为该模型个体的固定效应显著，因而不能使用混合 OLS 模型。

随后，我们同样需要比较该模型是否存在随机效应，估计如下：

```
Random-effects GLS regression                  Number of obs    =      132
Group variable: rg                             Number of groups =        6

R-sq:   within  = 0.9606                       obs per group: min =     22
        between = 0.9460                                      avg =   22.0
        overall = 0.9546                                      max =     22
```

		Wald chi2 (1)	= 3008.23
corr (u_i, x) = 0 (assumed)		Prob > chi2	= 0.0000

ln_ps	Coef.	Std. Err.	z	p>|z|	[95% Conf. Interval]
ln_ma	.7537622	.0137429	54.85	0.000	.7268265 .7806978
_cons	.5253398	.1074296	4.89	0.000	.3147817 .7358979
sigma_u	.05259186				
sigma_e	.15976234				
rho	.09776998	(fraction of variance due to u_i)			

在此基础上，我们进一步进行 BP 检验，以验证该随机效应模型是否优于混合 OLS 模型。结果如下：

Breusch and Pagan Lagrangian multiplier test for random effects

ln_ps [rg, t] = Xb+u [rg] +e [rg, t]

Estimated results:

	Var	sd = sqrt (Var)
ln_ps	.6665901	.8164497
e	.025524	.1597623
u	.0027659	.0525919

Test; Var (u) =0

chibar2 (01) = 28.87

Prob > chibar2 = 0.0000

由估算结果得知，因卡方检验统计里的概率 P 值为 0，故我们可以推断，该模型优于混合 OLS 模型。

前两步的检验结果表明，与混合 OLS 模型相比，面板模型分析更加适合模型（4.5）。进一步我们需要进行 Hausman 检验，以明确是选择固定效应模型还是选择随机效应模型进行数据分析。Hausman 检验结果如下：

——Coefficients——

	(b) fixed	(B) random	(b-B) Difference	sqrt (diag (v_b-V_B)) S.E.
ln_ma	.7598796	.7537622	.0061175	.0008483

b = consistent under Ho and Ha; obtained from xtreg

B = inconsistent under Ha, efficient under Ho; obtained from xtreg

```
Test:  Ho:  difference in coefficients not systematic
              chi2 (1) = (b-B)·[(V_b-V_B)^(-1)](b-B)
                       = 52.00
              Prob > chi2 = 0.0000
```

由结果可以看出，对于模型（4.5），我们选择固定效应模型估算为优。接下来，我们还需要对该模型进行横截面之间的相关性检验，估算结果如下：

```
Correlation matrix of residuals:
         __e1       __e2       __e3       __e4       __e5       __e6
__e1    1.0000
__e2    0.5384     1.0000
__e3    0.3545     0.5990     1.0000
__e4    0.6113     0.6181     0.8484     1.0000
__e5    0.6674     0.6307    -0.0423     0.2946     1.0000
__e6    0.5277     0.8623     0.7347     0.7695     0.5299     1.0000

Breusch-Pagan LM test of independence: chi2(15) = 123.562, Pr = 0.0000
Based on 22 complete observations over panel units
```

由计算结果可知，根据卡方检验统计量所对应的概率值，只要低于0.05，就拒绝零假设（H0：横截面组间不相关），所以，我们可以推断，模型（4.5）的截面组间具有相关性。

进一步还需要进行模型数据截面间的组内相关检验，估计结果如下：

```
Linear regression                      Number of obs  =    126
                                       F (1, 5)       = 590.14
                                       Prob > F       = 0.0000
                                       R-squared      = 0.6895
                                       Root MSE       = .08768
```

(Std. Err. adjusted for 6 clusters in rg)

		Robust				
D.ln_ps	Coef.	Std. Err.	t	p>|t|	[95% Conf. Interval]
ln_ma						
D1.	.7553929	.0310955	24.29	0.000	.6754595	.8353263

Wooldridge test for autocorrelation in panel data
H0: no first order autocorrelation

```
F (1, 5)    =   161.706
Prob > F    =   0.0001
```

由估算结果,根据 F 检验统计量所对应的概率 P 值低于 0.05,我们拒绝零假设(H0:横截面组内不相关),即我们认为模型(4.5)截面间组内存在相关性。

随后,我们需要对变量群组间的异方差进行检验,估计结果如下:

```
Modified Wald test for groupwise heteroskedasticity
in fixed effect regression model

H0: sigma (i)^2 = sigma^2 for all i

chi2 (6)     =   39.77
Prob > chi2 =   0.0000
```

根据估算结果的卡方检验统计量所对应的概率 P 值,低于 0.05,我们就需要拒绝零假设(H0:群组间不存在异方差),所以,我们在此认为模型变量的群组间存在异方差。

通过上面三个检验结果,我们需要对原方程(4.5)进行调整估计,重新估算结果如下:

```
Cross-sectional time-series FGLS regression

Coefficients: generalized least squares
Panels:       heteroskedastic with cross-sectional correlation
Correlation:  panel-specific AR (1)

Estimated covariances       =  21       Number of obs     =     132
Estimated autocorrelations  =   6       Number of groups  =       6
Estimated coefficients      =   2       Time periods      =      22
                                        Wald chi2 (1)     = 1182.44
                                        Prob > chi2       =  0.0000
```

ln_ps	Coef.	Std. Err.	z	p > |z|	[95% Conf. Interval]
ln_ma	.7569486	.0220129	34.39	0.000	.7138041 .8000931
_cons	.4522622	.166139	2.72	0.006	.1266358 .7778886

从而我们可以得到方程的估计模型式子为:

$$\widehat{\ln\_ps_{it}} = 0.452 + 0.757 \ln\_ma_{it} \qquad 4.6$$

根据这一固定效应模型的回归结果,我们认为,中部地区制造业每提高 1 个百分点,对生产性服务业产生影响显著,效果大概在 1.2 个百分点。也就是说,中部地区制造业的发展对现有的物流、仓储、金融服务、技术创新的促进有效,相较于模型一,生产性服务业每 1% 的发展能对制造业提升 2 个百分点的结论验证了中部地区的工业主要是依赖于资源进行发展的,制造业内部结构不够科学合理,制造业附加值较少,大多为处在价值链低端的制造业,与生产性服务业协同效应没有发挥出来。

3. 模型三分析

由上文的两个模型方程的拟合结果可知,中部地区的生产性服务业对制造业的发展有较为充分的支撑和辅助功能,而制造业的发展对生产性服务业的影响比较微弱。这样我们就需要探析制造业如何发展才能实现如生产性服务业的良性互动,在生产性服务业内部到底是哪个产业对制造业的发展带来强力的促进作用。为此,我们构建了模型三,其表达式如下:

$$\ln\_ma_{it} = \alpha + \beta_1 \ln\_tsp_{it} + \beta_2 \ln\_fi_{it} + \beta_3 \ln\_tc\_1_{it} + u_{it}. \ i=1,\cdots,6; t=1,\cdots,22 \qquad 4.7$$

第一步,对方程进行固定效应的模型估计如下:

```
Fixed-effects (within) regression          Number of obs    =      126
Group variable:   rg                       Number of groups =        6

R-sq:    within  = 0.9628                  Obs per group: min =      21
         between = 0.9567                                 avg =    21.0
         overall = 0.9603                                 max =      21

                                           F(3, 117)        =  1009.77
corr (u_i, Xb)  = 0.1602                   Prob > F         =   0.0000
```

ln_ma	Coef.	Std. Err.	t	p>|t|	[95% Conf. Interval]
ln_tsp	.8510663	.0581159	14.64	0.000	.7359708 .9661617
ln_fi	.3718263	.0419682	8.86	0.000	.2887105 .4549422
ln_tc_1	.0773479	.0342223	2.26	0.026	.0095725 .1451234
_cons	.5210657	.2086606	2.50	0.014	.1078242 .9343071

sigma_u	.09663244
sigma_e	.19372156

```
         rho | .19924581   (fraction of variance due to u_i)
```

```
F test that all u_i = 0:       F(5, 117) =   5.08                Prob > F = 0.0003
```

因 F 统计量和相应的 P 值 0.0003 小于 0.05 的基准值,所以我们拒绝固定效应不显著的原假设,认为该模型个体的固定效应显著,因此不能使用混合 OLS 模型。

第二步,对方程(4.7)进行随机效应的模型估计如下:

```
Random-effects GLS regression              Number of obs      =       126
Group variable:  rg                        Number of groups   =         6

R-sq:   within  = 0.9628                   Obs per group: min =        21
        between = 0.9565                                  avg =      21.0
        overall = 0.9603                                  max =        21

                                           Wald chi2 (3)      =   3125.91
corr (u_i, x)  = 0 (assumed)               Prob > chi2        =    0.0000
```

ln_ma	Coef.	Std. Err.	z	p>|z|	[95% Conf. Interval]
ln_tsp	.8513357	.056923	14.96	0.000	.7397686 .9629027
ln_fi	.3720646	.0409471	9.09	0.000	.2918098 .4523194
ln_tc_1	.0790146	.0307165	2.57	0.010	.0188114 .1392178
_cons	.5138395	.2050928	2.51	0.012	.111865 .9158141
sigma_u	.11137333				
sigma_e	.19372156				
rho	.24841792	(fraction of variance due to u_i)			

在此基础上,进一步进行 BP 检验,以验证该随机效应模型是否优于混合 OLS 模型。结果如下:

```
Breusch and Pagan Lagrangian multiplier test for random effects

    ln_ma [rg, t] = Xb + u [rg] + e [rg, t]

    Estimated results:
```

	Var	sd = sqrt (Var)
ln_ma	1.077403	1.03798
e	.037528	.1937216
u	.012404	.1113733

```
Test:  Var (u) = 0
            chibar2 (01) =   22.27
         Prob > chibar2 =    0.0000
```

由 BP 检验结果可知，由于卡方检验统计量的概率值 P 为 0，故我们要拒绝该模型随机效应不显著的零假设，也就是说该随机效应模型优于混合 OLS 模型。

第三步，我们进行 Hausman 检验。明确是选择固定效应模型还是选择随机效应模型。Hausman 检验结果如下：

```
            ——Coefficients——
         (b)         (B)         (b-B)         sqrt (diag (V_b-V_B))
        fixed       random      Difference              S.E.

ln_tsp  .8510663    .8513357    -.0002694            .0117145
ln_fi   .3718263    .3720646    -.0002383            .0092014
ln_tc_1 .0773479    .0790146    -.0016667            .0150885

         b = consistent under Ho and Ha; obtained from xtreg
   B = inconsistent under Ha, efficient under Ho; obtained from xtreg

Test:  Ho:  difference in coefficients not systematic

         chi2 (3)  = (b-B)·[ (V_b-V_B)^(-1)] (b-B)
                   =    0.44
         Prob > chi2 =   0.9312
```

根据卡方检验统计量所对应的概率值 P 已经超过基准值 0.05，则我们接受零假设（H0：随机效应成立），即该方程（4.7）的随机效应成立。

第四步，我们对该方程随机模型的残差进行检验，以验证其是否存在序列相关。检验估计结果如下：

```
Tests for the error component model:

    ln_ma [rg, t] = Xb + u [rg] + v [rg, t]
    v [rg, t]     = lambda v [rg, (t-1)] + e [rg, t]

Estimated results:

                  Var          sd = sqrt (Var)
        ln_ma    1.077403         1.03798
```

```
                    e  |  .037528        .19372156
                    u  |  .012404        .11137333

Tests:
    Random Effects, Two Sided:
    LM (Var (u) =0)             =  22.27  Pr > chi2 (1)   =  0.0000
    ALM (Var (u) =0)            =   3.81  Pr > chi2 (1)   =  0.0509
    Random Effects, One Sided:
    LM (Var (u) =0)             =   4.72  Pr > N (0, 1)   =  0.0000
    ALM (Var (u) =0)            =   1.95  Pr > N (0, 1)   =  0.0255
    Serial Correlation:
    LM (Iambda =0)              =  86.06  Pr > chi2 (1)   =  0.0000
    ALM (Iambda =0)             =  67.60  Pr > chi2 (1)   =  0.0000
    Joint Test:
    LM (Var (u) =0, Iambda =0)  =  89.87  Pr > chi2 (2)   =  0.0000
```

由以上计算结果我们可以看出，对于该随机模型，当假设没有序列相关的时候，存在双尾和单尾的随机效应。但当假设有序列相关时，则模型的双尾和单尾随机效应都不显著。在相关性检验方面，可以看到，无论有没有随机效应，该模型都存在 1 阶序列相关。最后一个联合检验的结果表明，该模型的随机效应和序列相关的联合检验显著。

基于上述检验结果，我们在方程（4.7）的原随机效应模型估算方式的基础上进行修正，采用可行广义最小二乘法（FGLS），估计结果如下：

```
Cross-sectional time-series FGLS regression

Coefficients:   generalized least squares
Panels:         heteroskedastic
Correlation:    common AR (1) coefficient for all panels (0.8720)

Estimated covariances        =  6      Number of obs     =    126
Estimated autocorrelations   =  1      Number of groups  =      6
Estimated coefficients       =  4      Time periods      =     21
                                       Wald chi2 (3)     = 1026.68
                                       Prob > chi2       = 0.0000
```

ln_ma	Coef.	Std. Err.	z	p > |z|	[95% Conf. Interval]	
ln_tsp	.7095216	.0593647	11.95	0.000	.593169	.8258742

ln_fi	.3494497	.0449838	7.77	0.000	.261283	.4376164
ln_tc_1	.0680897	.0232777	2.93	0.003	.0224664	.1137131
_cons	1.480121	.225938	6.55	0.000	1.03729	1.922951

由估计结果，我们可得方程（4.7）的随机效应模型的表达如下：

$$\widehat{\ln\_ma}_{it} = 1.480 + 0.710\ln\_tsp_{it} + 0.350\ln fi_{it} + 0.068\ln\_tc\_1_{it} \qquad 4.8$$

可以看出，在中部地区的生产性服务业中，交通运输和仓储与中部地区制造业的相关性最大，远大于普通意义上认为的金融业对制造业的影响，这与中部地区的交通地理位置完全相符。同时，技术对制造业的影响也有限，说明中部地区制造业的附加值不高。模型三的结论再次证实，中部地区制造业的发展与生产性服务业的协同程度较低，中部地区依赖资源型的工业结构亟待升级，制造业高质量发展还有很长的路要走。

4. 结论分析

由上述计量分析结果可知，中部地区的制造业因其对能源原材料的过度依赖，与生产性服务业的协同程度较低。在生产性服务业的诸多门类中，金融服务、仓储物流、科技创新等的提升都会给制造业的发展带来很大的提升，这部分验证了一般意义上的二业协同发展理论的正确性。特别之处在于，实证分析显示在本就缺乏充分金融支撑的中部地区，制造业的发展受到的金融类服务业的影响反而不如交通运输和仓储类生产性服务业的影响显著，这或许与中部地区的制造业产品对运输成本的反应较为灵敏及中部地区所处的交通地理位置有关。

第三节 中部地区生产性服务业与制造业
关系的动态分析
——以河南为例

考虑到上文在分析中部地区的生产性服务业时，因为数据的可得性，仅以交通运输、仓储和邮政业、金融业的增加值之和来表示，有一定的偏差。为充分说明生产性服务业和制造业深层内在关系，考虑数据的可获取性，我们此处以河南为例，按照最新的国家统计局《生产性服务业分类（2015）》【国统字〔2015〕41号】文件进行时间序列的数据分析。数据选取国家统计局在2003年《三次产业划分规定》【国统字〔2003〕14号】后的数据，即2004~2014年的数据，暂时忽略《国家统计局关于印发三次产业划分规定的通知》【国统字〔2012〕108号】的分类微调办法。其中，制造业就按照统计年鉴上的原始数据，因2013年、2014年河南统计年鉴没有公布制造业数据，就暂以工业数据代替。至于生产性服务业的构成有交通运输、仓储和邮政业，信息传输、计算机服务和软件业，金融业，租赁和商务服务业，科学研究、技术服务和地质勘查业5个行业。这是到目前为止能够获取的最为全面的生产性服务业行业数据。具体数据见表4-1。

表4-1 河南制造业和生产性服务业历年增加值

单位：亿元

年份	制造业增加值（Man）	交通运输、仓储和邮政业（TSP）	信息传输、计算机服务和软件业（ICS）	金融业（Fin）	租赁和商务服务业（TBS）	科学研究、技术服务和地质勘查业（STG）	物价定基指数（CPI）1978年=100	生产性服务业（PS）
2004	2822.40	560.35	122.27	170.82	57.55	61.23	371.90	972.22
2005	3843.54	625.87	143.40	181.74	88.90	74.96	379.70	1114.87
2006	4754.01	739.29	180.36	219.72	92.94	81.17	384.70	1313.48
2007	6036.40	866.73	205.73	302.31	107.53	93.87	405.50	1576.17
2008	7450.70	802.25	244.84	413.83	133.74	111.17	433.90	1705.83
2009	7826.02	823.57	249.97	499.92	163.37	117.77	431.30	1854.60
2010	9897.99	873.30	263.23	697.68	195.97	148.32	446.40	2178.50
2011	11116.14	961.50	325.90	868.20	265.04	166.04	471.40	2586.68
2012	12476.62	1151.91	347.89	1013.60	312.05	197.59	483.20	3023.04
2013	14937.72	1474.19	377.51	1280.92	351.67	273.64	497.20	3757.93
2014	15904.28	1676.46	453.88	1509.20	457.85	311.59	506.70	4408.98

资料来源：历年《河南统计年鉴》。

因关于生产性服务业的数据较为充分和确切，此处我们运用时间序列的动态回归误差修正模型来分析生产性服务业和制造业之间的互动关系。

首先，为消除价格变动的影响，我们把每个相关增加值都除以物价定基指数,此处我们选取以 1978 年为 100 的 CPI 定基指数。

一 平稳性检验

对于时间序列数据,在建模之前,必须确保它的平稳性和随机性。此处,我们用 ADF 方法来进行平稳性检验,检验前先对各变量取自然对数,以消除变量的异方差:

$$\ln ma = \log(Ma/cpi)$$
$$\ln ps = \log(Ps/cpi)$$

检验之前,首先做出对变量的原序列和一阶差分序列的时间变化图。

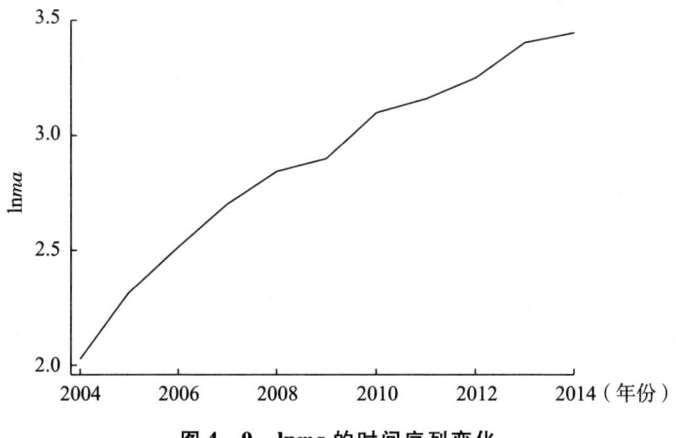

图 4 - 9 ln*ma* 的时间序列变化

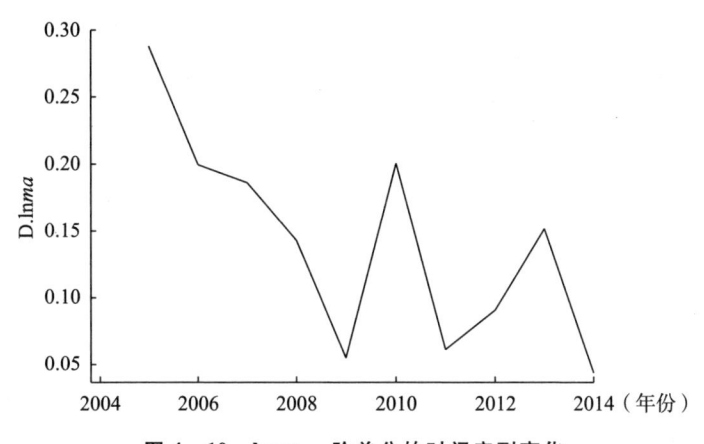

图 4 - 10 ln*ma* 一阶差分的时间序列变化

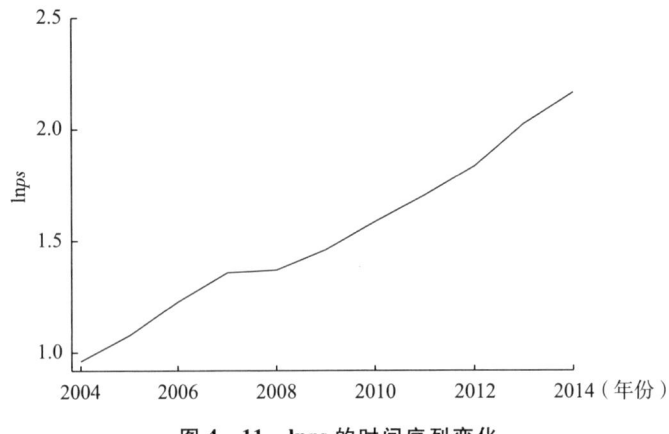

图 4 – 11 ln*ps* 的时间序列变化

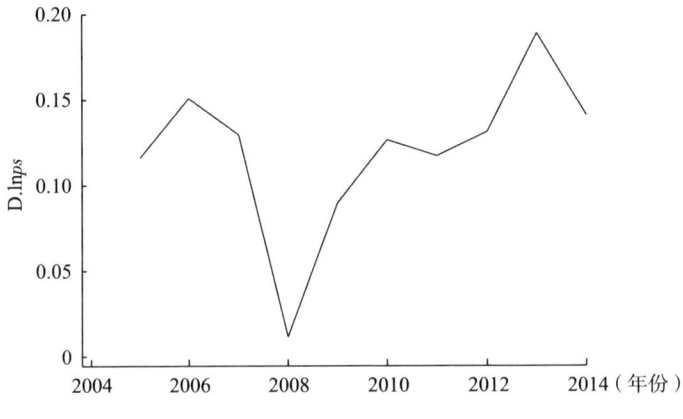

图 4 – 12 ln*ps* 一阶差分的时间序列变化

由上面四个图，我们可以看出，变量 ln*ma*，ln*ps* 表现出明显的非平稳特征，但其一阶差分序列的非平稳性有消失的迹象。这样，我们就可以分别对 ln*am* 和 ln*ps* 做 ADF 检验。

```
.dfuller lnma, regress lags (0)
Dickey-Fuller test for unit root                Number of obs  =    10
                                    ——Interpolated Dickey-Fuller——
              Test         1% Critical    5% Critical    10% Critical
              statistic    Value          Value          Value
    z (t)     -3.771       -3.750         -3.000         -2.630

MacKinnon approximate p-value for z (t) = 0.0032
```

D.Inma	Coef.	Std. Err.	t	p>|t|	[95% Conf. Interval]
Inma					
L1.	-.1449179	.0384336	-3.77	0.005	-.233546 -.0562899
_cons	.5507988	.1095892	5.03	0.001	.2980857 .8035119

得到 ADF 检验式子：

$$\Delta \ln ma_t = 0.55 - 0.14\ln ma_{t-1}$$

根据 $Z(t)$ 的统计概率值，得到在 5% 的显著性水平下不能拒绝原假设的结论，也就是说，lnma 的原序列是非平稳的。

进一步，对其差分序列进行平稳检验。

.dfuller d.lnma, trend regress lags(0)

Dickey-Fuller test for unit root   Number of obs = 9

——Interpolated Dickey-Fuller——

	Test statistic	1% Critical Value	5% Critical Value	10% Critical Value
z(t)	-3.996	-4.380	-3.600	-3.240

MacKinnon approximate p-value for z(t) = 0.0089

D2.Inma	Coef.	Std. Err.	t	p>|t|	[95% Conf. Interval]
D.Inma					
L1.	-1.343449	.3362347	-4.00	0.007	-2.166185 -.5207122
_trend	-.0198374	.0092764	-2.14	0.076	-.042536 .0028612
_cons	.2774338	.0905304	3.06	0.022	.055914 .4989536

得到 ADF 检验式子：

$$\Delta^2 \ln ma_t = 0.277 - 0.020t - 1.343\Delta\ln ma_{t-1}$$

根据 $Z(t)$ 的统计概率值，得到在 5% 的显著性水平下可以拒绝原假设的结论，也就是说，lnma 的一阶差分序列是平稳的。

接下来，我们对变量 lnps 的平稳性进行检验。

.dfuller lnps, noconstant regress lags(0)

Dickey-Fuller test for unit root   Number of obs = 10

——Interpolated Dickey-Fuller——

	Test statistic	1% Critical Value	5% Critical Value	10% Critical Value
z(t)	8.279	-2.660	-1.950	-1.600

D.lnps	Coef.	Std.Err.	t	p>|t|	[95% Conf. Interval]
lnps L1.	.0805685	.0097319	8.28	0.000	.0585534 .1025836

得到 ADF 检验式子：

$$\Delta \ln ps_t = 0.806 \ln ma_{t-1}$$

可以看出，$DF=8.279$ 大于临界值，也即 $\ln ps$ 是一个随机游走过程，并不含有随机趋势。

随后对 $\ln ps$ 的差分序列继续进行单位根检验，结果如下：

.dfuller d.lnps, drift lags (0)
Dickey-Fuller test for unit root   Number of obs = 9
———z(t) has t-distribution———

	Test statistic	1% Critical Value	5% Critical Value	10% Critical Value
z(t)	-2.055	-2.998	-1.895	-1.415

p-value for z(t) = 0.0395

可以判断 $\ln ps$ 的一阶差分序列是平稳序列。

二 协整秩检验

在进行时间序列分析的时候，传统上要求所用的时间序列必须是平稳的，即没有随机趋势或确定趋势，否则会产生"伪回归"问题。但是，在现实经济中的时间序列大多是非平稳的，虽然可以对它进行差分处理使之平稳，但结果会失去总量的长期信息，而这些信息对分析问题来说又是十分必要的，而协整模型可以解决此类问题。对一组非平稳时间序列而言，倘若存在一个平稳的线性组合，我们也可以深入分析其代表的深层经济含义。

由于上文单位根检验判断 $\ln ma$ 和 $\ln ps$ 都是 I（1）过程，这就需要通过协整检验来进一步判定两个变量之间是否存在长期的稳定均衡关系，即协整关系。这里我们通过 S. Johansen 建立的分析框架做有关协整的假设检验。

具体过程如下：

```
.johans Inma Inps, Iags (3) nonormal
Johansen-Juselius cointegration rank test          Sample: 2006 to 2014
                                                   Number of obs = 8
```

Eigenvalues (lambda)	H0: rank <= (r) r	H1: Max-lambda statistics (rank <= (r+1))	Trace statistics (rank <= (p=2))
1	0	269.92855	270.4559
.06379363	1	.52735476	.52735476

Osterwald-Lenum Critical values (95% interval):

Table/Case: 1*

(assumption: intercept in CE)

H0:	Max-lambda	Trace
0	15.67	19.96
1	9.24	9.24

Table/Case: 1

(assumption: intercept in VAR)

H0:	Max-lambda	Trace
0	14.07	15.41
1	3.76	3.76

可以看到当 Johanse 分析框架内的协整方程个数为 0 时，因 Max-lambda 统计值 269.93 大于截距项在 VAR 模型中的临界值 14.07，因此，我们必须拒绝原假设，也就是说变量之间不存在长期稳定均衡关系。进一步，当假设最多存在一个协整关系的时候，因 Max-lambda 统计值 0.527 小于截距项在 VAR 模型中的临界值 3.76，这样我们就接受原假设中关于变量 lnma 和 lnps 之间至少存在一个长期稳定的均衡关系的判断。换言之，我们可以说河南制造业和生产性服务业之间存在着长期的均衡关系，即有协整关系。这样，我们就可以借助协整理论来深入探讨二者之间的互动协同关系。

三 VAR 模型分析

向量自回归模型简称 VAR 模型，是一种常用的计量经济模型，由克里斯托弗·西姆斯在 1980 年首先提出。VAR 模型的特点就是，用模型中所有当期变量对所有的若干滞后变量进行回归。进而用来估计联合内生变量的动态关系。由于该理论模型不带有任何的事先约束条件，所以，能够较为客观真实地反映变量的内在关系。在此，我们借助该理论模型来进一步探讨河南生产性服务业与制造业之间的动态影响关系。

1. VAR 模式滞后阶数确定

在进行分析时，首先我们需要明确该理论模型的最优滞后阶数，计算过程如下：

```
.varsoc Inma Inps, maxlag (3) noconstant
Selection-order criteria
Sample: 2007 -2014                               Number of obs = 8
```

lag	LL	LR	df	p	FPE	AIC	HQIC	SBIC
1	26.4216	.	4	.	.000013*	−5.60539	−5.87329	−5.56567*
2	30.5694	8.2956	4	0.081	.000015	−5.64234*	−6.17814*	−5.5629
3	31.2184	1.2981	4	0.862	.000069	−4.80459	−5.6083	−4.68543

```
Endogenous: Inma Inps
Exogenous:

.varsoc Inma Inps, maxlag (3)
Selection-order criteria
Sample: 2007 -2014                               Number of obs = 8
```

lag	LL	LR	df	p	FPE	AIC	HQIC	SBIC
0	10.0123				.000464	−2.00306	−2.13701	−1.9832

```
>   1 |  29.0648   38.105*    4   0.000   .000012   -5.7662    -6.16805   -5.70662
>   2 |  33.4576    8.7856    4   0.067   .000015   -5.8644*   -6.53416*  -5.7651*
>   3 |     .         .       4     .       0*         .           .          .
> └
```

Endogenous: lnma lnps

Exogenous: _cons

可以看到，无论模式是否带截距项，根据 AIC 信息准则，我们都可以判定该模型的最优滞后阶数都是 2。故此，可以建立关于生产性服务业和制造的 VAR（2）模型，计算结果如下：

. var lnma lnps, noconstant lags (1/2)

Vector autoregression

Sample: 2006 - 2014   No. of obs   =   9
Log likelihood   =   32.36727   AIC   =   -5.41495
FPE   =   .0000174   HQIC   =   -5.79327
Det(sigma_ml)   =   2.58e-06   SBIC   =   -5.239639

Equation	Parms	RMSE	R-sq	chi2	p > chi2
lnma	4	.059102	0.9998	43131.32	0.0000
lnps	4	.058267	0.9993	13191.39	0.0000

	Coef.	Std. Err.	z	p > |z|	[95% Conf. Interval]
lnma						
lnma						
L1.	.9426613	.2130334	4.42	0.000	.5251235	1.360199
L2.	.4112848	.2832765	1.45	0.147	-.1439268	.9664964
lnps						
L1.	.6235849	.3758257	1.66	0.097	-.1130199	1.36019
L2.	-1.279262	.4850638	-2.64	0.008	-2.22997	-.3285543
lnps						
lnma						
L1.	.0498821	.2100242	0.24	0.812	-.3617577	.4615219

L2.	−.0432626	.279275	−0.15	0.877	−.5906315	.5041062
lnps						
L1.	1.1519	.3705169	3.11	0.002	.4257001	1.8781
L2.	−.0971443	.4782119	−0.20	0.839	−1.034422	.8401338

由上述结果，我们得到 VAR（2）模型的具体表达式如下：

$$\ln ma_t = 0.943\ln ma_{t-1} + 0.411\ln ma_{t-2} + 0.624\ln ps_{t-1} - 1.279\ln ps_{t-2}$$

$$\ln ps_t = 0.050\ln ma_{t-1} - 0.043\ln ma_{t-2} + 1.152\ln ps_{t-1} - 0.097\ln ps_{t-2}$$

2. VAR 模型平稳性检验

按照计量经济理论的通常做法，在对得出的计量模型进行运用之前，必须先对模型的平稳性进行检验。检验过程如下：

```
.varstable, graph
```

Eigenvalue stability condition

Eigenvalue	Modulus
1.237705	1.2377
1.086145	1.08615
−.404528	.404528
.1752392	.175239

At least one eigenvalue is at least 1.0.
VAR does not satisfy stability condition.

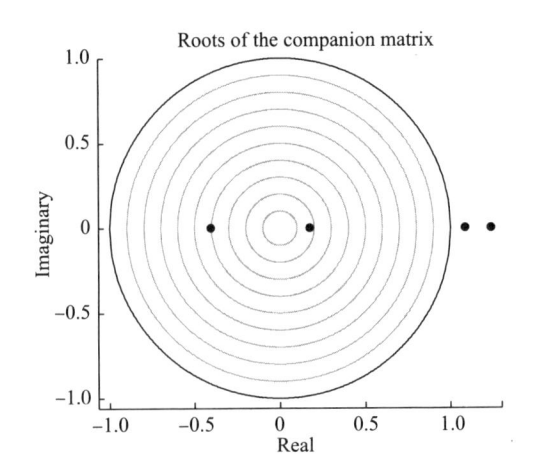

由上述表和图可以看出，该 VAR 模型存在大于 1 的根，是一个非平稳系统。但是根据前面的秩检验，模型存在协整关系。所以，我们可以进一步在该模型的计算基础上做脉冲响应分析，并借助这一理论，探析生产性服务业和制造业之间的动态关联。

3. Granger 因果检验

在做脉冲响应分析之前，必须先做 Granger 因果检验，来明确一下二者之间的因果关系。计算结果如下：

`.vargranger`

Granger causality Wald tests

Equation	Excluded	chi2	df	Prob > chi2
lnma	lnps	10.801	2	0.005
lnma	ALL	10.801	2	0.005
lnps	lnma	.10817	2	0.947
lnps	ALL	.10817	2	0.947

由上述计算结果可知，对于零假设 lnps 没有 Granger 引起 lnma，我们要拒绝，零假设 lnps 和 lnma 不能同时 Granger 引起 lnma，我们也要拒绝。另外，对于零假设 lnma 不能 Granger 引起 lnps，我们不能拒绝，要接受。同理对于零假设 lnma 和 lnps 不能同时 Granger 引起 lnps，我们也不能拒绝，要接受。

总之，通过 Granger 的计算结果，我们可以得出如下的判断：河南生产性服务的发展促进了制造业的发展，但制造业的发展对河南生产性服务业的发展影响不大。在此，结论对应于前文中部地区的面板数据分析的结论，说明我们选取河南作为中部地区在制造业和生产性服务业方面的典型来深入探究生产性服务业的内部，具有一定的代表性。

4. 脉冲响应分析

VAR 模型作为一种无须对变量做任何先验性约束的模型，是进行深入分析变量之间关系的理论基础。基于该理论模型，我们可以分析当一个误差项发生变化时（或者说模型受到某种冲击时）对系统的动态影响，这种理论分析方法称为脉冲响应函数分析法。在 VAR 模型结构中，我们正是通过利用冲击反应函数来识别出有关制造业和生产性服务之间的动态反应过程。

具体计算结果如下：

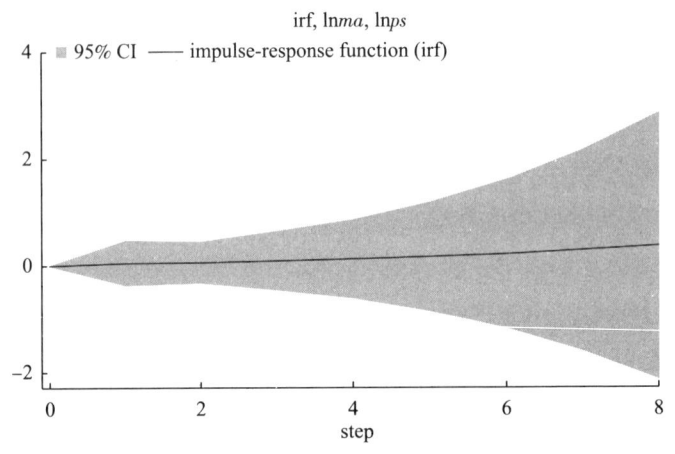

图 4-13　生产性服务业对制造业的冲击反应

可以看到，来自制造业的正向冲击对生产性服务业几乎没有产生影响。这与前面的 Granger 因果检验结果相似。

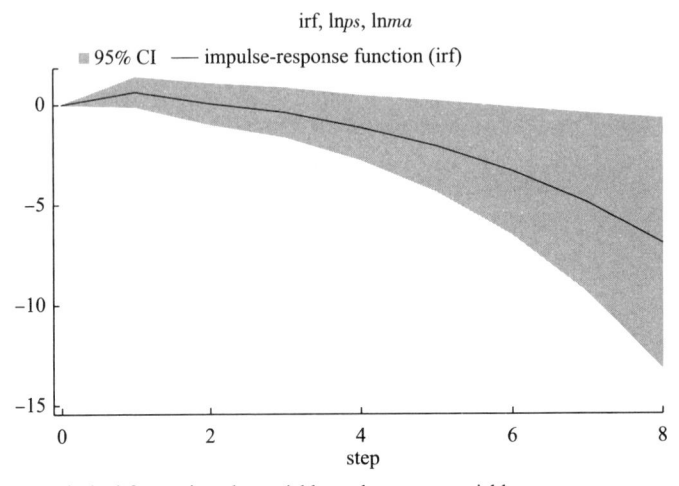

图 4-14　制造业对生产性服务业的冲击反应

由上图可以看到，受到来自生产性服务业的一个正向冲击后，制造业在前 2 期出现正向波动,并在第一期就达到最高点,随后这种冲击对制造业的波动影响逐步减弱。

也就是说,脉冲响应分析认为,河南的生产性服务业对制造业有大的支持作用,但制造业的发展对河南生产性服务业的发展影响式微。

5. 方差分解分析

同样,为了深入分析 VAR 模型系统内的变量间的关系,方差分解是从另外一个角度展开的。方差分解通过分析每一个结构冲击对内生变量变化(通常用方差来度量)的贡献度,进而评价不同结构冲击的重要性。因此,方差分解分析法,能够给出对 VAR 模型中的变量产生影响的每个随机扰动相对重要性的信息。

计算结果如下:

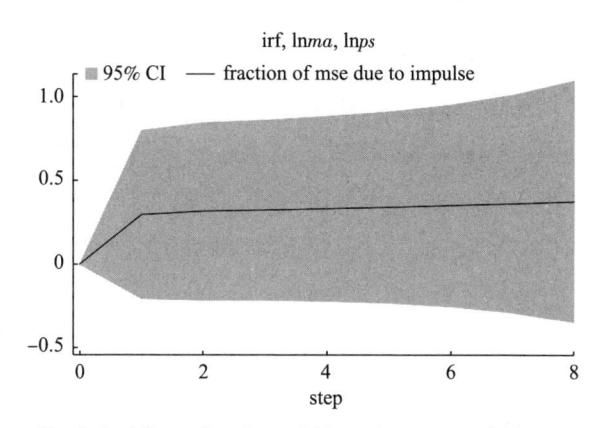

图 4-15　lnma 对 lnps 的方差分解

可以看出,来自制造业的冲击对生产性服务业的贡献率最大也为30%多。

由上图可以看到,来自生产性服务业的冲击对制造业的贡献率最大,可达到60%以上。

总结方差分析的结果,我们可以说,河南生产性服务业的冲击性变化能够给制造业带来近60%的正向影响,而制造业的冲击性变化对生产性服务业的影响最多不超过30%。换言之,河南生产性服务业对制造业的发展有重要的促进作用,而制造业的发展对河南生产性服务业的发展影响有限。

irf, lnps, lnma

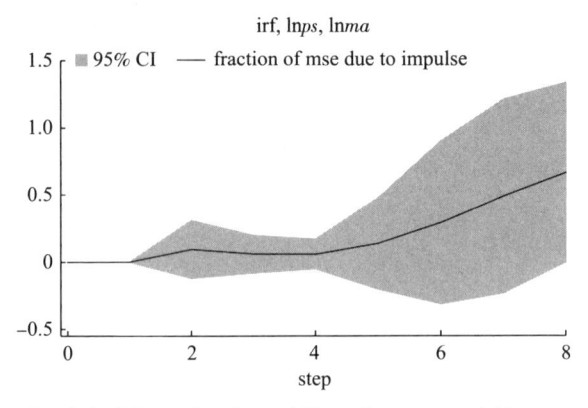

■ 95% CI —— fraction of mse due to impulse

Graphs by irfname, impulse variable, and response variable

图 4-16　lnps 对 lnma 的方差分解

6. VEC 模型分析

基于 VAR 理论模型，我们还可以更为深入地探析模型系统内变量间的关系。因为前文已经验证过河南制造业和服务业之间存在至少一个协整关系，这样，我们就可以直接由 VAR 模型推导出 ECM 模型。并以 VEC 模型是含有协整约束的 VAR 模型，来解决 VAR 模型的非平稳性问题。

首先，在 VAR 模型基础上计算出 VEC 模型，计算如下：

```
.vec lnma lnps, trend (constant) lags (1)

Vector error-correction model

Sample: 2005 -2014                          No. of obs    =           10
                                            AIC           =    -6.157904
Log likelihood    =  35.78952               HQIC          =    -6.323871
Det (Sigma_ml)    = 2.67e-06                SBIC          =    -6.006611
```

Equation	Parms	RMSE	R-sq	chi2	p>chi2
D_lnma	2	.04658	0.9327	110.8822	0.0000
D_lnps	2	.048226	0.8864	62.41462	0.0000

	Coef.	Std. Err.	z	p>|z|	[95% Conf. Interval]
D_lnma					
_ce1					

	L1.	−.2651861	.0625278	−4.24	0.000	−.3877384	−.1426338
	_cons	.0161389	.0331249	0.49	0.626	−.0487847	.0810626
D_lnps							
	_ce1						
	L1.	.0316402	.0647373	0.49	0.625	−.0952426	.158523
	_cons	.1352656	.0342954	3.94	0.000	.0680478	.2024834

Cointegrating equations

Equation	Parms	chi2	p > chi2
_ce1	1	15.28764	0.0001

Identification: beta is exactly identified

Johansen normalization restriction imposed

beta	Coef.	Std.Err.	z	p > |z|	[95% Conf. Interval]
_ce1					
lnma	1	.	.	.	. .
lnps	−.5931902	.1517133	−3.91	0.000	−.8905428 −.2958376
_cons	−2.429838	.	.	.	. .

由结果可得，VEC 模型的协整方程表达式为：

$$ECM = \ln ma - 0.593\ln ps - 2.430$$

也就是说河南制造业和服务业的长期稳定关系为：

$$\ln ma = 0.593\ln ps + 2.430$$

所以说，大力发展生产性服务业对河南制造业的增长是有很大促进作用的。

其次，我们对 VEC 模型进行稳定性检验。协整稳定性检验，如下所示：

.vecstable, graph

Eigenvalue stability condition

Eigenvalue	Modulus
1	1
.7160452	.716045

The VECM specification imposes a unit modulus.

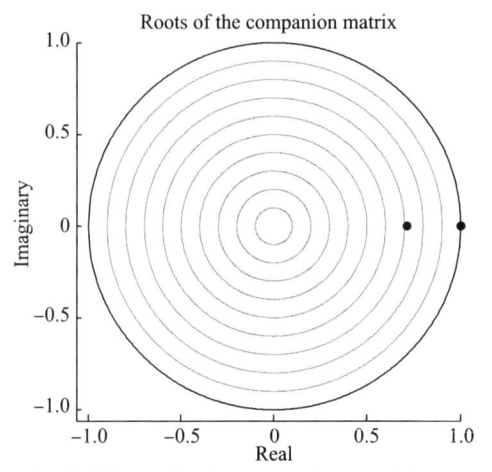

Roots of the companion matrix

The VECM specification imposes 1 unit modulus

可以看出，无论是表或图，都可以判断出，该 VEC 模型不存在大于 1 的根，是一个平稳系统。所以，前文的协整方程分析有意义。

最后，我们在此平稳的协整方程的基础上，进行协整预测，以检验协整的误差修正模型对河南生产性服务业和制造业的长期均衡关系的拟合程度。通过计算，并画出协整误差修正模型的相对误差图，如图 4 – 17 所示：

图 4 – 17　VEC 的相对误差

我们可以看出，协整误差修正模型关于河南生产性服务业对制造业的拟合参数的效果是不错的，所以我们得出的河南生产性服务业与制造业之间关系的判断也是有意义的。

7. 结论分析

综上所述，河南生产性服务业与制造业之间的关系有一定的协同互动发展程度，但这种协同主要以生产性服务业的发展为主导，也就是说，河南生产性服务业的发展对制造业的发展有较大的促进作用，但制造业的发展对河南生产性服务业的促进作用较小。这与前文中部地区基于静态面板数据的分析是一致的。

附 录

表 4-2 中部 6 省制造业和生产性服务业原始面板数据

单位：亿元

省份	年份	工业增加值（Man）	交通运输、仓储和邮政业（TSP）	金融业（Fin）	生产性服务业（PS）	技术市场成交额（TCs）
Anhui	1993	387.92	57.90	43.23	101.13	2.24
Anhui	1994	466.06	86.84	70.29	157.13	1.15
Anhui	1995	562.44	108.44	98.03	206.47	2.19
Anhui	1996	634.21	131.84	98.42	230.26	2.49
Anhui	1997	703.69	164.84	75.66	240.50	2.96
Anhui	1998	765.95	185.00	73.83	258.83	3.95
Anhui	1999	820.25	203.86	75.39	279.25	4.86
Anhui	2000	885.10	215.61	76.54	292.15	6.10
Anhui	2001	1062.00	239.50	78.83	318.33	6.41
Anhui	2002	1115.09	275.27	81.85	357.12	7.54
Anhui	2003	1255.80	326.34	87.45	413.79	8.80
Anhui	2004	1488.90	319.79	94.10	413.89	9.07
Anhui	2005	1837.36	336.39	127.05	463.44	14.26
Anhui	2006	2240.37	363.12	166.01	529.13	18.49
Anhui	2007	2810.00	408.33	223.85	632.18	26.45
Anhui	2008	3505.67	443.81	313.81	757.62	32.49
Anhui	2009	4064.72	467.92	359.60	827.52	35.62
Anhui	2010	5407.40	527.02	396.17	923.19	46.15
Anhui	2011	7062.00	589.82	503.85	1093.67	65.03
Anhui	2012	8025.84	650.21	617.62	1267.83	86.16
Anhui	2013	8880.45	730.36	912.77	1643.13	130.83
Anhui	2014	9581.37	784.43	1046.70	1831.13	169.83
Henan	1993	678.36	103.37	89.07	192.44	8.41
Henan	1994	948.78	112.09	104.03	216.12	10.68
Henan	1995	1256.52	161.92	148.97	310.89	12.28

续表

省份	年份	工业增加值（Man）	交通运输、仓储和邮政业（TSP）	金融业（Fin）	生产性服务业（PS）	技术市场成交额（TCs）
Henan	1996	1496.72	212.42	140.82	353.24	14.21
Henan	1997	1641.08	262.52	145.12	407.64	15.78
Henan	1998	1692.35	291.96	155.78	447.74	17.65
Henan	1999	1729.29	323.55	159.27	482.82	20.17
Henan	2000	2000.04	378.56	144.81	523.37	21.16
Henan	2001	2182.78	425.20	150.78	575.98	21.26
Henan	2002	2412.18	470.77	158.77	629.54	17.85
Henan	2003	2876.93	535.11	165.11	700.22	19.27
Henan	2004	3644.40	560.35	170.82	731.17	20.32
Henan	2005	4896.01	625.87	181.74	807.61	26.37
Henan	2006	6031.21	739.29	219.72	959.01	23.73
Henan	2007	7508.33	866.73	302.31	1169.04	26.19
Henan	2008	9328.15	802.25	413.83	1216.08	25.44
Henan	2009	9900.27	823.57	499.92	1323.49	26.30
Henan	2010	11950.88	873.30	697.68	1570.98	27.20
Henan	2011	13949.32	961.50	868.20	1829.70	38.76
Henan	2012	15017.56	1151.91	1013.60	2165.51	39.94
Henan	2013	14937.72	1474.19	1280.92	2755.11	40.24
Henan	2014	15904.28	1676.46	1509.20	3123.17	41.64
Hubei	1993	475.44	69.73	52.22	121.95	7.06
Hubei	1994	580.80	89.71	56.83	146.54	11.53
Hubei	1995	680.92	119.37	60.86	180.23	12.59
Hubei	1996	805.53	145.61	65.37	210.98	10.56
Hubei	1997	929.91	178.65	69.68	248.33	14.57
Hubei	1998	1041.20	204.30	74.14	278.44	18.76
Hubei	1999	1139.52	235.88	78.81	314.69	23.02
Hubei	2000	1243.24	284.36	81.49	365.85	27.60
Hubei	2001	1360.10	316.58	88.48	405.06	33.86
Hubei	2002	1473.00	347.84	96.95	444.79	34.86

续表

省份	年份	工业增加值（Man）	交通运输、仓储和邮政业（TSP）	金融业（Fin）	生产性服务业（PS）	技术市场成交额（TCs）
Hubei	2003	1682.16	384.65	107.31	491.96	41.25
Hubei	2004	1987.50	346.87	118.85	465.72	46.17
Hubei	2005	2478.66	370.36	127.32	497.68	50.18
Hubei	2006	2929.19	431.32	174.99	606.31	44.44
Hubei	2007	3588.00	485.87	337.27	823.14	52.21
Hubei	2008	4391.23	562.46	393.05	955.51	62.90
Hubei	2009	5183.68	642.72	479.11	1121.83	77.03
Hubei	2010	6726.53	753.61	561.27	1314.88	90.72
Hubei	2011	8538.04	869.48	674.57	1544.05	125.69
Hubei	2012	9735.15	934.96	870.36	1805.32	196.39
Hubei	2013	10139.24	1078.11	1179.55	2257.66	397.62
Hubei	2014	10992.79	1181.58	1372.61	2554.19	601.74
Hunan	1993	399.58	72.71	47.53	120.24	7.71
Hunan	1994	499.97	100.30	54.07	154.37	9.50
Hunan	1995	658.67	133.71	64.96	198.67	10.54
Hunan	1996	790.19	171.14	74.32	245.46	14.02
Hunan	1997	903.90	198.66	82.66	281.32	16.14
Hunan	1998	960.70	220.86	85.44	306.30	22.02
Hunan	1999	1010.53	246.08	86.57	332.65	24.66
Hunan	2000	1094.76	288.16	88.88	377.04	28.68
Hunan	2001	1180.43	303.88	91.71	395.59	29.39
Hunan	2002	1265.72	333.51	92.43	425.94	32.34
Hunan	2003	1484.98	373.27	99.35	472.62	36.93
Hunan	2004	1824.11	333.60	118.64	452.24	40.83
Hunan	2005	2195.33	386.96	162.37	549.33	41.74
Hunan	2006	2707.61	440.96	204.72	645.68	45.53
Hunan	2007	3397.69	517.67	260.14	777.81	46.08
Hunan	2008	4310.12	624.68	334.32	959.00	47.70
Hunan	2009	4819.40	704.83	402.57	1107.40	44.04

续表

省份	年份	工业增加值（Man）	交通运输、仓储和邮政业（TSP）	金融业（Fin）	生产性服务业（PS）	技术市场成交额（TCs）
Hunan	2010	6305.11	832.28	463.16	1295.44	40.09
Hunan	2011	8122.75	948.82	501.09	1449.91	35.39
Hunan	2012	9138.50	1077.65	579.76	1657.41	42.24
Hunan	2013	10001.00	1172.31	758.90	1931.21	77.21
Hunan	2014	10749.88	1257.64	950.04	2207.68	97.93
Jiangxi	1993	233.76	39.43	48.44	87.87	2.49
Jiangxi	1994	269.16	55.93	61.71	117.64	1.42
Jiangxi	1995	314.49	78.32	71.84	150.16	2.16
Jiangxi	1996	375.83	101.64	86.32	187.96	2.49
Jiangxi	1997	438.98	115.41	97.40	212.81	3.11
Jiangxi	1998	477.15	145.40	100.50	245.90	3.83
Jiangxi	1999	503.79	167.74	101.15	268.89	5.14
Jiangxi	2000	543.88	194.98	92.97	287.95	6.93
Jiangxi	2001	603.23	217.94	82.02	299.96	6.27
Jiangxi	2002	702.42	248.61	76.51	325.12	6.29
Jiangxi	2003	863.31	266.11	64.31	330.42	8.33
Jiangxi	2004	1140.00	320.50	65.10	385.60	9.37
Jiangxi	2005	1455.50	300.60	69.55	370.15	11.12
Jiangxi	2006	1905.15	339.08	79.75	418.83	9.31
Jiangxi	2007	2412.30	371.60	101.34	472.94	9.95
Jiangxi	2008	2906.86	388.42	130.57	518.99	7.76
Jiangxi	2009	3196.56	394.90	165.10	560.00	9.79
Jiangxi	2010	4286.76	446.22	241.49	687.71	23.05
Jiangxi	2011	5411.86	507.44	357.44	864.88	34.19
Jiangxi	2012	5828.20	630.56	413.07	1043.63	39.78
Jiangxi	2013	6452.41	678.62	542.83	1221.45	43.06
Jiangxi	2014	6994.71	710.47	739.70	1450.17	50.76
Shanxi	1993	296.01	58.58	60.02	118.60	3.70
Shanxi	1994	347.18	76.60	50.37	126.97	1.07

续表

省份	年份	工业增加值（Man）	交通运输、仓储和邮政业（TSP）	金融业（Fin）	生产性服务业（PS）	技术市场成交额（TCs）
Shanxi	1995	438.50	99.56	86.96	186.52	1.85
Shanxi	1996	532.73	120.25	94.76	215.01	1.16
Shanxi	1997	626.36	136.79	115.81	252.60	1.03
Shanxi	1998	658.55	158.54	113.32	271.86	0.98
Shanxi	1999	684.55	183.73	115.07	298.80	0.40
Shanxi	2000	748.65	203.07	127.74	330.81	0.53
Shanxi	2001	832.45	227.83	139.24	367.07	1.47
Shanxi	2002	991.44	268.23	124.10	392.33	3.90
Shanxi	2003	1291.94	320.71	118.48	439.19	3.23
Shanxi	2004	1711.30	370.64	110.29	480.93	6.00
Shanxi	2005	2117.68	375.11	135.07	510.18	4.80
Shanxi	2006	2485.06	441.03	169.63	610.66	5.92
Shanxi	2007	3141.89	546.31	218.73	765.04	8.27
Shanxi	2008	3868.54	650.19	290.91	941.10	12.84
Shanxi	2009	3518.88	523.38	361.64	885.02	16.21
Shanxi	2010	4657.97	654.08	448.30	1102.38	18.49
Shanxi	2011	5959.96	756.29	519.32	1275.61	22.48
Shanxi	2012	6023.55	847.44	639.61	1487.05	30.61
Shanxi	2013	5842.14	782.49	809.90	1592.39	52.77
Shanxi	2014	5521.01	797.13	897.26	1694.39	Null

资料来源：中国统计年鉴和各省统计年鉴。

第五章　河南省物流业与制造业高质量协同发展实证分析

随着社会分工的深化和经济全球化的发展，流通业的发展和现代化在促进工业现代化、提升生产制造企业的竞争力和国民经济的素质及运行水平方面发挥着重要作用。2008年全球金融危机爆发以来，我国制造业遭受了重大冲击，工业制造企业的生产销售额不断下滑，整个产业处于低迷状态。物流业作为与制造业密切相关的重要生产性服务产业，也受到较为严重的影响，货源紧张、资金回笼困难现象日益增多，整个行业逐步走向微利甚至亏损的阶段。2009年3月国务院出台了《物流业调整和振兴规划》，明确物流业作为应对危机"十大产业振兴规划"的组成。推进制造业与物流业协同发展被列为促进物流业升级和制造业转型发展的九大重点工程之一。如何利用先进的现代物流理念来改造企业的传统物流模式，如何加强制造企业与专业物流企业的协同合作，如何促进制造企业与物流企业在产业链中协同发展，是实现制造企业高质量发展的关键所在。

进入21世纪以来，河南省委、省政府抓住新一轮经济增长机遇，着眼于打基础，管长远，坚定不移地走新型工业化发展道路，造就了河南工业生产发展快于全国、经济效益总体水平高于全国的好形势。据中国社会科学院报告称，中国已进入工业化中期后半阶段，2020年前后，中国将实现工业化。而目前河南省还处于工业化中期阶段，正在采取各种措施加快工业化进程。世界经济发展历程表明，工业化中后期阶段，制造业与服务业相互依赖、相互作用、良性互动，并出现加速融合的趋势。但是，当前河南省物流业与制造业的协同发展现状不容乐观，显然物流业对制造业的支撑作用未能真正体现，而制造业对物流业的促进作用也没有充分发挥，因此，必须采取有效措施，加强二者之间的联动，提高河南制造业与物流业的协同发展水平。

第一节　物流业与制造业高质量协同发展理论基础

一　物流业的内涵与外延

1. 物流的概念

物流（Logistics）一词源于古希腊语，1844 年法国人 J. Depuit 在自己的书中强调要重视供货管理功能，保持仓库保管与运输两者之间成本的均衡，这是有关物流概念认识的最早记录。1905 年美国陆军少校 C. D. Baker 指出，物流是关于军队移动与供给的战争科学之一。最早给物流下定义的是美国市场营销协会（AMA），1933 年该协会指出，"物流（Physical distribution，简称 PD）是销售活动中所伴随的物质资料从产地到消费地的种种企业活动，包括服务过程"。其后，随着美国物流管理协议会（NCPDM）的成立，对物流（PD）至少下了三次定义，1960 年："所谓物流，就是把完成品从生产线的终点有效地移动到消费者手里的广范围的活动，有时也包括从原材料的供给源到生产线的始点的移动"；1976 年："物流是以对原材料、半成品及成品从产地到消费地的有效移动进行计划、实施和统管为目的而将两种或三种以上活动的集成，这些活动包括但不局限于顾客服务、需求预测、流通信息、库存管理、装卸、接受订货、零件供应并提供服务、工厂及仓库选址、采购、包装、废弃物回收处理、退货业务、搬运和运输、仓库保管等"；1986 年："所谓物流，就是为了满足顾客需要而对原材料、半成品、成品及其相关信息从产地到消费地有效率或有效益的移动和保管进行计划、实施、统管的过程。这些活动包括但不局限于顾客服务、搬运及运输、仓库保管、工厂和仓库选址、库存管理、接受订货、流通信息、采购、装卸、零件供应并提供服务、废弃物回收处理、包装、退货业务、需求预测等。"1997 年，美国企业派物流的代表、著名的物流公司 Exel Logistics 对物流下了这样的定义："物流是与计划和执行协同物流内商品及物料的搬运、储存及运输相关的所有活动，包括废弃物品及旧货的回收利用。"

除了物流定义的演变，从各国行业团体英文名称的变化也能看出物流的发展变化轨迹。美国物流管理协议会从1963年成立到1985年更名，一直使用PD作为自己的名称，简称NCPDM，1985年下半年将原来使用的PD改为Logistics，简称CLM；加拿大物流管理协会从1967年到1992年更名，一直使用PD作为自己的名称，1992年更名时，把PD改为Logistics，该组织2002年又进而改称为"加拿大协同物流与物流管理协会"；日本的两大物流团体日本物流管理协会和日本流通协会从1970年成立到1992年合并，也一直使用PD表示自己的团体名称，1992年合并，成立了日本物流系统协会（JILS），其英文名称也由PD改为Logistics。

2. 物流业的发展

物流（PD）开始阶段被企业认识，是因为其有助于销售，企业重视物流的目的是保证销售活动的顺利进行，当时的物流处于附属地位；后来发现物流不仅对销售有用处，还能降低企业的生产成本，是"第三利润的源泉"，于是人们便把物流独立出来，加强管理，并把物流的侧重点从单一的促进销售，转到企业减少浪费、节约费用、增加利润上来；接着通过加大物流投入和注重物流管理，不仅节省了成本，增加了利润，还保证了服务质量，增强了企业竞争力，于是人们又把物流的重点移至"用户"；到了20世纪80年代后半期，进而认识到物流（PD）无论是范围和重点都已不适应时代的发展和企业新的经营环境，不得不把军队的后勤保障系统即Logistics（物流）引入企业经营中，由此企业重视物流的侧重点也随之转变。把物流的地位由降低企业成本、提高服务水平上升为企业生存发展的关键环节，把重视物流看作企业经营发展战略中最重要的组成部分，一切工作中的重中之重。然而20世纪90年代后半期以后，人们又开始感觉到，物流的作用在新经济环境中，还应该继续发展扩大，要把物流与协同物流联系在一起，即物流业的发展必须与制造企业的发展联动起来，这样才能进一步释放物流的能量，企业才能在经济全球化中施展威力。

20世纪90年代以后的世界经济，基本进入了第三产业时代，满足商品数量早已不成问题，而如何将生产出来的商品及时销售给消费者，尽快回收成本是主要矛盾，能解决这一主要矛盾的重要手段之一就是现代物流。后来人们又发现，仅有现代化物流还不够，必须有现代信息技术、资金后盾和商业机会做支撑，只有把物流与商流、资金流、信息流有机地组合，使入厂物流商、制造商、销售物流商、零售商乃至用户有机地组合，形成一个最佳、最优化的系统，即由多个环节组成一个有效供应协同联动网，才更有效、更保险。

现代科技的进步，为物流安上了腾飞的翅膀，促进物流不断向新的高度升华。电子数据交换系统（EDI）可以把远程通信、计算机和数据库有机地融合在同一系统中，进行数据交换和信息资源共享，从而实现了大范围远程物流管理；全球卫星定位系统（GPS）由于能够通过多个通信卫星对地面车辆、船舶等进行精确的测定和跟踪，随时查询货物的所在位置，所以大大地提高了物流服务水平；此外，物流管理中逐渐普及起来的 TPS（事务处理系统）、MIS（管理信息系统）、DDS（决策支持系统）以及条码、射频、电子标签等新技术在物流中的应用，确实使物流业今非昔比、如虎添翼。

电子商务给流通格局带来了一场暴风骤雨式的冲击。网上采购、网上付款这一新的交易形式的出现，使批发商、零售商的作用黯然失色，商流的过程一下子几乎缩短为零。然而，人们同时也发现：电子商务过程虽然可以瞬间完成，但没有物流过程的缩短，电子商务就失去了意义。无怪乎德国一位经济学家曾预言，未来的世界只有生产者、物流者和消费者三种人。也正因为上述现代信息科技的进步和电子商务的出现，使物流升级，为全球经济一体化创造了条件，才反过来促进了物流的发展，使物流迈上了一个新的台阶，这就是现代物流。

二 物流业与制造业的协同发展

1. 协同发展的产生

随着 Internet 技术的广泛应用，企业的信息化进程已由原来的企业集成向协同集成方向发展，物流业协同发展也成为 e 时代制造产业和商务模式的重要支撑和关键环节。它关注与整体商务系统的价值融合，注重入厂物流商、制造商、销售物流商的信息共享与协同发展，通过高效的协同运行机制规范多方协作，形成以物流活动为纽带的互动、公平、共赢的商务运营网络。

协同发展物流系统能否具有灵活快速的应变能力，与物流信息传递的有序度直接相关，也是系统组织模式运行效率高低的重要体现。现代物流管理更重视企业与企业之间的合作关系，将入厂物流商、制造商、销售物流商等因素整合成一个协同发展的集合。上游企业和下游企业之间的合作关系是实现制造业与物流业协同发展的关键，只有物流的上、下游间形成信息交换才可能降低整个制造产业物流的总成本，这种合作表现为企业间的战略联盟、管理联盟关系等。

战略协同发展是企业与企业合并重组的前提。没有战略上的协同发展就不会出现资源优化配置和市场运营效率的提升。协同发展就是整体价值大于部分价值，其中增值部分的产生来自协同发展。协同发展的形式很多，主要表现为战略协同发展、业务协同发展、无形资产资源协同发展、管理资源协同发展等。全球经济正从稀缺经济发展为过剩经济，顾客的要求越来越高，市场竞争越来越激烈。在这种情况下，企业为了增强竞争力，主动采取大规模定制、全球化、外包和协作等策略，以获得更短的上市时间、更低的成本，来更敏捷地满足顾客不断变化的需求。

物流业和制造业的协同发展究竟能给制造企业带来什么？这是二者协同发展存在和发展的根本所在，也是人们对协同发展概念诞生的首要关心的问题：首先，整合上下游产业的物流业务流程。产品产量与材料等约束因素都将影响从采购、生产到分销的物流全过程，物流业和制造业的协同发展能够消除制造企业的上下游企业以及合作伙伴之间冗余的业务流程，通过紧密的流程整合拉近贯穿产品全过程企业间的距离。其次，降低制造企业的物流成本。二者的协同发展建立在企业互相信赖的基础之上，企业各自从系统整体优化的角度出发规划管理物流业务，使得协同发展中的库存、市场等信息在网络成员中共享，可以避免以往整个链接点制造企业和物流企业各自为政、高库存保有量的现象，大大降低企业交易成本和物流运作成本。最后，缩短前置时间（Lead Time），加快制造企业反应速度。通过合作伙伴的 POS 数据、数据挖掘、清单数据、产品计划、配送计划、运输计划等物流信息，制造业企业可以清楚地了解整个产品链网络的活动，从而增强了整个物流的透明性，缩短协同发展中各环节间的响应时间，使制造企业即时地对市场做出快速反应。

2. 协同发展的内容

物流业和制造业的协同发展主要包括三个方面的内容：采购与合同管

理、入库物流管理和网络联盟，关键主要集中在运输环节的协调同步。Cohen 和 Shoshanah 将其划分为四个层次：

（1）事务联合：是一个最低的协同发展层次，旨在提高效率，如制定定价协议，其方式基本上还是属于手工操作（电子邮件、电传）；

（2）合作联合：一般指单向发布或访问信息，如公布预测、库存或定单信息，自动承诺或确认，其方式一般采用 EDI 或信息门户；

（3）协调联合：进一步实现信息的双向交流，实现相互之间的能力协调，如入厂物流商管理库存（VMI），协同方式采用 VPN、Extranet 等信息化技术；

（4）同步联合：是最高的协同发展层次，如联合产品研发（CPC）、需求驱动的供应计划等。供需各方同步传递信息，采用企业应用系统集成或采用同一种应用系统。

三 物流业与制造业协同发展的研究现状

1. 国外协同发展研究现状

目前，物流业比较发达的美国、欧洲、日本等在物流领域的研究，在二者的协同发展方面，侧重于制造企业的物流层面，即研究作为经济活动的物流与制造企业的关系，作为制造企业利润源泉工具的物流对于企业的战略意义。相应地，实战研究多于规范研究，即通过研究与实际的紧密结合为企业提供优化策略。

随着经济环境、产业结构和科学技术的发展，目前物流理论和实践开始向纵深发展。1985 年，威廉姆·哈里斯（Harris William D.）和斯托克·吉姆斯（James R. Stock）在密西根州立大学发表了题为"市场营销与物流的再结合——历史与未来的展望"的演讲，他们指出，从历史上看，物流近代化的标志之一是商物的分离。但是现代物流活动对于创造需求具有很大的作用，人们又逐渐从理论和实证上开始研究如何在制定营销组合过程中，将物流与产品、价格、促销等战略相结合，即营销和物流的再结合。

Thomas 和 Griffin（1995）认为协同发展两个或者更多主要阶段的协调问题，就是获得、生产和配送的协调，具体包括买卖双方协调、生产—配送协调、存储—配送协调以及战略规划等。而非线性配送费用模型、生命周期约束、普通国际供应专题、第三方国际物流、协同物流中分界点的确定等问题，将是协调的研究方向。

Theodore 和 Particia（1997）研究了基于制造企业和物流企业的合作关系，通过样本问卷调查进行统计分析，认为物流能力的大小、合作的专注性、资产的专用性、合作交易的大小等对二者的协同发展关系起到正相关的作用。

在全球化制造中二者的协同发展方面，P. Pontrandolfo 和 O. G. Okogbaa（1999）认为相应的协调应该包括所有价值链的活动，从生产和过程的设计、营销、供应、生产到配送等。由于全部网络的生产活动构筑了跨国公司的分支（组织结构），二者的协同发展问题也应扩展至全球供应网络和配送渠道，需要处理随之而来的物流问题。

Carlos J. Vidal 和 Marc M. Goetschalckx（1997）则认为需要同时考虑制造工厂和物流配送中心的选址、工厂生产连接能力限制、生产物资在一个或两个梯队间的转化，以及附加配送或生产梯队等问题，这正是物流业与制造业协同发展全球化的表现。

2. 国内协同发展研究现状

我国对物流的研究开始于 20 世纪 80 年代从日本引入，起步较晚，与西方国家相比，无论在理论研究还是在实践方面都有一定差距。目前，国内各物流研究机构仍局限于物流基本过程和基本环节的研究，如仓储、运输、物料搬运等方面，对物流的综合研究相对国外发达国家还处于刚刚起步阶段，还没有完全形成系统的观点，物流的专业化、社会化程度不高，物流的整体功能尚未得到充分发挥。

晏卫平和丁秋林（2003）通过分析现代物流与现代物流企业的功能，以制造企业为中心的 M1、M2 模式和以物流企业为中心的 L1、L2 模式，结合 4 种基本模式从纵向和横向两个方面对现代物流企业的资源整合模式进行分类比较。他的论述是从物流企业与制造企业的关系上进行分类的，尚未从二者协同发展的角度进行探讨。

李骏阳和刘宁（2003）认为物流联盟一般是指由若干具备专业特色与互补特征的物流组织，通过契约关系结成的物流作业联合体。在联合体内部，企业间形成互相信任、共担风险、共享收益的物流组织伙伴关系。企业不完全追求自身利益最大化，在物流业务领域通过契约关系进行物流作业资源上的优势互补、物流要素双向或多向流通。物流联盟隶属于第三方物流范畴。他们的研究主要在物流资源整合和物流联盟上，尚未探讨制造企业与物流企业的协同发展问题。

王珍珍和陈功玉（2009）认为我国物流产业集聚度的利益来源以及物流产业集聚度对工业增加值的影响明显，并指出物流产业集聚的发展存在空间结构上的差异。一些地区由于具有较强的资源禀赋优势和主导产业优势，该地区的物流产业集聚度高于其他地区，同时这种物流产业集聚度的地区差异又导致了制造业工业增加值发展水平的差异。他们的研究重点在物流产业的集聚发展上，并未对物流业与制造业的协同发展进行深入探讨。

彭本红和冯良清（2010）应用共生理论，分析了现代物流业与先进制造业的共生关系，指出现代物流业与先进制造业之间的合作是一种互惠互利的合作方式。在资源有限的情况下，制造业实行物流资源外包，会促进两者的协调发展。文章对物流业与制造业的互动发展进行了理论上的探讨，但二者的互动机理值得进一步商榷。

总体来看，尽管随着现代物流经济的区域化、协同化趋势，物流研究呈现出企业层面和区域层面的融合趋势，越来越多的学者注意企业物流—行业物流整体—区域物流活动的合理化问题，但是物流业和制造业的协同发展研究仍处于初级阶段，尚缺乏完备的系统性的理论支持。

四 物流业与制造业的协同发展研究存在的不足

尽管物流业与制造业的协同发展研究提出的时间不长，但引起了理论界和企业界的广泛兴趣，并取得了丰硕的研究成果，同时仍然存在一些问题与不足，集中在以下几个方面。

1. 理论模型只针对二业协同发展的某几个链接点

国际上对物流协作的早期研究主要集中在协同物流的组成、多级库存、协同物流的财务等方面，主要解决二业联动物流的操作效率问题。近来的研究将物流协作扩展到所有成员企业的长期合作关系，特别集中在合作制造和建立战略伙伴关系方面，而不仅仅是协同物流的流程连接问题，其范围已经超越了初期的那种以短期的、基于某些业务活动的经济关系，更偏重于长期计划的研究。国内对此的研究主要集中在入厂物流商—制造商这一层面上，研究的内容主要局限于入厂物流商的选择和定位、降低成本、控制质量、保证协同物流的连续性和经济性等问题，没有考虑从入厂物流商、销售物流商、零售商到最终用户的完整物流网络，而且研究也没有考虑整个物流网络链互动的战略性等问题。

2. 缺乏产业层面上的二业协同发展理论基础研究

目前的物流业和制造业的协同发展研究中，无论是西方国家利用数量化技术工具，研究协同发展方—物流的网络选址定位、合作协调、战略配送体系及物流链性质、制造企业间物流协作及可持续、政府角色、物流基础设施带动效用，还是国内强调的第三方物流重要意义，物流规划技术、协同物流理论、物流政策、物流市场和需求、物流信息化以及国外物流发展趋势等问题研究，都还没有从产业层面对二业的互动发展机理理论进行系统而又完备的基础研究。

3. 对二业协同发展的战略研究缺乏

从企业物流到协同物流，以及新兴的协同商务，"协同""协作""互动""联动"已经成为体现物流合理化和效率的重要词汇。作为更广范围内的物流合理化，二业的协同发展需要各级政府和众多相关行业主管部门的支持和协作。但就目前而言，无论从国家层面上还是地方区域层面上，有关二业协同发展的战略性实施意见少之又少。从行业层面和企业方面来看，依然没有有效深入地制定相关的协同发展战略规划，没有为二业的良性互动发展提供有效指导和支撑。

第二节　物流业与制造业高质量协同发展机理

一　二业协同发展的理论基础

对处在全球产业价值链中低端的制造业而言，附着其周围的生产性服务业最具代表性的就是物流业。因为对于处在此环节中的制造业而言，物流业的协同效率提升，能使制造业的生产成本和销售费用降低，带来即时和直接的企业运营效益的提升和行业空间的扩展。因此物流业与制造业的协同理论基础，既有类同于生产性服务业和制造业协同发展的普遍性，又有其自身协同化发展的特殊性。但即使这种同一性，也存在一定的差异性。

在交易成本降低方面，物流业通过缔结一种二业协同契约的模式来降低科斯（R. H. Coase, 1937）所指的交易成本，如批发价格契约（Lariviere 和 Porteus, 2001）、收益共享契约（Dana 和 Spier, 2001）、退货契约（Padmanabhan 和 Png, 1995）、弹性契约（Cachon 和 Lariviere, 2001）以及销售折扣契约（Krishnan、Kapuscinski 和 Butz, 2001）等类型的契约及其组合。

在博弈竞争方面，物流业与制造业显然已经不再拘泥于初级博弈层面的合作与外包阶段。国内学者从信息激励的角度对二业协同的博弈发展进行研究。马新安（2001）的单个物流企业和制造厂商的激励机制设计模型认为，通过建立良好的激励机制，能有效解决二业协同发展中的信息不对称问题。何勇等（2004）进一步从物流企业和制造厂商风险偏好的角度对二业协同发展达成帕累托最优状态的条件进行了探索。

事实上，物流业和制造业的协同发展，从微观层面而言，主要体现在以下三个环节：

（1）供应物流环节。相关调查发现，从原材料到产成品，我国一般商品用于加工制造的时间不超过10%，而90%以上的时间处于仓储、运输、搬运、包装、配送等物流环节。制造业无论是进行大批量生产，还是提供个性化服务进行小批量生产，在物流过程中都要耗费很大的人力物力。在此过程中，物流企业采用MRP技术可以提供准时详尽的信息流，保证物料流通效率，显示出其独特的优势。制造业供应物流主要是原材料、燃料、外购件从供应商运送到企业制造点的外部物流。制造业将外部物流外包给物流企业，结合物流企业的专业化技术和服务，能够实现外部供应链的协调与优化，只有这样才能缩短生产制造周期和采购提前期，降低库存资金占用。

（2）生产物流环节。制造企业对生产过程中的物料流和信息流进行科学的规划、组织和控制，能够提高生产效率。制造业从进料库存到成品出库的内部物流选择外包，利用先进的内部生产计划及控制技术，确保准时交货，快速响应客户的需求，可以使企业内部生产过程趋于简化、物流流程缩短，使制造业成本降低、社会专业化和协作水平提高。提供此类服务的物流业更具科学性和专业性，更能满足市场需求和社会需求。物流业参与生产过程物流流通的交易费用远小于制造业自身管理费用，随着制造业生产需求加大，企业必定采取物流业提供的优质物流服务来争取更大的竞争优势。物流企业提供生产物流控制的程序是：制定期量标准，制定计划，物流信息的收集、传送、处理，短期调整、长期调整及有效性评估。这种科学的物流管理可以带动制造业缩短生产周期，提高生产效率。

（3）销售物流环节。销售物流无疑也不是制造企业的核心业务。随着生产力的发展、经济水平的提高，市场上生产和交换的产品越来越多，此时兴起的物流业无论在数量上还是质量上都比企业自营物流更能满足社会的需求。物流业务是物流服务商的核心业务，他们具有专业的顾客知识、丰富的组织经验，服务一致性高，同时还拥有专业的物流技术、信息技术以及物流专业人才，这无疑能增强外包企业的物流效率，获取更高的顾客满意度。专业的物流服务提供商能更有效地帮助制造企业运营边缘业务，使制造业有更多的资源实力去运营核心业务。从这个角度讲，物流业形成了制造业的市场，物流业的发展带动了制造业发展。

二 基于产业生态系统的二业协同发展解释

产业生态系统 IES（Industrial Ecosystem）作为一个社会—经济—自然复合生态系统不仅包含自然生态系统，更重要的是增加了社会经济系统，它是按照生态经济学原理和知识经济规律组织起来的基于生态系统承载能力、具有高效的经济过程及和谐的生态功能的网络化生态经济系统。在产业生态系统的发展中，明显地体现出系统的开放性、复杂性、层次性、循环性、动态性和协同性等特征。在制造业与物流业的协同发展中明显地体现出产业生态系统发展的特征，但是这种协同发展又有其和产业生态系统相比较而言比较特殊的内涵，产业生态系统发展的理念将指导着制造业与物流业的协同发展。

1. 制造业与物流业之间的完善协作

产业生态系统涉及产业系统与自然系统、社会系统之间的耦合关系。这种耦合关系明显地体现在各种系统之间物质、能源输入输出的优化。其中，制造业与物流业的协同发展要求制造业与物流业之间有较好的耦合关系和协作关系。协同理论是由哈肯创立的，他指出系统内部各子系统之间相互关联的"协同作用"，也可以使整个系统从无序走向有序，这就出现了序参量。序参量之间的合作和竞争，最终导致只有少数序参量支配系统进一步走向协同和有序。子系统的独立运动和系统直接关联引起的协同运动共同决定了子系统的运动状态。当前者居于主导地位时，系统便处于无序状态，当作用于系统的外界"控制变量"达到一定的界限时，子系统之间关联能量大于子系统独立运动能量，于是子系统必须服从由关联形成的协同运动。

设制造业与物流业两个生态系统分别为 S_1 和 S_2，如在相互作用力 F 下形成复合系统 S，满足 $E(S) = E(F(S_1,S_2)) > E(S_1) + (S_2)$，其中，$E(\cdot)$ 为系统效能输出函数，则称 F 为协同作用或协同关系。在制造业与物流业的协同发展中，体现出明显的协同性。

首先，制造业促进物流业的衍生和发展，制造业的发展、繁荣与稳定可以为物流业创造更大的发展空间。在制造业长期的发展过程中，逐步形成专业化分工，企业根据其自身生产的特点，将自身生产不具有比较优势的环节外包给其他企业来完成，从而提高了劳动生产率。在当今社会，明显地表现在制造业将很多的物流环节外包，从而给物流业的发展提供了较大的空间。应该说，没有制造业的稳定与繁荣发展，物流业是不可能得到这么迅速的发展的。

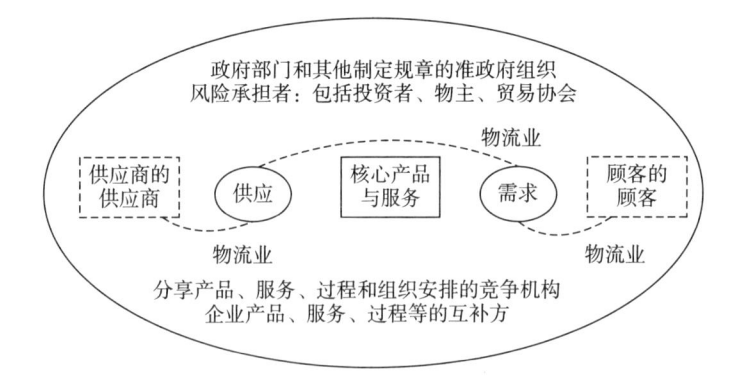

图 5-1　基于物流业与制造业协同发展的产业生态系统

如图 5-1 所示，在由供应商的供应商、供应商、制造商、分销商、顾客以及政府、行业协会等组成的产业生态系统中,物流业在连接上游企业的供应商的供应商与供应商之间的关系,下游企业中制造商与分销商、零售商及顾客之间的关系中发挥着重要的作用,没有物流业作为其中的"润滑剂",将导致社会资源的极大浪费。因此在产业生态系统中,制造业与物流业的协同作用显得愈加重要。

其次,物流业支撑着制造业的产业进步,物流业通过专业化服务优化了制造业的运营流程,提高了产业运行效率。物流业的发展最终将进一步推动制造业的产业结构升级和经济增长方式的转变,实现社会资源的帕累托最优。图 5 - 2 是众所周知的"微笑曲线",根据价值链分工生产过程的三个阶段,$t_1 \sim t_2$ 是生产前的技术环节;$t_2 \sim t_3$ 是生产阶段,也即对产品的组装加工阶段;$t_3 \sim t_4$ 是产品的出口流通阶段即市场环节。其利益分配轨迹呈 U 型(微笑)曲线,即商品从研发到消费者手中的各工序附加值变化形似 U 型变化,与供应链上高附加值的上游部分(研发和主要零部件的生产)和下游部分(销售以及售后服务)形成鲜明反差的是,中游的组装在各工序中附加值最小,处于 U 型曲线的底部。而通过物流业的发展,可以大大降低企业的交易成本,可以改变制造业自身的发展规律,改变微笑曲线的形状,从而使得微笑曲线变得越来越平缓,由 U_1 移动至 U_2,提高制造业企业在价值链分工参与利益分配的额度。

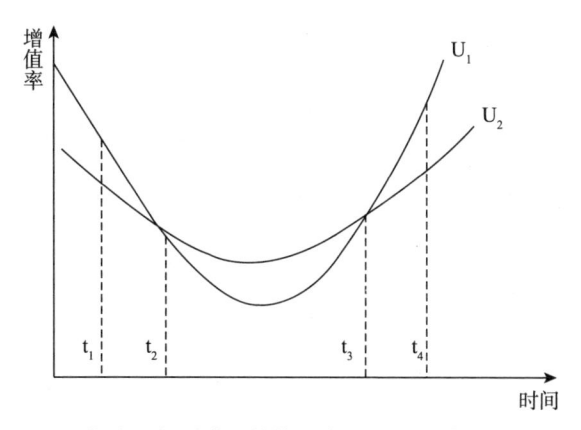

图 5 - 2 物流业与制造业的协同发展对"微笑曲线"的影响

2. 制造业与物流业之间发展的层次性

一方面,产业生态系统是由大量不同种类和处于不同层次的生态因子相互作用而构成的,这些生态因子的实施主体可以是任何一种市场经济的主体地位的不同战略单元或部门。所以,对于产业生态系统来说,可以通过在系统中建立多层次、立体型的物质和能量利用与转换网络来促进和实现系统内的物质和能量的层级利用和循环流动。这种产业生态系统可分为三个基本的层次:企业内产业生态系统、企业间产业生态系统和产业间产业生态系统。这三个层次均明显地体现出各部门、各产业之间发展的共生性,因此,也称为产业共生系统。在制造业内部存在着产业共生系统,物流业内部也存在着产业共生系统,物流业与制造业之间更是存在着产业共生系统,在这些共生系统中存在着共生环境 E,共生单元 U 和共生模式 M 之间的差异,共生单元与共生单元之间所形成的共生关系由共生模式反映出来,共生模式表示了共生单元之间是何种共生关系。共生单元、共生模式与共生环境之间是相互作用的关系(如图 5-3 所示)。

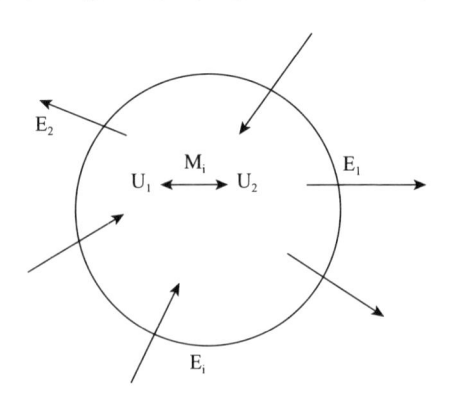

图 5-3 物流业和制造业协同发展中共生三要素之间的相互关系

E_1、E_2、E_i 表示共生环境,U_1、U_2 表示制造业与物流业两个共生单元,其共生模式用 M_i 表示。为了达到物质和能量在不同层面的循环利用,需要对产业生态系统进行结构和功能上的整合,通过纵向闭合、横向耦合和系统整合,实现从较低层次的局部性、不完全的循环到较高层次的全部、完全的循环,因此存在共生模式发展水平的差异性,下文将对此展开分析。另外,还需要对不同产业生态系统的企业有个明确的定位,包括其是主宰型企业还是缝隙型企业,不同的生态位,对企业的发展要求、发展路径也是不一样的。

另一方面,制造业与物流业协同发展的层次性还体现在制造业与物流业协同发展的本质是市场和企业是资源配置的两种协调机制,由于这两种协调机制之间存在相互替代性,当市场对资源配置的效率高于企业自身时,即市场的交易成本小于企业自行生产的成本时,企业选择市场作为资源配置的方式,在制造业与物流业的协同发展过程中,更多地表现为制造企业将大部分的物流环节外包的现象。而当市场对资源配置的效率比较低时,企业选择自营作为资源配置的方式。因此,在制造业与物流业协同发展过程中,制造业企业往往处于相对主动和优势的谈判地位,而物流企业在某种程度上则处于被动和从属的地位。物流业的发展应遵从制造业发展的需要,遵从制造业的产业布局,应有利于制造业实现经济增长方式的转变和产业结构的升级。即制造业企业的物流管理要服从于生产组织方式,如物流企业所倡导的 JIT（Just-in-time,及时供应制）供应方式,只不过是精益制造思想的具体执行手段而已。制造业企业物流管理要服从于产品制造的工艺布局和流程设计,服从于原料供应的约束条件和产品运输的市场营销要求。因此,制造业与物流业的协同发展不是为了发展物流业而发展物流业,而是为了从本质上促进制造业的发展,促进制造业转变经济增长方式和产业结构升级。

3. 制造业与物流业之间发展的竞合性

一方面,基于制造业与物流业协同发展的产业生态系统是由人、自然、社会构成的复杂的经济系统,它同样存在着竞争和互利共生两个方面。在制造业与物流业发展中存在的竞争方面主要体现在制造业与物流业之间在业务的选择上会存在一定程度的相似性和关联性,存在着遵从某些共同自然规律、支配相似规律的本质原理与相似程度大小的关联,正如生态学中所阐述的,制造业与物流业位于不同的生态位中,这种生态位的相似程度会影响到制造业与物流业之间的竞争程度。从纵向角度而言,在制造业发展的初期,由于市场信息的不对称外部交易的成本,大部分制造型企业选择通过纵向一体化模式进行生产,因此,企业自身从事包括物流运输、包装及仓储保管在内的各项活动,这时候物流业的发展与制造业的发展就存在比较大的竞争,这种纵向一体化的模式使得很多企业选择自营物流的模式,物流业的发展受到限制,发展的空间较小。而随着企业规模的扩大,价值链分工、片段化生产的兴起,以及物流公司服务质量的改善,越来越多的企业结合自己的竞争优势，越来越专业化于自己的特殊领域、生产环节，而将部分环节、业务外包出去，这里的外包就包括制造业的外包和物流业的外包，所以企业横向一体化的发展，产品内分工、模块化生产的盛行，使得企业将物流行业外包，这几年物流业的巨大发展离不开全球价值链分工的思潮、离不开制造业的转型升级，因此，这里的制造业与物流业的发展更明显地体现出了合作互利的性质。

另一方面，这种产业联动越来越打破了企业界限、产业界限和区域界限，提高了经济效益。从企业层面来讲，可以降低交易费用；从产业层面来讲，可以促进产业链不同环节的沟通，促进产业链不同环节的理解和支持，使得产业链不同产业环节的产品结构、规模平衡发展，加快产业链上产品、技术和知识的传递速度，提高整条产业链的运作效率；从区域层面来讲，产业联动为区域经济可持续发展和区域产业扩张提供了基本思路。因此，不管是对于企业、产业抑或是区域来说，产业联动都是一种合作互利行为。

三 物流业与制造业协同发展的竞合模型解释

1. 产业生态系统下制造业与物流业协同发展的模式

在产业生态系统中，企业为了占领产品市场空间以求得生存和发展，为了获得生产要素市场上的稀缺资源，必须与其他企业及生存环境保持联系。因此，可以通过以下的形式定义制造企业与物流企业之间的关系：

当企业 A 的生存水平直接影响到企业 B 的生存水平时，称为企业共生，记为：A→B。

当且仅当企业 A 生存水平增加时企业 B 的生存水平也增加，企业 A 生存水平降低、企业 B 的生存水平也降低时，则称企业 B 正连接企业 A，

记为：A + →B。

当且仅当企业 A 的生存水平增加、企业 B 的生存水平降低，企业 A 的生存水平降低、企业 B 的生存水平增加时，称企业 B 负连接企业 A，

记为：A - →B。

随着制造业与物流业的协同发展，企业之间的负连接关系会不断地减弱，而正连接关系则会不断地增强。因此，当 A + →B、B + →A 时，则称

企业 A 与企业 B 之间存在互利共生关系。当 A-→B、B-→A 同时成立时，则称企业 A 和企业 B 之间存在竞争关系。

从产业生态系统的共生单元之间的利益分配角度来看，共生单元之间的共生模式包括寄生、偏利共生、非对称互惠共生和对称互惠共生，根据组织程度的差异可以分为点共生、间歇共生、连续共生以及一体化共生等。这种共生单元和共生程度的差异可以组成 16 种模式（见表 5-1）。

表 5-1 共生系统的状态

	点共生（M_1）	间歇共生（M_2）	连续共生（M_3）	一体化共生（M_4）
寄生 P_1	S_{11}	S_{12}	S_{13}	S_{14}
偏利共生 P_2	S_{21}	S_{22}	S_{23}	S_{24}
非对称互惠共生 P_3	S_{31}	S_{32}	S_{33}	S_{34}
对称互惠共生 P_4	S_{41}	S_{42}	S_{43}	S_{44}

借鉴产业共生系统的这 16 种模式，可以发现制造业与物流业发展的不同阶段也会存在这 16 种模式的相互交替和更新，共生模式不是固定不变的，它会随着共生单元性质的变化以及共生环境的变化而变化。在制造业与物流业发展的早期更多地体现出其发展中的寄生和偏利共生现象，而随着物流行业发展能力的提高，物流技术水平的改进，制造业与物流业发展的共生系统也逐步过渡到了非对称互惠共生，但这是一种利益分配的不均衡，无法达到长期稳定的状态，随着契约机制得到完善的设计，随着企业互利共赢思潮的发展，制造业与物流业的协同发展最终会体现出由点共生向一体化共生方向转化，由寄生向对称互惠共生转化，这种对称性的互惠共生系统是最有效率也是最为稳定的系统，当制造业与物流业的协同发展达到这样的层次的时候，系统中将具有最大的共生能量。每一种模式下都存在一定的竞争合作关系，由于篇幅所限，本研究将重点讨论在竞合模型下制造业与物流业协同发展的稳定点以及稳定条件。

2. 竞合模型下的制造业与物流业协同发展的稳定点和稳定条件

制造业与物流业的协同发展中更多地存在着竞争合作关系。两个企业之间的竞争或是两个企业之间的合作，对某个企业的作用并非只是积极或消极的一面。不管竞争还是合作,都有可能刺激企业的发展,也可能抑制企业的发展。以下就建立制造业与物流业协同发展的竞合模型:

假设企业 A 为制造业,企业 B 为物流业,其产出量分别为 x_1(t) 和 x_2(t),企业在发展过程中会有一个相对稳定的固定增长率,但是,随着企业的发展扩张,由于企业要管理的各个方面投资负债关系、资金流、职员数量、存货和固定资产的增多,反而会对企业自身的增长率产生一定的阻滞作用,即其产出量满足 Logistics 规律[①],不可能存在无限期的增长,设 r_1 和 r_2 是它们固有的产出率,N_1 和 N_2 是他们最大的产出量。在它们单独存在时,产出水平满足 Logistics 模型,即

$$\frac{dx_1}{dt} = r_1 x_1 \left(1 - \frac{x_1}{N_1}\right)$$

$$\frac{dx_2}{dt} = r_2 x_2 \left(1 - \frac{x_2}{N_2}\right)$$

在同一个环境中生存时,物流企业不能单独存在发展,当制造企业中断对物流企业的外协合同时,物流企业的这部分相关业务就会衰退甚至停产;当制造企业扩张时,会通过增加对物流企业的要求从而对物流企业的发展有促进作用,同样,物流企业因为总产出量的增加和发展,会对制造企业有一定的促进作用。因此,它们之间存在着相互竞争与合作的关系。由于两个企业之间的竞争与合作都有可能刺激企业的发展,也可能抑制企业的发展,因此,用 O_{ij} 表示企业 j 对企业 i 的贡献程度系数,这里 i 表示制造业企业,j 表示物流企业,其中 $-1 < O_{ij} < 1$;用 c_{ij} 表示物流企业对制造企业的相互影响系数,其中 $-1 < c_{ij} < 1$,因此,当制造业与物流业达到均衡状态时,可以建立模型如下:

$$\begin{cases} \frac{dx_1}{dt} = r_1 x_1 \left(\frac{x_1}{N_1} - c_{12} x_2 + o_{12} \frac{x_2}{N_2}\right) \\ \frac{dx_2}{dt} = r_2 x_2 \left(\frac{x_2}{N_2} - c_{21} x_1 + o_{21} \frac{x_1}{N_1}\right) \end{cases}$$

在上式中,因子 $1 - \frac{x_1}{N_1}$ 反映制造企业 1 对于有限资源的消耗而导致的对

---

① 这个模型是由生物学家 Pierre-Francois Verhulst(1840~1849)所提出的。

它本身产出量的阻滞作用。因子 $1-\dfrac{x_2}{N_2}$ 反映物流企业 2 对于有限资源的消耗而导致的对它自身产出量的阻滞作用，O_{12} 表示物流企业 2 对制造企业 1 的贡献度，即"促进系数"，物流企业每增长一单位，带给制造企业总产出增长率的促进作用，在数值上理解为物流企业的促进作用和制造企业自身发展的阻滞作用的比值，即前者的促进作用为后者自身阻滞作用的 O_{12} 倍。同理，O_{21} 表示制造企业 1 对物流企业 2 的贡献度为 O_{21}。c_{12} 为物流企业 2 对制造企业 1 的影响系数，c_{21} 表示制造企业 1 对物流企业 2 的影响系数。当两者达到均衡的稳定状态时，可以通过以下的微分方程组来描述：

$$\begin{cases} f(x_1,x_2) \equiv \dfrac{dx_1}{dt} = r_1 x_1\left(1 - \dfrac{x_1}{N_1} - c_{12}x_2 + O_{12}\dfrac{x_2}{N_2}\right) \\ g(x_1,x_2) \equiv \dfrac{dx_2}{dt} = r_2 x_2\left(1 - \dfrac{x_2}{N_2} - c_{21}x_1 + O_{21}\dfrac{x_1}{N_1}\right) \end{cases}$$

通过对上式进行解微分方程，并且对微分方程逐个进行一阶泰勒展开，根据数学模型中微分方程的稳定性理论，可以得到在竞争合作模式下的稳定条件如表 5-2 所示。

表 5-2 竞合模型的稳定点及稳定条件

稳定点	稳定条件
$(N_1, 0)$	$1 - c_{21}N_1 + O_{21} < 0$
$(0, N_2)$	$1 - c_{12}N_2 + O_{12} < 0$
$N_1(c_{12}N_2 - O_{12} - 1) / (c_{12}N_2 - O_{12})(c_{21}N_1 - O_{21}) - 1$	$1 - c_{21}N_1 + O_{21} > 0$
$N_2(c_{21}N_1 - O_{21} - 1) / (c_{21}N_1 - O_{21})(c_{12}N_2 - O_{12}) - 1$	$1 - c_{12}N_2 + O_{12} > 0$
$(0, 0)$	不稳定

从表 5-2 中可以看出，当 $1 - c_{21}N_1 + O_{21} < 0$ 和 $1 - c_{12}N_2 + O_{12} < 0$ 时，两个企业激烈竞争的程度超过了企业间的有效合作，使得竞争对某一企业的抑制力过大，最终导致只有一个企业存在或者合并成一个企业。当 $1 - c_{21}N_1 + O_{21} > 0$ 且 $1 - c_{12}N_2 + O_{12} > 0$ 时，表示企业间的合作有效，虽然存在竞争，但两个企业通过互补的优势在较长时间内可以存续，两个公司均获得长期的发展。

因此，当制造业与物流业要达到这种稳定的互惠状态时，对它们相互之间的影响系数和贡献系数也提出了相应的要求，通过表5-2中的数值可以反映出来。由于篇幅所限，本研究仅讨论竞合模式下的稳定条件和稳定点，暂不讨论不同阶段制造业与物流业协同发展的其他模式下的稳定条件和稳定点。

第三节　河南省物流业与制造业发展现状分析

一　河南省制造业现状分析

20世纪90年代后期，河南经济步入一个新的上升通道，2000年全省GDP顺利跨越5000亿元大关，2016年GDP更是高达40475亿元。这其中第二产业对经济的发展功不可没，工业对经济增长的贡献率由90年代初的21.8%上升到2016年的43.5%，对经济增长的拉动作用提高幅度较大。工业经济的发展得益于河南制造产业的迅猛增长，1996年到2008年间，全省制造业增加值的平均增速达到16.8%。2016年河南制造业实现增加值17042.72亿元，占GDP比重为42.1%，比上年增长26.3%，增速提高1.2%，对经济增长的贡献率为46.8%。目前来看，以装备制造、有色冶金、化工、食品、纺织服装等为代表的河南优势制造产业初步成形。

1. 基础雄厚，门类齐全

20世纪90年代初，河南制造业在全国产能达到第一的就有近80个。然而，90年代末以来，由于体制、机制、融资、历史包袱、经营理念等问题，这些国有企业在市场经济的转轨过程中，效益纷纷滑坡甚至走向亏损。2003年，河南省政府实施了工业百强发展战略。在把资源、资本优先配置的100家大企业、大集团中，制造业企业就占了76家。数据显示，近年来，河南省政府投资以及利用国债资金共计41.3亿元，引导银行贷款达434.6亿元，吸引社会资金达722亿元，落实重大技改等项目共计499个。这其中，制造业成了资本"炮轰"的密集区。最终以一拖、中信重机等为代表的一批老制造企业频频传出喜讯；以创造业绩和速度神话而崛起的中国制造业"新贵"金龙、宇通等也添柴加薪；在市场导向作用下形成的一大批区域性、行业性企业更是不断做大做强，形成影响深远的产业集群。目前，河南省制造业基本涵盖了制造业 30 个大类，形成了较为完备、合理的制造业体系，综合配套能力较强。

2. 特色鲜明，集群效应开始显现

目前，河南省已经确定了 180 个产业集聚区，规划总面积达 2807.5 平方公里，总体发展形势良好。2009 年，全省产业集聚区实际利用省外资金达 1200 亿元，占全省的 54.5%，引进项目 4274 个，世界 500 强企业中已有 67 个、国内 500 强企业中已有 128 个落户产业集聚区，中航洛阳锂离子电池、焦作光电产业园等一批对产业升级具有重大引领作用的标志性项目相继落地。新开工千万元以上项目 2829 个，包括海马集团郑州基地 15 万辆轿车等一批亿元以上重大项目建成投产。2010 年前 4 个月，实际利用省外资金 291.3 亿元，引进项目 1025 个，产业集聚区的集聚效应开发显现，起到拉动河南经济快速增长的龙头作用。

3. 产权结构优化，规模效应和名牌效益提升

随着改革的深入，河南国有制造企业逐渐从一般竞争性行业中退出，私人、港澳台和外国资本进入的步伐加快，形成了以国有资本为主导，多种资本共同发展的多元化局面。涌现出一批大规模的企业集团，如平煤、宇通、许继等，它们已经成为河南制造业的脊梁。民营企业也是异军突起，慢慢体现出了规模优势，共同改变着河南制造业山多峰小的状况。同时，河南拳头产品越来越多，出现了一些全国驰名商标，如双汇、宇通、风神轮胎、思念、三全等。河南制造慢慢恢复活力，市场占有率提升，市场扩张能力明显增强。

4. 企业软硬件设施改善，经营管理理念逐步转变

通过引进、消化、吸收、创新等举措，河南省制造业的生产设备、工艺技术、产品技术含量有了明显提高，产品开发和制造能力与国际先进水平的差距逐步缩小。通过技术改造，使大量国际高精技术装备、先进工艺、研发手段及精密检测设备得到运用，骨干企业技术装备水平大幅提高。同时，逐步建立和完善了科研和开发机构，充实了研发手段，企业技术开发能力有所加强。大多数大中型装备制造企业采用了计算机辅助设计，新产品开发采用计算机辅助设计的覆盖率达70%以上。在经营管理方面,河南制造企业正在经历由粗放式管理向现代管理的过渡,现代的管理理念,如人本管理、精益生产等都不同程度地得以推广并发挥作用,出现了一批职业化的管理人才,现代企业管理制度逐步形成。

5. 存在的问题

河南省制造业就整体竞争实力而言还是比较薄弱的,其中存在的主要问题有:产业集群的形成过程中出现了发展不平衡的状况,差距(尤其是地域差距)呈扩大趋势。政府对制造企业直接管理的职能依然较强,体制不顺,机制不活,加上法制不健全,改革相对滞后,组织结构分散,产业结构难以优化。企业规模从总体来看依然比较小,实现了规模效应的大型企业集团所占比重不高,且企业普遍存在"大而全,小而全"的情况。大部分制造企业附加值率低,产业链条短,绿色制造水平低,技术装备老化,工艺落后,创新能力不足,科研与市场衔接不理想,成果转化率低,可持续发展能力不强。大中小企业之间未能形成合理的专业化与分工协作关系。这些都在很大程度上制约了制造业的发展速度。

二 河南物流业现状分析

随着河南经济的持续快速增长,物流产业作为一个新兴的复合型产业,已迈过起步期,进入快速发展时期。2016年,河南制造业固定资产投资18536.63亿元,全社会固定资产投资40415.09亿元,进出口贸易额4714.70亿元,三大需求的快速增长,带动了物流业的进一步发展。

1. 物流产业基础设施状况

交通运输是发展物流业的基础。河南省是我国中部地区的重要交通枢纽,统计数据分析表明,河南省交通设施建设进展迅速,覆盖度明显提高,条件显著改善(见表5-3),已形成各种运输方式互补、连接城乡、沟通省内外的较为发达的综合运输网络,这在一定程度上表明了河南省物流业的发展框架已经初步形成。互联网和邮政通信业是重要的物流信息基础设施,其发展水平越高,物流信息基础越完备,物流产业的发展就更稳定快速。2016年,河南邮电业务总量20658962亿元,国际互联网用户为8145.49万户，电话（含移动）普及率由 2004 年的每百人 14.4 部上升为每百人 91.14 部，这些数据都说明河南物流信息基础设施建设速度较快，且相对比较完备，基本能满足物流信息化的要求。

表 5-3　河南省 2003~2016 年交通运输基本情况

年份	铁路里程（公里）	公路里程（公里）	民用汽车拥有量（万辆）
2003	3410	73831	105.82
2004	3752	75718	130.97
2005	4000	79506	206.01
2006	3987.6	236351	252.94
2007	3989.2	238676.1	292.69
2008	3989.2	240645	338.44
2009	3898	242314	404.53
2010	4224	245089	484.89
2011	4203	247587	582.14
2012	4822	249649	645.92
2013	4822	249831	746.9
2014	5108	249857	896.02
2015	5205	250584	1342.13
2016	5466	267441	1481.66

2. 物流需求状况

物流需求直接决定着物流产业的规模，进而影响到物流产业的发展。河南是全国重要的老工业基地，以装备制造、有色冶金、化工、食品、纺织服装等为代表的河南优势制造产业初步成形，并呈集聚化发展。同时，郑州又是内陆重要商都，全国各地商品在此集散，工业和商贸业的快速发展给河南物流业提供了庞大的市场。物流需求的稳步增长，推动着社会物流物品总额的快速增长。数据测算显示，2016 年河南省物流需求系数（社会物流总额与GDP 之比）为 2.4，即平均每 1 元 GDP 的产出需要有 2.4 元的物流额来支撑，2016 年河南社会物流总额突破 10 万亿元，实现增加值 2130 亿元，增长9.1%，处于全国第一方阵，成为推动经济社会发展的重要力量。

3. 货物运输状况

货运量和货物周转量这两个指标可以直接反映物流产业的发展情况，并与物流产业的发展水平成正比。

表 5-4 河南省 2003~2016 年综合交通货运量及周转量

年份	公路 运量（万吨）	公路 周转量（亿公里）	铁路 运量（万吨）	铁路 周转量（亿公里）	水路 运量（万吨）	水路 周转量（亿公里）	合计 运量（万吨）	合计 周转量（亿公里）
2003	56100	405.2	12925	1463.2	663	23.2	69689	1891.7
2004	58147	422.0	14732	1650	915	34.9	73796	2107.3
2005	62684	467	14806	1759.8	1334	55.5	78827	2282.6
2006	69898	538.8	15190	1810.8	1516	65.8	86608	2415.9
2007	83537	681.9	16010	1962.9	1858	84.0	101409.9	2729.3
2008	118198	2995.15	16226	1985.84	3964	213.77	138392	5215.84
2009	151343	3927.08	13856	1955.36	4439	263.05	169643	6146.09
2010	183291	4860.63	14224	1980.23	4950	300.28	202470	7141.82
2011	220122	5949.04	14312	2120.10	6527	401.32	240965	8471.07
2012	251772	6863.01	12779	2088.97	7685	483.90	272240	9436.42
2013	162040	4488.01	12762	2096.81	9854	618.46	184669	7205.05
2014	179680	4822.37	11577	1926.5	9350	615.59	200626	7367.09
2015	172431	4542.67	9802	1666.02	10459	705.29	192715	6916.89
2016	184255	4838.53	9562	1685.89	11545	—	205385	7336.28

从表 5-4 可以看出，近年来河南省货运量及周转量逐年稳步上升，正处在由物流运输方式单一化向综合物流过渡的发展阶段，铁路、公路、水运、航空、管道目前均承担着一定的社会货运量，但是从运量上看，主要还是以公路和铁路为主。2008 年河南公路水路运输量专项调查数据显示，全省完成货运总量 138392 万吨，货物周转量 5215.84 亿吨公里，分别比上年有了较大幅度的增长。2016 年全省煤、油、矿运输紧张状况有了明显改善，粮食、化肥等重点物资运输得到较好保障。

4. 物流企业发展情况

河南制造企业物流尚处于由传统配销向综合物流过渡的阶段，呈现出多种物流发展阶段并存的特点。部分外资企业直接移植国外先进物流技术、装备和管理经验，处于供应链管理阶段；一些国有大型制造企业已经和第三方物流企业展开合作，处于综合物流阶段；而大多数企业的物流水平仍处于由传统配销向综合物流转型阶段。同时，随着河南交通基础设施的不断发展完善，河南的专业物流企业、各类运输与货运代理公司数量逐年增加。河南经济的发展，尤其是"中部崛起"战略的实施也吸引了大批境内外投资者，带动了河南物流业的发展。第三方物流业开始起步，服务能力逐步提高，功能逐步完善。商业连锁企业的发展壮大也成为河南物流业发展的一大亮点，其中多数企业已经在不同程度上实现了统一配送，并涌现出如丹尼斯等较有影响力的本土连锁企业。

5. 存在的问题

河南省物流业的空前繁荣，并不能掩盖其目前仍然处于较低层次的事实。首先，物流业发展存在地区不平衡，物流需求仍处于传统产业结构的分割之中。河南省物流企业主要集中于中原城市群，财政投入与扶持也基本倾向于该地区，城市群内外经济发展不平衡，导致物流发展出现严重地域分布不平衡的情形。其次，河南物流业的基础建设滞后。例如，面向全省的系统合理的物流规划滞后；现有公路铁路运输资源未得到整合和充分利用；标准化建设和物流公共信息平台建设不到位。再次，社会化的物流需求和专业化的物流供给不足。大部分物流企业规模小，且主要提供仓储、运输、搬运等低层次的物流服务，物流设备和基础设施落后，粗放经营格局没有根本改观，专业的第三方物流企业严重缺乏，与"高端、即时、特色、一体化"的要求相去甚远。最后，物流业发展政策环境不理想，缺乏与物流发展相适应的法律法规，政策规划缺乏长远性，物流行业管理体制不健全，政府部门缺乏宏观管理和统筹协调，地方、行业保护现象严重。

三 河南制造业与物流业发展水平差异分析

从河南物流业与制造业的现状分析来看，物流业发展过程中的许多问题都可以依靠制造业的拉动来解决,而制造业遇到的许多难题也可以通过物流业提供的高水平服务来解决。也就是说,要促进河南制造业与物流业的发展,就必须使二者高度融合、良性互动。但现实情况是,河南物流业发展与制造企业的需求脱节的问题已经十分严重。一方面,物流企业"吃不饱",业务和收入不固定,市场狭窄,仅能勉强维持生存,难以吸引人才和资金,提升技术和服务水平,无法向第三方物流综合服务方向转变;另一方面,由于专业物流企业无法满足制造企业需求,难以完成综合物流功能,因此制造企业选择自营物流,不但提高了生产成本,而且导致物流业失去了强大外力的拉动和支持,发展更加艰难。这样一个恶性循环,导致两大产业的融合一直处于"原生态"的状态。因此我们有必要对河南物流业与制造业的发展水平作差异分析,找出二者不协调的根本原因。总体来看,河南制造业与物流业的差距主要体现在以下几个方面。

1. 管理理念

河南制造企业(特别是大型企业)十分注重向管理要效益,它们尝试将现代管理制度与本企业的实际情况相结合,边学习边试验,现代企业管理制度逐步形成,职业化的管理人才出现。随着现代生产管理思想的深入贯彻,其经济效益、企业形象以及凝聚力大幅提升。而河南省物流企业总体水平低,大规模、高水平的物流企业十分稀少,大多数是由计划经济时期商业、物资、粮食、运输等部门储运企业转型而来的中小企业,其中还有部分民营企业存在"一桌一凳一电话"的局面,组织化程度低,经营规模小,资金和人才匮乏,信息化和技术手段低下,先进的物流管理更是无从谈起,若按照现代物流企业的标准衡量,它们中绝大多数还不具备现代物流企业的资质。

2. 企业规模

河南是中国的重要制造业基地之一,有着雄厚的基础,形成了较为完备的体系,有很强的综合配套能力,规模效应日益明显,"河南制造"逐渐复苏,产业结构日益优化。特别是近几年来世界制造业的转移,为本土制造企业的发展壮大提供了资金、技术以及先进的理念,其发展势头十分迅猛。而与之形成鲜明对比的是河南省的物流企业目前仍然可以用"多、散、小、弱"来描述，即传统物流企业数量多，但有全国影响力的大型现代物流企业严重缺乏，集中度很低，规模效应很不明显。

3. 软硬件设施

河南制造业企业软、硬件设施相对而言还是比较先进的。洁净厂房、柔性制造单元、自动流水线等先进设施在很多制造企业中都可以找到，JIT、ERP、SCM等先进管理方式与软件应用越来越普遍。它们充分利用信息技术克服时空交流的障碍，不断提升公司运营和管理的信息化水平。而与之截然相反的是，河南省物流企业大多数设备陈旧，物流自动化设施设备应用不广泛，且大多数企业信息化水平低下，不具备运用现代信息技术处理物流信息的能力，条码、GPS/GIS、DEI等高效物流运作方式和技术对大量货运翻牌的物流企业来说更是奢望，与国外以机电一体化、智能化为特征的物流管理自动化相比存在很大差距。

第四节 河南省物流业与制造业协同发展灰色关联分析

目前，在我国，作为现代服务业一个重要领域的物流业，由于起步较晚，普遍存在着与制造业发展不协调的问题。与沿海发达地区相比，河南在物流业与制造业两方面均存在较大差距，在二者的协同发展方面，更是问题较多，因此，如何推动物流业和制造业的良性互动发展，以减少二者发展过程中由不协调导致的效率损失，已经成为河南实施"中原突围"战略的一项重要课题。本研究通过对相关理论的研究，运用灰色关联分析方法，从定量的角度对河南制造业与物流业在发展过程中的关联程度进行实证分析，以期找出河南物流业与制造业在协同发展方面存在的问题及原因所在。

一 灰色关联分析基本原理

一般的抽象系统，如社会系统、经济系统、农业系统、生态系统等都包含多种因素，多种因素共同作用的结果决定了该系统的发展态势。我们常常希望知道众多的因素中，哪些是主要因素，哪些是次要因素，哪些因素对系统发展影响大，哪些因素对系统发展影响小，哪些因素对系统发展起推动作用需要加强，哪些因素对系统发展起阻碍作用需要抑制。数理统计中的回归分析、方差分析、主成分分析等都是用来进行系统特征分析的方法。但数理统计中的分析方法往往需要大量数据样本，且服从某个典型分布。灰色关联分析方法弥补了采用数理统计方法作系统分析所导致的缺憾。它对样本量的多少和样本有无规律都同样适用，而且计算量小，十分方便，更不会出现量化结果与定性分析结果不符的情况。

灰色系统理论于1982年由我国学者邓聚龙教授创立，是一种研究少数据、贫信息不确定性问题的新方法。灰色系统理论以"部分信息已知，部分信息未知"的"小样本"、"贫信息"不确定性系统研究为对象，主要通过对"部分"已知信息的生成、开发，提取有价值的信息，实现对系统运行行为、演化规律的正确描述和有效监控。灰色关联分析的基本思想是根据序列曲线几何形状的相似程度来判断其联系是否紧密。曲线越接近，相应序列之间关联度就越大，反之就越小。在系统发展过程中，若两个因素变化的趋势具有一致性，即同步变化程度较高，即可谓二者关联程度较高；反之，则较低。

二 灰色关联分析建模步骤

根据灰色关联度的定义，可得关联度的建模计算步骤如下：

（1）根据评价目的确定评价指标体系，收集评价数据。设 m 个数据序列形成如下矩阵：

$$(X_0, X_1 \cdots, X_m) = \begin{pmatrix} x_0(1) & x_1(1) & \cdots & x_m(1) \\ x_0(2) & x_1(2) & \cdots & x_m(2) \\ \vdots & \vdots & \vdots & \vdots \\ x_0(n) & x_1(n) & \cdots & x_m(n) \end{pmatrix}$$

其中 n 为指标的个数，$X_i = (x_i(1), x_i(2), \cdots, x_1(n))^T, i = 1, 2, \cdots, m$。

（2）确定参考数据列 X_0。参考数据列应该是一个理想的比较标准，可以以各指标的最优值（或最劣值）构成参考数据列，也可根据评价目的选择其他参照值。记作

$$X_0 = (x_0(1), x_0(2), \cdots, x_0(m))$$

（3）对指标数据序列用关联算子进行无量纲化（也可以不进行无量纲

化），无量纲化后的数据序列形成如下矩阵：

$$(X_0',X_1'\cdots,X_m') = \begin{pmatrix} x_0'(1) & x_1'(1) & \cdots & x_m'(1) \\ x_0'(2) & x_1'(2) & \cdots & x_m'(2) \\ \vdots & \vdots & \vdots & \vdots \\ x_0'(n) & x_1'(n) & \cdots & x_m'(n) \end{pmatrix}$$

常用的无量纲化方法有均值化像法、初值化像法等。

$$x_i'(k) = \frac{x_i(k)}{\frac{1}{n}\sum_{k=1}^{n}x_i(k)}, \qquad x_i'(k) = \frac{x_i(k)}{x_i(1)}$$

$$i = 0,1,\cdots,m; \quad k = 1,2,\cdots,n.$$

（4）逐个计算每个被评价对象指标序列与参考序列对应元素的绝对差值，即：

$$\Delta_i(k) = \left| x_0'(k) - x_i'(k) \right|; k = 1, L, n\ i = 1,\cdots,m$$

（5）确定最大差值或最小差值，即：

$$M = \min_{i=1}^{n}\min_{k=1}^{m} \left| x_0'(k), x_i'(k) \right| \quad m = \max_{i=1}^{n}\max_{k=1}^{m} \left| x_0'(k) - x_i'(k) \right|$$

（6）计算灰色关联系数。分别计算每个比较序列与参考序列对应元素的关联系数，即：

$$r(x_0'(k), x_i'(k)) = \frac{m + \xi \cdot M}{\Delta_i(k) + \xi \cdot M} \quad k = 1,\cdots,n$$

式中 ξ 为分辨系数，在（0，1）内取值，ξ 越小，关联系数间的差异越大，区分能力越强。通常 ξ 取 0.5。

（7）计算灰色关联度。为求总的关联度，需要考虑不同的观测点在总体观测中的重要性程度，则需要确定各点的权重。本研究采用算数平均的方法计算灰色关联度，即：

$$r(X_0, X_l) = \frac{1}{n}\sum_{k=1}^{n}r_{oi}(k)$$

（8）依据各观察对象的关联序，得出综合评价结果。关联度越接近于

1，说明关联程度越大。根据经验，当 = 0.5 时，两因素的关联度大于 0.6 便认为其关联性显著。

三 河南物流业与制造业灰色关联动态分析

1. 指标选择

目前我国物流统计工作才刚刚起步，但国家的宏观经济统计中还没有对物流进行独立核算，本研究选取货运量与货物周转量这两个物流业的代表性指标作为灰色关联分析的参考指标。因为从宏观上来讲，根据物流的特点，货物运输是物流过程中的一种主要的活动形态，一个完整的物流体系可以没有其他活动，但必须要有运输，否则就不能称之为物流。一般认为货物周转量指标可以较好地反映社会物流的规模大小，用它来表示物流指标具有一定的合理性。货运量也是一个与物流活动密切相关的指标，研究表明，区域货运量不仅与经济总量有关，而且与产业结构有关，物流业与制造业在货运量上具有紧密的关系。

为便于比较制造业与物流业在全省整个国民经济系统中的关联度，本研究还选取了河南省的地区生产总值和其中的第一产业、第三产业值，以及城镇居民家庭人均可支配收入、社会消费品零售总额、对外贸易进出口总额等作为比较数列指标，以便对比分析。所选取的各项原始数据见错误！未找到引用源。

表 5-5 2011~2016 年河南省部分统计数据

	2011 年	2012 年	2013 年	2014 年	2015 年	2016 年
货运量（万吨）	240965.41	272239.7	184669	200626	192715.1	205384.7
货物周转量（亿吨公里）	8471.07	9436.42	7205.05	7367.09	6916.89	7336.28
制造业（亿元）	13949.32	15017.56	14937.72	15809.09	16062.97	17042.72
地区 GDP（亿元）	27098.62	29797.13	32423.55	35198.65	37278.2	40471.79
第一产业（亿元）	3440.39	3692.49	3972.7	4160.01	4209.56	4286.21
第三产业（亿元）	8679.24	10041.4	11508.7	12996.82	14912.6	16909.76
城镇居民人均可支配收入（元）	18194.8	20442.62	22398.03	24391.45	25575.61	27232.92
社会消费品零售总额（亿元）	9453.65	10915.62	12426.61	14004.95	15740.43	17618.35
对外贸易进出口总额（万美元）	3264212	5175027	5995687	6503288	7378063	7122554

2. 货运量与其影响因素的灰色关联分析

首先，选取表 5-5 中除货物周转量以外的数据进行无量纲化处理。本文采用均值法，即所有数据均用其均值数据除，然后得到一个新的数列，这个新的数列即是各不同时刻的值相对于每一个时刻的均值的百分比。处理后的数据见表 5-6。

表 5-6 2011~2016 年货运量与其影响因素无量纲数据

	2011 年	2012 年	2013 年	2014 年	2015 年	2016 年
货运量	1.1150644	1.259786	0.8545533	0.9283943	0.8917866	0.9504153
制造业	0.9017074	0.9707602	0.9655992	1.021926	1.0383373	1.1016699
地区 GDP	0.8038433	0.8838908	0.9618	1.0441195	1.1058065	1.2005399
第一产业	0.8687356	0.9323936	1.0031497	1.0504474	1.0629594	1.0823143
第三产业	0.6938903	0.8027926	0.9201008	1.0390734	1.1922367	1.3519062
城镇居民人均可支配收入	0.789731	0.8872958	0.9721689	1.0586917	1.1100892	1.1820235
社会消费品零售总额	0.7076118	0.8170411	0.9301597	1.0482802	1.1781818	1.3187454
对外贸易进出口总额	0.5526501	0.8761621	1.0151046	1.1010444	1.2491489	1.2058898

进一步，将表 5-6 中的无量纲数据计算差序列，得到最大差值和最小差值，取分辨系 ξ 为数 0.5，得到关于货运量与其影响因素的关联系数及灰色关联度数值表，如表 5-7 所示。

表 5-7 2011~2016 年货运量与其影响因素的灰色关联度

	2011 年	2012 年	2013 年	2014 年	2015 年	2016 年	灰色关联度
制造业	1	0.9321	0.7057	0.7083	0.6749	0.6641	0.7809
地区 GDP	1	0.9603	0.6293	0.6103	0.5591	0.5325	0.7152
第一产业	1	0.9282	0.6528	0.6598	0.6328	0.6498	0.7539
第三产业	1	0.9641	0.5661	0.5234	0.4429	0.3999	0.6494
城镇居民人均可支配收入	1	0.9915	0.6111	0.5898	0.5465	0.5312	0.7117
社会消费品零售总额	1	0.9671	0.5712	0.5295	0.4577	0.4193	0.6575
对外贸易进出口总额	1	0.6158	0.4055	0.3864	0.3333	0.3545	0.5159

从表 5-7 可以看出，制造业与货运量的关联度为 0.78，在表中所列

的几个因素中最高,说明其与物流业的关联度极强。其他如第一产业增加值、地区生产总值、城镇居民家庭人均可支配收入等与货物运输量有较大的关联度,且关联度值都较高,大于 0.7。相比之下,虽然社会消费品零售总额的关联度排名不高,但关联度数值显示为 0.52,也即,二者的关联度较高。

3. 货物周转量与其影响因素的灰色关联分析

同样,选取表 5-5 中除货运量以外的数据,采用均值法进行无量纲化处理,处理后的数据见表 5-8。

表 5-8 2011~2016 年货物周转量与其影响因素无量纲数据

	2011 年	2012 年	2013 年	2014 年	2015 年	2016 年
货物周转量	1.087596	1.211537	0.925053	0.945857	0.888056	0.941901
制造业	0.901707	0.97076	0.965599	1.021926	1.038337	1.10167
地区 GDP	0.803843	0.883891	0.9618	1.044119	1.105806	1.20054
第一产业	0.868736	0.932394	1.00315	1.050447	1.062959	1.082314
第三产业	0.69389	0.802793	0.920101	1.039073	1.192237	1.351906
城镇居民人均可支配收入	0.789731	0.887296	0.972169	1.058692	1.110089	1.182023
社会消费品零售总额	0.707612	0.817041	0.93014	1.04828	1.178182	1.318745
对外贸易进出口总额	0.55265	0.876162	1.015105	1.101044	1.249149	1.20589

进一步计算,得到差序列,获取最大差值和最小差值,仍取分辨系 ξ 为数 0.5,得到关于货物周转量与其影响因素的关联系数及灰色关联度数值,如表 5-9 所示。

表 5-9 2011~2016 年货物周转量与其影响因素的灰色关联度

	2011 年	2012 年	2013 年	2014 年	2015 年	2016 年	灰色关联度
制造业	1	0.9508	0.7662	0.7325	0.683	0.6699	0.8004
地区 GDP	1	0.9805	0.676	0.6271	0.5635	0.535	0.7304
第一产业	1	0.9467	0.7035	0.6801	0.6394	0.6552	0.7708
第三产业	1	0.9438	0.6029	0.5349	0.4446	0.4001	0.6544
城镇居民人均可支配收入	1	0.9869	0.6549	0.6052	0.5506	0.5337	0.7219

续表

	2011 年	2012 年	2013 年	2014 年	2015 年	2016 年	灰色关联度
社会消费品零售总额	1	0.9466	0.6088	0.5413	0.4597	0.4198	0.6627
对外贸易进出口总额	1	0.6049	0.4226	0.3914	0.3333	0.3542	0.5177

从表 5-9 中可以看出，制造业对货物周转量的关联度排在几个因素的首位，显示出制造业对货物运输量的关联度较高。其他如第一产业增加值、城镇居民家庭人均可支配收入、地区生产总值、第三产业增加值、对外贸易进出口总额与社会消费品零售总额等因素紧随其后，与货物周转量也存在较高的关联度。

四　基本结论

综合来看，与货物运输量、货物周转量这两项代表物流业的指标关联度最高的分别是城镇居民家庭人均可支配收入、地区生产总值、第三产业增加值和对外贸易进出口总额。其次是制造业和第一产业增加值，最后是社会消费品零售总额，（见表 5-10）。由此可以看出，河南这些年来物流业的发展主要得益于人们收入水平的提高，经济发展水平的提升，从而使人们消费需求增加，加速了商品的流通，推动了物流业的发展。

表 5-10　货运量、货物周转量与其他影响因素的灰色关联度均值

	货运量	周转量	均值
制造业	0.7809	0.8004	0.79065
地区 GDP	0.7152	0.7304	0.7228
第一产业	0.7539	0.7708	0.76235
第三产业	0.6494	0.6544	0.6519
城镇居民人均可支配收入	0.7117	0.7219	0.7168
社会消费品零售总额	0.6575	0.6627	0.6601
对外贸易进出口总额	0.5159	0.5177	0.5168

虽然单独从关联度数值来看，我们可以得出这样的结论：河南物流业和制造业具有较高的关联度，但这只是在河南旧有的制造产业结构、制造业发展水平和规模的基础上。随着河南工业产业结构的不断调整升级，制

造业发展结构、规模和水平必将发生改变，这样一来，势必对物流产业的发展提出更高的要求，也对河南物流产业的发展形成较大的冲击和压力。特别是相对于城镇居民家庭人均可支配收入、地区生产总值、第三产业增加值、对外贸易进出口总额这四个影响因素而言，我们还不能下结论说，河南物流业与制造业已经处在良好的协同发展水平上。所以推进"中原崛起"，实现河南经济的高质量发展，必须要加快转变产业结构，加速制造业转型升级，大力发展以物流产业为代表的生产性服务业，推动制造产业和物流产业的进一步良性协同发展。

第五节 推动河南省物流业与制造业高质量协同发展对策建议

制造业始终是河南经济持续快速发展的核心动力。新型工业化道路战略的实施使河南工业生产发展快于全国、经济效益总体水平好于全国的平均水平。目前河南还处于工业化中期，世界经济发展历程表明，工业化中后期，制造业与服务业相互依赖、相互作用、良性互动，并出现加速融合的趋势。按照河南"三个基地、一个枢纽"的发展定位，近年来要加强河南能源原材料基地、现代装备制造及高新技术产业基地建设，推进工业结构优化升级。那么与此相关的服务业的需求必然会大量增加，因此必须妥善处理好制造业和现代服务业之间的关系，大力推动现代服务业的发展，推动河南制造业与现代服务业的协同发展。

一 提高认识，积极发挥政府的引导和推动作用

国外制造业与物流业的协同发展历程表明，政府的作用不可替代。借鉴美国、日本、英国等国家促进产业互动发展的成功经验，政府应在政策、法规、规划等方面积极进行引导和规范，以促进"两业"良性互动发展。2009年3月10日，国务院发布《物流业调整和振兴规划》，把"制造业与物流业协同发展"列为九项重点工程之一。推进"两业"联动，要靠企业市场化运作，也需要相关政策支持。河南省政府有关部门，要充分认识"两业"联动的重要性，切实把"两业"联动作为启动物流需求、推进制造业升级的重点工程。要在发挥市场机制作用，调动企业积极性的基础上，

积极营造有利于"两业"协同发展的政策环境。尤其是在"两业"协同发展中有关制造企业物流资产的处理、制造企业或物流企业的兼并重组，以及制造企业与物流企业以合同方式联动运行的项目上，要在财政税收、债权债务、劳动关系、配套资金、用地等方面给予一定的优惠和扶持。

建议成立二业协同推进办公室，积极组织实施协同发展示范工程。"两业"协同发展，会涉及不同行业的多个部门，为了统一协调，建议由省发改委牵头，成立共同推进办公室，负责全省制造业与物流业协同发展的有关规划、政策和组织工作。另外，"两业"协同发展也是一项新的工作，需要通过试点、示范，总结经验，逐步推广，以起到"以点带面"的效果。河南优势产业如铝工业、食品工业、石油化工、煤化工、机械制造及汽车零部件、纺织等具备了一定的竞争优势，发展潜力很大。可以据此选择其中的一些重点企业与省内具有一定规模和实力的3A级以上物流企业结成供应链合作伙伴，形成协同发展组合，共同实施协同发展的示范工程。政府对参与示范工程的企业，要制定相应的扶持政策和激励措施，使参与各方都能享受到协同发展带来的益处，提高参与联动工程的积极性。

二 完善机制，大力推进"二业协同"的环境建设

对于我国现代制造业与物流业协同发展问题，目前，各界已基本达成共识，不仅国家发展和改革委员会组织召开了全国制造业与物流业协同发展大会，国务院发布的《物流业调整和振兴规划》也将制造业与物流业协同发展列为重大工程。应以此为基础，加快建立并完善促进制造业与物流业协同发展的市场机制，充分发挥市场机制的重要作用，确保制造业与物流业协同发展有序进行。

首先，要创造并优化能形成制造业与物流业协同发展市场机制的政策环境。要进一步培育公开、公平、公正的市场机制，并发挥市场机制的积极作用。积极探索有利于制造业与物流业协同发展的市场机制建立及运行的模式，不断完善市场机制，借助市场机制进行资源配置，实现优势互补，从根本上促进制造业与物流业协同发展。要加强对市场机制的宣传教育，形成有利于制造业与物流业协同发展的社会环境。

其次，要优化提升制造业与物流业协同发展的市场环境。加快建立并完善促进制造业与物流业协同发展的市场机制，优化提升制造业与物流业

协同发展的市场环境。要研究制定物流市场运作的法律法规，加强行业自律。要打破地区封锁和地方保护等行政性垄断，逐步建立统一开放、竞争有序，覆盖全国的区域性物流服务市场，促进物流资源规范、有序、高效流动。积极探索有利于制造业与物流业协同发展的市场机制建立及运行的模式，建立区域性物流资源交易市场，把运输、仓储、配送、加工和联合采购、咨询服务、供应链管理等外包服务纳入市场交易。鼓励制造业企业和物流业企业按行业建立全国性的专业物流服务交易市场。注重各类专业物流市场，物流市场与相关要素市场，以及物流服务交易网络与政府监管信息网络的对接。

三 健全规划，推动区域内"二业协同"协调发展

现代物流业与现代制造业的协同发展需要有科学长远的规划。政府主管部门要根据产业融合的具体需要，结合河南的实际情况，制定制造业与物流服务业协调的中长期发展方案。要做到充分调研、认真谋划，抓紧制定出台煤炭、粮食、农产品冷链、物流园区、应急物流、商贸物流、物流标准等专项规划，在重点领域和薄弱环节实现突破。突破行政区划界线的制约，完善各城市的功能规划，大力发展专业型的配套园区，尤其是专业型的生产性服务业园区。明确各园区的产业发展与功能定位，避免无序竞争。科学规划，推动制造业产业集群与物流节点网络协同发展。

制造业的发展是现代物流发展的主要推动力量，现代物流业的发展必须与现代制造业的发展相适应，两者的发展是互动的、密不可分的。近年来，河南的产业集聚区获得了较快发展，这些产业集聚区中蕴藏着大量的物流需求，但现实是有的工业园区物流用地较少，缺少物流集散地，致使与园内制造企业对接的物流企业运作困难，影响了联动的效果。所以，各地政府在制定产业集群发展规划时，要注意考虑物流基础设施用地，给物流业留出发展空间，建设专业化、现代化的物流配送中心，为园区内工商企业提供综合物流服务。在集聚区招商引资时，要有意识地根据集聚区内工业产业集群特色，引进相关的物流企业。要制定各种鼓励政策，引导集聚区内的龙头企业带头聚集和释放物流需求，加大物流外包力度。要鼓励和引导物流企业深入研究产业特色和物流需求，积极进入工业集聚区，从制造业的基础服务入手，逐步扩大服务范围和种类，过渡到提供一体化物

流服务和供应链管理服务。

近年来,河南省以及省内部分城市相继制定了一些物流发展规划,这些规划从局部来看,有一定的合理性,但从全国或者跨省,比如中部地区,或者从与制造业布局配置是否合理来看,尚需进一步论证。对现有的一些物流资源,需要重新整合和完善。对未来的产业发展规划,需要根据国务院《物流业调整和振兴规划》提出的九大物流区域、十大物流通道和确定的一批全国性和区域性物流节点城市,政府在制定规划和相关政策时,要打破行政区划的界限,按照经济区划和物流业与制造业协同发展的客观规律,同周边地区,尤其要与振兴规划确定的同为中部物流区域的重要节点城市武汉、合肥、南昌、长沙等共同协调,制定有利于整个区域经济发展,尤其是区域经济内制造业与物流业协同发展的政策及规划。

四 改革税收,推动物流企业扩大规模、增强实力

由于物流企业承接制造企业的物流业务,往往涉及多个物流环节,不仅涉及运输、仓储服务,还包括流通加工、包装、信息管理、咨询服务等一系列领域。按照现行的税法规定,对制造业与物流业联动影响较大的税收问题有:(1)各物流环节适用的营业税税率不一致,且增值税抵扣政策不一致。开展运输业务,缴纳3%的营业税,并允许抵扣工商企业增值税进项,而仓储、装卸、配送等业务缴纳5%的营业税,还没有纳入工商企业增值税进项抵扣范围,这不利于制造企业非运输部分的物流业务外包。而且,制造业物流需求越来越趋于综合化,尤其是具有外资背景的制造企业物流需求更加成熟,希望物流企业能够提供总包服务。这样人为划分税种,影响了"两业"的业务对接。(2)营业税重复纳税。物流企业提供综合性或一体化物流服务,常常需要将一些业务外包给其他的企业,这时就会存在事实上的营业税重复纳税问题,影响了物流企业承揽业务的收入。(3)物流业总体税负较重。物流属于充分竞争的劳动密集型微利行业,全行业平均利润率在3%~5%。根据第三次全国经济普查数据,仓储业务利润率仅为2.6%,不仅低于全行业平均水平,更低于道路运输业的盈利水平。但是,物流企业要承接制造业的一体化物流业务,一定会涉及仓储等其他物流环节,目前偏高的税负,显然影响较大。

鉴于上述情况,我们认为:(1)物流牵头部门可以会同省税务部门共

同研究上述税收问题给河南物流业带来的负面影响，积极向有关部门呼吁加快税收改革步伐，尽快统一营业税税率，尽快推广国家物流税收试点所取得的经验，让所有的仓储、运输业务外包的物流企业享受到物流税收试点的优惠政策，实行营业税差额纳税，直接减轻营业税重复纳税造成的税务负担。(2) 目前，更现实的是尽量增加参与试点的物流企业。自 2005 年起，全国已有 394 家物流企业纳入试点范围，其中，河南省仅有几家，受惠面太窄。由于试点企业基本条件之一是最近一年营业税及附加实际缴纳额不低于 100 万元，也就是说其年营业收入要达到近 2000 万元，显然，一般的物流企业很难参与试点，而恰恰是这些企业在拓展第三方物流业务时最需要政府的支持。我们建议适当降低参与试点的"门槛"，让更多的物流企业得到实惠。(3) 各级政府可在制定本县（市）土地使用税各土地纳税等级具体范围时，给予物流企业优惠政策。实际上物流活动是生产活动的延伸，因此，建议物流企业用地能够享受工业用地政策，按工业用地缴纳土地使用税；或者，各级政府对物流企业的土地使用税给予适当补贴，以扶持当地物流企业做强做大。

五　创新流程，实现制造业产业结构调整升级

通过协同发展来促进制造业的结构调整和升级是一个循序渐进的过程，根据国务院《物流业调整和振兴规划》，可以通过三个发展阶段来实现。在第一阶段，对现阶段制造企业的物流效率进行评估调查，对有潜力进行物流优化或外包的企业做好改造效果预测，供企业参考。第二阶段，选择一批有供应链管理改造积极性的制造企业，鼓励其作为试点企业实施业务流程再造，优化物流管理，尝试进行物流外包；创建若干物流系统再造、制造业与物流业协同发展的示范工程，对工程实施效果进行跟踪评估和不断改进，总结协同发展的经验和教训。第三阶段，在制造业全面推广示范工程的经验，全面推动制造业提高效率、降低成本、强化核心竞争力，从而实现结构调整、产业升级的发展目标。

就河南制造业产业结构的现状而言，首先，要推动制造企业一体化物流管理方式的应用与发展。其中最主要的是转变观念，树立与物流业"双赢共享"的观念，以及基于供应链进行业务流程改造，实现物流整合与一体化，引导制造企业转变观念，使之明确物流在企业竞争中的战略地位。

制造企业加强和优化物流管理，还包括基于自身供应链条进行业务流程的再改造，通过整合原材料采购、运输、仓储等物流业务，创新物流管理模式，实施一体化物流管理流程，并把物流业务从主业中分离出来，将其实施外包。制造业要在推动一体化物流管理方面加强与物流企业的密切合作，建立战略伙伴关系，加深双方的合作程度，使得物流服务企业在整个制造企业的生产中发挥越来越重要的作用，并占据稳固的位置，从而确保制造业对最终市场的敏锐反应。

其次，要积极推进物流外包，促进"两业"协同发展。目前普遍认为，制造业的物流管理活动外包，是推动"两业"协同发展的关键。但企业是否外包取决于对成本的权衡，如果外包以后不能带来物流管理总成本的节约，或者物流服务水平不能提高，制造业企业就不会选择物流管理活动外包，而目前河南省物流企业大多规模小、层次低、专业化服务程度不高，大部分都不能满足制造业企业急需的增值服务、一体化服务，特别是在物流方案设计以及供应链全程服务等方面的能力严重不足。因此，我们在鼓励制造企业突破"大而全""小而全"观念的束缚，整合优化业务流程，分离、分立物流资产和业务，创新物流管理模式，积极释放物流需求的同时，更要鼓励、引导和扶持物流企业做大做强、做精做细，不断提升服务能力，积极参与供应链竞争。目前河南物流外包市场上制造业企业利用自己相对主动和优势的谈判地位，采用压价的方式，致使物流市场无序竞争，导致物流企业微利甚至亏损，从而影响物流企业甚至整个物流行业服务水平的提升。对于这种恶性循环现状，必须借助政府的无形之手给予必要的干预，政府要在深入调研的基础上，采取有效政策和措施，积极鼓励和支持制造企业与物流企业建立长期的合作关系，以促进"两业"良性、互动、协同发展。

六　完善功能，推动物流产业升级和集约化发展

现代制造业的发展对物流活动及物流服务提出了更高的要求。首先，为现代制造业服务的物流企业，必须具有较强的经济实力，能够承担较大规模物流业务对流动资金的需要。其二，现代制造业通常采用运输服务合同方式，要求物流企业具有两种及两种以上运输服务方式的总体运输服务能力。其三，现代制造业对物流服务的及时性、安全性、经济性等要求越

来越高，对物流企业的信息化与经营管理水平提出了更为严格的要求。其四，现代制造业对仓储的需求量通常较大，且要求仓储企业具备产品分拣、分包、准时配送、信息化管理等经营管理手段。这就要求物流企业必须进一步完善功能，提高物流服务能力，强化物流增值服务。

首先，大力发展能提供高水平服务的现代物流企业，要求物流企业必须树立基于供应链的现代物流理念，提高物流服务能力，强化物流增值服务。现代物流业的主体是第三方物流企业，以第三方物流企业为代表的现代物流企业一般都能为生产企业提供完整的物流解决方案，甚至针对生产企业的整个物流过程，提出策划方案以至于控制和管理整个物流过程，并通过电子商务把这个过程集成起来，实现快速度、高质量、低成本的物流服务。

其次，大力发展能提供高水平服务的现代物流企业，要求物流企业深入了解制造业的供应链模式，并基于供应链提高自身物流服务能力。物流企业应深入了解制造企业供应链生产模式和物流模式，从运输、仓储、配送等环节向供应链管理的各个环节渗透，为用户优化物流管理提供策划设计、组织运筹及实际操作等综合服务，实现从传统物流向现代物流的转变。

再次，大力发展能提供高水平服务的现代物流企业，必须推动多层次物流服务外包。现代物流业的成长和发展在很大程度上得益于物流外包。物流外包大力推进了物流业的发展，同时也使得现代制造业能够实现产业链重组，改变过去"大而全、小而全"的组织结构，充分利用各种社会资源，在分工深化的基础上实现规模经济，从而促进两大产业的协同发展，因此河南要鼓励制造企业抓好内部流程改造和资源整合，提高自身物流管理水平；支持企业剥离、分立或外包物流功能，形成核心竞争力；鼓励企业间的物流合作，逐步建立供应链管理的合作伙伴关系。但是，河南制造企业普遍拥有一定物流基础设施，而物流企业大多规模化水平不高，这一事实提醒我们，不能盲目学习国外发达国家整体外包物流业务的经营战略，搞"一刀切"，而必须综合考虑制造企业的经营状况、物流成本等多方面的因素，充分利用企业现有物流基础设施，实现物流资源的最优配置。在现阶段，制造业通过多层次的物流业务外包来实现物流业和制造业的融合，从而消除两者之间供需不平衡、不对等的现象，是比较经济可行的办法。

七 优化结构，加强"二业协同"发展的沟通融合

制造业在河南工业中处于中心地位，在国民经济中占有较大比重，随着信息化和全球化时代的到来，河南传统制造业在技术研发、产品设计、生产管理、市场营销和售后服务等方面都显得比较落后，因此将现代服务业融入传统制造业，提升传统制造业的综合竞争力是新时期制造业发展的当务之急。目前，河南传统制造业大多仍处于产业链的中低端，对服务业的需求主要集中在交通运输、仓储以及批发零售业等传统服务上，而对金融保险业、信息技术以及电子商务等技术密集型的服务需求偏低，形成了服务结构的单一化，影响了制造企业的竞争力。因此，要进一步优化服务业结构，推动制造业产业结构升级。优化服务业结构，首先，要延长现代服务业链条。向上延伸到企业研发、金融、信息、教育、培训等生产前服务环节，以提高企业经营效率和生产效率；向下延伸到物流、会展、中介、商务服务、通信等生产后服务环节，以实现制造业价值，满足最终需求。其次，要丰富现代服务品种。第三，提高服务业的科技含量。第四，要发展高附加值的新兴服务业。利用河南地处中部的地域优势，重点发展现代物流、会展、金融、电子商务、教育培训、中介服务等现代新兴服务业，以满足传统制造业工业生产的服务需求。通过现代服务业对传统制造业的渗入、融合或改造，促进传统制造业的提升和发展，真正走一条科技含量高的新型工业化道路。

建立提升制造业与物流业协同发展的沟通机制。加强协调沟通是使双方进一步加强深度合作、减少分歧的有效方法。因此，双方应建立协调沟通机制，定期交流情况，协调深入开展合作的领域和工作。沟通协调机制的建立要做到以下几个原则：一是及时性，要及时发现和解决双方之间出现的矛盾和问题，这样才能减少经营性损失，提高物流外包服务的质量；二是关键性，对于要解决的问题，要抓住关键性问题逐一解决，防止同类问题重复发生；三是激励性，协调沟通要充分调动各方的积极性，建立起一种激励机制，一方面使物流企业能准确及时地了解制造企业对物流服务的需求，另一方面也使制造企业清晰了解自身在供应链规划中的位置，使双方在实现组织目标的同时，实现自身需要，提升制造企业满意度，增加物流企业收益。

八 对接需求，加速物流业向制造产业集聚区融合发展

物流服务业和制造业集群之间的协同发展能够提升二者各自的生产效率及利润，从而提升整个区域经济的总体竞争力。2009年河南省已形成各类产业集聚区180个，从企业规模来看，已形成以食品工业、石油化工和煤化工业、有色工业、汽车及零部件制造业、装备工业为代表的七大支柱产业。河南制造业产业集聚区的形成带来物流需求的大量集聚，如何按照社会化的思路，形成物流供给集聚，需求对接，整合提升制造业集聚区物流功能，是实现河南制造业与物流业协同发展的重要课题。因此，河南省要重点搞好这180个产业集聚区内物流基础设施的建设，并对现有的物流资源及功能进行整合和提升，根据各集聚区的特色，统筹规划物流服务体系。

加快优势产业和工业园区服务资源集聚，促进现代服务业与集群产业的融合。一方面，河南制造业由于自身相关服务环节不发达，不能很好地通过产业链的延伸促进服务业规模的扩大，抑制了服务业的发展；另一方面，由于服务业发展不充分，又制约了制造业产业集群的形成和发展。因此必须使服务业和制造业协同发展，才能壮大产业集群规模。首先，促进优势产业集群与现代服务业的融合。食品工业、石油化工和煤化工业、有色工业、汽车及零部件制造业、装备工业是河南的七个支柱产业，综合优势较强，大多已形成产业集群，应进一步完善产业链关联，实现现代服务业与集群产业的融合。其次，加快工业产业园区建设，促进服务资源集聚。重点支持高新区、经济技术开发区、特色产业园区和国家级信息产业园建设，培育壮大郑州、洛阳、新乡、许昌、安阳、鹤壁六个高新技术产业集群，逐步形成安阳—许昌沿京广线高新技术产业带，在这些整体规模优势比较突出的区域内，会形成特色服务集群，从而促进服务资源的集聚，逐步实现服务资源与制造产业的协同发展。

九 贯彻标准，为"二业协同"发展提供技术基础

物流设施和装备、物流信息、物流管理的标准化是物流产业发展中的一个关键性问题，也是"两业"对接的重要基础。不同企业对物流操作认识不同，甚至对同样的物流岗位认知也不同，具体体现在供给方提供的物流操作常常达不到需求方的要求，这就需要双方不断地沟通磨合，无形中

增加了管理成本。物流设施和装备、物流信息等方面存在同样的问题。因此，必须大力开展物流标准制定、宣传和贯彻工作，特别是一些已经发布的重点物流标准如《物流术语》《物流企业分类与评估》《联运通用平托盘尺寸公差》《企业物流成本构成与计算》《物流信息分类与代码》《物流管理信息系统应用开发指南》等，一定要推动物流企业和制造企业共同执行这些标准，使物流技术、装备、信息、管理、服务和安全等关键环节都有标准可依。目前，ISO（国际标准化组织）已制定了有关物流的许多设施、设备等的技术标准，并制定了物流基础模数尺寸为 600×400mm，这就为设备的制造、设施的建设、物流系统中各环节的配合协调、物流系统与其他系统的配合提供了依据。物流企业应按照基础模数准备运输工具和集合包装工具（如托盘、托架等），制造企业则按照基础模数设计其产品包装，这样可以大大提高货物与物流装载工具的拟合度，从而提高整个物流运作效率。此外，还要鼓励河南工商企业和物流企业参与全国物流标准化试点和讨论，如第三方物流服务、多式联运服务、货架标准化、部分行业物流标准（冷链物流标准、出版物物流标准、国际货运代理标准、快递服务标准）、物流信息方面的标准等目前均在征求意见阶段，相关企业应积极参与讨论，这样可以更好地了解标准和贯彻标准，为将来联动提供基础。

十　共享信息，为"二业协同"发展提供基础平台

信息化和标准化是物流业现代化转型的两个重要支柱，具有较强的外部公共性。政府部门应加大在这两个领域的投入和引导，特别是要重点支持区域性物流节点城市的物流公共信息平台建设，完善平台间互联互通机制，推动跨区域、多领域的信息网络联盟合作。事实表明，现代物流服务业与制造业的联动必须建立在信息化这个平台之上。而且，随着信息技术应用深度和广度的不断延伸，两者协同发展的范围会越来越大。提高信息技术水平，是"二业协同"发展的物质基础和载体。同时，信息技术不仅为现代服务业与现代制造业协同发展提供技术平台，而且有助于解决产业融合中的制度性障碍。

信息技术与信息产业是河南的优势和特色，应充分发挥这一优势，加快以信息化带动产业现代化的步伐，大力推进制造业与物流业的信息化建设，使其在物流供应链一体化过程中发挥协同服务作用。（1）必须加大技

术现代化的研发投入，积极走产、学、研一体化的道路，可将钢铁、汽车等企业作为示范单位，逐步由单个企业信息化推进至区域集群信息化，由单项信息技术应用推动至系统集成应用，建立健全信息化推广服务体系。（2）制造企业和物流企业可联合建立企业数据库，对有合作可能的企业的产业结构、规模、特点、发展趋势等进行统计分析，为自身决策提供依据。要提高计算机和网络在物流业与制造业内的普及应用水平，推广使用数字化、网络化技术。（3）交通部门要抓紧 GIS 系统信息采集工作，借助国际互联网技术，建立规范、统一、与国际接轨的物流信息系统平台，确保不同物流信息系统数据的顺利交换，实现物流信息共享。建立统一的物流信息平台来整合物流信息资源，加强城市间、部门间的联系，对保证物流信息的畅通有着重要的意义。（4）在具体建立过程中，应以政府部门提供的公共信息服务为支撑，以企业、产业的信息需求推动物流公共信息平台的建设，分步骤、分阶段逐步推进全省物流公共信息平台的建设，最终建立以物流信息采集、信息传输、信息储存、信息共享和信息使用为核心的标准化、多功能、一体化物流信息处理平台。

附 录

1. 货物量为特征序列的邓氏灰色关联度计算过程

---------------------------------- Start ----------------------------------

序列 [1] 为系统特征序列，其余序列与它的邓氏关联度的计算过程如下：

第 [一] 步，计算序列初值像

1.0000	1.1298	0.7664	0.8326	0.7998	0.8523
1.0000	1.0766	1.0709	1.1333	1.1515	1.2218
1.0000	1.0996	1.1965	1.2989	1.3756	1.4935
1.0000	1.0733	1.1547	1.2092	1.2236	1.2459
1.0000	1.1569	1.3260	1.4975	1.7182	1.9483
1.0000	1.1235	1.2310	1.3406	1.4057	1.4967
1.0000	1.1546	1.3145	1.4814	1.6650	1.8637
1.0000	1.5854	1.8368	1.9923	2.2603	2.1820

第 [二] 步，计算差序列

0.0000	0.0532	0.3045	0.3007	0.3518	0.3694
0.0000	0.0302	0.4301	0.4663	0.5759	0.6412
0.0000	0.0565	0.3884	0.3766	0.4238	0.3935
0.0000	0.0272	0.5596	0.6649	0.9184	1.0960
0.0000	0.0062	0.4646	0.5080	0.6059	0.6444
0.0000	0.0249	0.5481	0.6488	0.8652	1.0113
0.0000	0.4556	1.0704	1.1597	1.4605	1.3297

第 [三] 步，计算极差

极差最大值：1.4605

极差最小值：0.0000

第 [四] 步，计算关联系数

| 1.0000 | 0.9321 | 0.7057 | 0.7083 | 0.6749 | 0.6641 |
| 1.0000 | 0.9603 | 0.6293 | 0.6103 | 0.5591 | 0.5325 |

1.0000	0.9282	0.6528	0.6598	0.6328	0.6498
1.0000	0.9641	0.5661	0.5234	0.4429	0.3999
1.0000	0.9915	0.6111	0.5898	0.5465	0.5312
1.0000	0.9671	0.5712	0.5295	0.4577	0.4193
1.0000	0.6158	0.4055	0.3864	0.3333	0.3545

第 [五] 步，其余序列与序列 [1] 的邓氏关联度

0.7809

0.7152

0.7539

0.6494

0.7117

0.6575

0.5159

---------------------------------- End ----------------------------------

2. 周转量为特征序列的邓氏灰色关联度计算过程

---------------------------------- Start ----------------------------------

序列 [1] 为系统特征序列，其余序列与它的邓氏关联度的计算过程如下：

第 [一] 步，计算序列初值像

1.0000	1.1140	0.8505	0.8697	0.8165	0.8660
1.0000	1.0766	1.0709	1.1333	1.1515	1.2218
1.0000	1.0996	1.1965	1.2989	1.3756	1.4935
1.0000	1.0733	1.1547	1.2092	1.2236	1.2459
1.0000	1.1569	1.3260	1.4975	1.7182	1.9483
1.0000	1.1235	1.2310	1.3406	1.4057	1.4967
1.0000	1.1546	1.3145	1.4814	1.6650	1.8637
1.0000	1.5854	1.8368	1.9923	2.2603	2.1820

第 [二] 步，计算差序列

0.0000	0.0374	0.2203	0.2636	0.3350	0.3557
0.0000	0.0144	0.3460	0.4292	0.5591	0.6275

0.0000	0.0407	0.3042	0.3395	0.4070	0.3798
0.0000	0.0430	0.4755	0.6278	0.9017	1.0823
0.0000	0.0096	0.3805	0.4709	0.5891	0.6307
0.0000	0.0407	0.4639	0.6118	0.8485	0.9976
0.0000	0.4714	0.9862	1.1226	1.4438	1.3160

第［三］步，计算极差

极差最大值：1.4438

极差最小值：0.0000

第［四］步，计算关联系数

1.0000	0.9508	0.7662	0.7325	0.6830	0.6699
1.0000	0.9805	0.6760	0.6271	0.5635	0.5350
1.0000	0.9467	0.7035	0.6801	0.6394	0.6552
1.0000	0.9438	0.6029	0.5349	0.4446	0.4001
1.0000	0.9869	0.6549	0.6052	0.5506	0.5337
1.0000	0.9466	0.6088	0.5413	0.4597	0.4198
1.0000	0.6049	0.4226	0.3914	0.3333	0.3542

第［五］步，其余序列与序列［1］的邓氏关联度

0.8004

0.7304

0.7708

0.6544

0.7219

0.6627

0.5177

-------------------------------------- End --------------------------------------

第六章 工业先行国家（地区）生产性服务业与制造业高质量发展经验分析

国际社会发展经验表明，一国（或地区）经济的发展，不仅是 GDP 总量的增长，核心是经济结构的优化与结构演进能力的提升。而服务业，尤其是生产性服务业在产业结构的优化和向合理结构的演进方面发挥着重要作用。Herbert G. Grubel 和 Ichae A. Walker（1989）将服务业分为消费服务、生产服务和政府服务三种类型，在对部分 OECD 国家 1947~1984 年的数据分析结果显示，加拿大、美国、日本、希腊、挪威和瑞典等发达国家的生产性服务业占本国名义 GDP 的份额在 28%~33%，基本占本国服务业名义 GDP 的一半以上。黄少军（2000）对 OECD 几个主要国家 1970~1992 年服务业结构变化分析表明，中间需求的服务比重上升对服务业比重上升的贡献度达 65.4%，发达国家进入工业化后期以后，服务业的发展主要是由中间需求的生产性服务业带动的。吴敬琏（2005）指出，"19 世纪后期起先行工业化国家服务业，特别是从事制造业产前、产中和产后服务的生产性服务业异军突起，服务业很快就超过了整个工业，成为国民经济中最大的产业"。

上述研究结论表明，工业化先行国家（或地区），从 19 世纪后期到进入工业化后期以来，经济增长的动因主要是服务业，而服务业发展的主要动因是生产性服务业的发展。

第一节 发达国家生产性服务业发展经验

一 美国生产性服务业发展经验

自 20 世纪 50 年代美国产业结构出现明显调整趋势以来，如图 6-1 所示,美国工业增加值在国民经济总量中的比重就呈现逐步下降的趋势,制造业的比重同步减少;与此同时,服务业的比重却在连年增加,生产性服务业比重的增加表现迅猛。从 1950 年至 2010 年,美国生产性服务业增加值占 GDP 的比重由 15% 增至 27.9%,其中增长最为迅猛的是美国的商务服务业,其增加值占 GDP 比重由 3.5% 增长为 12.3%,其次就是以华尔街为代表的美国金融保险业,其增加值由 2.8% 增加至 8.5%。随着 20 世纪 80 年代中期美国经济进入"新经济"时代,以知识资本为代表的生产性服务成为拉动经济增长的主要动力。Thompson(2004)指出,在"新经济"时代,美国生产性服务业的就业增长率从 1992 年到 2002 年一直保持了极高的增长水平,其吸纳的就业总量在 2002 年超过制造业,占全部非农部门就业的比重为 13.19%。Macpherson(2008)也指出,从 20 世纪 90 年代中期以来,纽约州中小企业使用外部生产性服务的支出显著增长。当前,美国经济中以信息服务、财会审计、管理咨询和法律服务等知识密集型为代表的生产性服务业快速发展,已经成为美国经济发展的关键要素。总结美国生产性服务业快速发展的经验,主要有以下两点。

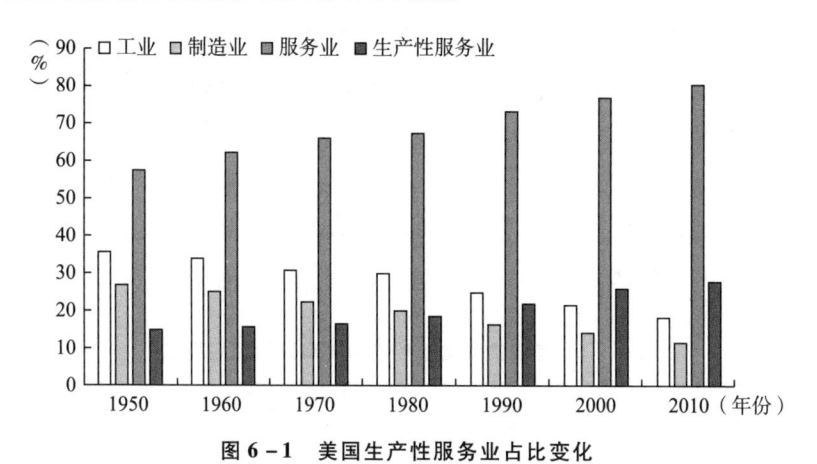

图 6-1 美国生产性服务业占比变化

1. 鼓励和引导科技创新

资料显示,自 20 世纪 80 年代以来,美国科技创新在制造业增长中的贡献率为 60% 左右,生产性服务业的发展可见一斑。企业一直是美国经济的重要组成部门,在科技创新方面,美国企业在其中扮演着重要角色,其研发投入基本保持在年均增速9%左右。这使得美国的企业能够对市场上的各种新技术和新需求做出快速反应，进而推动科技成果快速实现产业化。美国政府在这一过程中发挥了重要的引导作用，大力鼓励企业创新，并给予资金支持，放松企业所处的政策环境等，推动美国创新能力保持领先优势。

首先，政府不断制订各类科学发展战略规划。各类发展战略规划是当今各国发展经济的一个重要手段，能够有计划、有组织、有进度地安排国家在特定领域的发展方向，起到推动经济和社会发展的重要作用。为了不断抢占科技创新的制高点，美国政府制订了各类科学发展战略规划，如表6-1所示。其制订科技发展战略规划的一个显著特征就是，科技、开发与应用紧密相连，结为一体。比如，在科技的研发初期，即基础研究阶段，由政府投入巨资对某些客观真理和基础理论进行研究，随后在科技的创新阶段，由企业投资进入，运用新思维、新方法、新手段进行实际问题的开发研究，最好在此科技研发的基础上，结合市场需求，开发出新的产品、新的方案或模型，完成整个科技发展战略规划。

凭借一系列体系完整的科技发展战略，美国拥有了强大的科技投入和创新能力。如表6-1所示，20世纪90年代以来，美国的金融、商务等生产性服务业借助信息技术研发和应用带来的技术创新和改造潮获得飞速发展，有力地推动美国经济从石油危机中恢复过来，并进一步奠定了整个90年代美国"新经济"的基础。比如，著名的"信息高速公路"科技发展战略规划极大地推动了信息技术向传统产业的融合与渗透，推动了美国经济产业结构的升级优化。

表6-1 美国推动信息技术发展制订的系列规划

年份	规划名称	规划目标
1992	高性能计算与通信计划	完善用以开发和利用高性能的计算机系统和超高速网络的环境，来应对高级计算机的巨大技术挑战
1993	国家信息基础设施行动计划	建立一流的数字化大容量光纤通信网络，把企业、大学、研究机构和政府部门计算机网络化，并将"信息高速公路"建设作为其施政纲领，计划投资4000亿美元建设国家信息基础设施
1994	全球信息基础设施行动计划	通过卫星通信和电信光缆联通全球网络，形成信息共享的竞争机制

续表

年份	规划名称	规划目标
1996	新一代互联网计划	五年内动用五亿美元的政府资金来实施计划。该计划的宗旨是积极扶植对新一代互联网及应用技术的开发,始终保持美国在信息和通信技术上的领先地位,创造新的就业机会和市场,广泛支持医疗保健、国家安全、远程教育、能源研究、生物医学、环境检测、制造工程及紧急情况的应急反应和危机管理等
1999	21世纪信息技术计划	力求通过制定信息技术领域中长期性研究与开发的发展战略和计划,增加对计算机科学信息技术、通信技术中的基础性研究的投入,提高高等院校及其他民用研究机构的信息基础设施整体水平
2006	2009~2014年战略计划	确保每个美国人都能使用可靠的宽带产品和服务;管制政策必须促进中性技术进步、竞争、投资以及创新,以确保宽带服务的提供商有动力发展和提供这些产品和服务;国内、国际的竞争要能促进技术进步和经济发展;确保消费者权益;对媒体的管制要促进竞争和多样化;国家重要信息基础设施必须可靠,以确保紧急状态下的公共安全、公共健康、国防等

资料来源:参阅冯陶陶《论美国服务业政策》,对外经济贸易大学硕士学位论文,2007。

其次,政府提供多样的科技创新激励政策。美国将雇用员工500人以下、年营业额600万美元以下且独立经营的法人经济实体称为小企业。这些小企业有2500多万家,其产值占到美国GDP的45%,吸纳了近70%的就业人口。可见,这些小企业对美国经济发展的重要支持作用。数据显示,20世纪对美国有过重大影响的65项发明和创新都是由美国的小企业创造的。美国自然科学基金会也表示,美国小企业用于研究开发的每1美元所产生的创新成果数是大企业的24倍,小企业平均每百名职工提供的技术创新数是大企业的2.5倍。因此,美国政府历来重视小企业科技创新能力的培育、创新体系的构建。通过制定并实施各种各样的科技创新激励政策来推动技术向小企业转移,并为其技术创新活动创造环境。主要包括:一是保护和保障小企业科技创新的政策环境。比如,1982年美国通过了鼓励小企业加大创新力度的《小企业创新发展法》,随后,美国政府又陆续出台了一系列法律如《史蒂文森—怀特勒创新法》《国家竞争技术转移法》《联邦技术转移法》《专利法》《知识产权法》《商标法》《反垄断法》等,逐步建立了较为全面的法律体系,从大环境上为美国小企业的科技创新提供良好的发展环境。二是在财税政策方面给予优惠和鼓励。如1982年,美国政府出台了《小企业创新研究计划》(Small Business Innovation Research Program,SBIR),以鼓励小企业科技创新，同时为了防止学术界在专利方面的滥用，后又出台了《小企业技术转移计划》（Small Business Technology Transfer Research Program，STTR）为之配套，有力地推动了研究机构与小企业之间产学研结合。1986年，美国政府制定《国内税收法》，规定凡是研发经费较上一年有所增加的企业，可获得新增值部分20%的退税，同时还规定风险投资总额的60%可免交所得税，并把所得税率降至20%。此外，美国政府还以政府财政支出的形式为小企业的科技创新提供低息贷款。

最后，政府为创新提供高效技术平台服务。为改变小企业在发展中可能会一味追求短期效应，而忽视技术的研发和创新的投入，美国政府出台了《美国联邦技术创新法》，通过设置联邦技术利用中心，以及在各个国家实验室设立研究与技术应用办公室，建立产业技术中心等各个媒介和平台，向企业界尤其是小企业提供技术支持服务。并通过设立小企业信息中心来定期公布市场的发展动态和趋向，向各类小企业提供技术创新方面的软件、硬件和信息咨询等方面的服务。此外，美国政府还通过建立孵化器，由政府及其支持的中介机构为处于创业阶段的小企业和持有科研成果的科技人员提供场地、资金等支撑服务，以推动科技成果向产品的转化进程。

2. 创造宽松政策环境

20世纪80年代，随着美国经济全面复苏，生产性服务业的发展进入了高速成长期。与此同时，美国里根政府实行"新自由主义"经济政策，在多个行业放松管制，减少政府干预，引入竞争，给生产性服务业带来极大的宽松发展环境，使原有存在于生产性服务业的质量不高、对制造业支撑有限的状况得到极大改善。比如，美国的物流服务系统现今是全球最高效的，但在20世纪80年代初期，其运输服务业效率低下，并不能满足市场的需求，原因就在于企业的进入门槛较高，现有企业没有提升和改善的动力。自"新自由主义"经济政策实施以来，政府对行业的管制放松后，不断有新的企业进来，促使原有企业或改善提升，或被兼并，或破产，使得整个行业的发展生机勃勃，成本不断降低，服务质量不断提升，美国物流业逐步成为国际上最为发达的物流服务业。

事实上，从二战结束到20世纪70年代末，美国政府一直实行解决总有效需求不足问题的政策。当时普遍认为，通胀与失业之间有相互的替代关系，只要通过合理的需求管理政策，就能够既把失业率保持在自然率水平，也把 GDP 保持在潜在增长率水平。而就这套政策的实施结果来看，确实对美国经济在 20 世纪 50~60 年代的稳定增长起到了较好作用。但无法解决美国生产率增长缓慢、制造业竞争力日渐低下的关键问题，这其中生产性服务业虽然得到一定发展，但增长十分缓慢。特别是又遇到 70 年代的两次石油危机，给美国经济带来严重冲击。80 年代初期，美国经济政策由需求管理政策转变为供给管理，即政府由干预经济的凯恩斯主义信条转向为促进生产力增长，加快供给结构调整的"新自由主义"。为此，里根政府采取了一系列结构调整政策，放宽企业发展环境，包括：大幅度调减税负，改变高税负对生产、投资和消费产生的激励机制扭曲，使劳动者、投资者和消费者有更多税后收入用于储蓄、资本积累和长期消费，从而刺激私人投资和消费大幅度上升，使供给与需求在更高层次上实现协调增长；大幅度削减社会福利开支，减少人们对政府公共支出的依赖，在公平和效率的政策导向上向效率倾斜；对电信等自然垄断行业引入竞争对象，扩大市场竞争机制的作用范围，提高整个经济体系的运行效率；增加对研究与开发投入和国防投资，促进军用高技术向民用领域转移，鼓励技术创新和扩散，为高技术产业发展提供创新基础和创业环境；学习日本扶持出口的政策，从贸易立法和贸易规则制定等方面入手鼓励出口，打开国外市场；确定以技术领先产业为核心的竞争力提升战略。这一系列供给端的政策管理措施在奠定了美国 90 年代的"新经济"腾飞基础的同时，也为美国生产性服务业的发展以及提升整个工业和制造业竞争优势提供了良好的基础支撑。

二 日本生产性服务业发展经验

二战以后，美国的极力扶植政策，再加上亚洲的两场局部战争（朝鲜战争、越南战争），为日本经济的发展提供了重要契机。在其内部因素方面，日本政府实施强有力的国家干预，推动国家垄断资本主义的发展。突出表现就是在经济发展的不同时期，根据不同阶段的特点，通过各种计划促进经济的起飞。如《经济自卫五年计划》《新长期经济计划》《国民经济倍增计划》等。同时，日本政府还根据当时的国际经济发展环境，提出了从"贸易立国"向"技术立国"的经济发展方向转变。20 世纪 60~70 年代，日本在"贸易立国"的经济方针下，出口贸易平均年增长 16.9%，而同期的工业生产平均年增长13.6%。但70年代的能源危机后,日本政府明白了科技是一国竞争力的核心要素,顺应当时的世界新技术革命潮流,提出"技术立国"的战略方针转向,为日本生产性服务业的大发展提供了历史机遇和发展舞台。

日本重视科技的发展是从各个方面展开的,采取模仿、吸收、创新的经济技术发展路径。数据显示,日本在从国外引进的技术中,基本都根据本国的经济特点、技术基础和市场需求加以改进、补充和发展,成为"日本化"的技术。其结果就是,日本的生产性服务业获得大发展,并带动全国的经济转型,效果显著。2000年,日本生产性服务业增加值占国内生产总值比重为13%,制造业为22%。2010年变化为制造业增加值占国内生产总值的19%,生产性服务业占国内生产总值的15%。其中支撑制造业发展的生产性服务业主要是以信息和通信技术为代表的生产性服务业,该行业现已成为推动日本经济飞速发展的巨大推动力和保持日本在国际竞争中优势地位的战略产业。因此,总结日本的生产性服务业发展经验,主要从这个方面展开。

1. 制定推动科技进步的法律

科技是第一生产力,科技的创新是企业不断进步的动力。日本政府同样也认识到了这一点,通过制定相关法律政策,来推动科技进步,加速科技成果的产业化进程。1995年,日本政府颁布《科学技术基本法》,并在随后的几年根据国际、国内形势的变化做出修订。该法律把日本的科技政策目标设定为:"从整体上有计划地推进与振兴科学技术相关的各项方针政策,在谋求日本经济社会发展和国民生活水平提高的同时,对世界科技进步和人类社会发展做出贡献。"为了实现该目标,此法案还规定了日本实施该技术计划的阶段性周期目标,即在开始的第一个5年(1996~2000年)里,要建立以科技创造力为基础实施目标,在第一个5年期的科学计划里,日本政府的具体工作主要是进一步制定和细化全面系统的科技发展政策。其间,政府共投入17.6万亿日元,有效地改善了日本的整体科技研发环境。在该计划的第二个阶段,即2001~2005年,日本政府又提出了包括科技理念、重要政策、综合科技会议等阶段性发展目标,并投入25万亿日元,在日本向科技强国转型的关键时期发挥了重要作用。在项目的第三阶段

(2006~2010年），日本政府提出科技的发展要坚持人才的凸显、基础研究的发展、科技应用的创新、支柱性技术的应用发展以及加强国际科技合作等更具针对性的科技发展方向，在此阶段，日本政府在科技经费投入上仍保持25万亿日元的规模，使日本的基础技术研究得到不断深化，一些新的科技学科逐渐成长壮大，生产性服务业尤其是科技研发类生产性服务业不仅获得巨大的发展，其发展的基础和技术沉淀也越发牢固。比如，日本政府先后颁布了"e-Japan战略"和"e-Japan Ⅱ战略"，以促进信息技术的发展，包括以宽带网络为突破开展信息的基础设施建设，建立"无所不在"的网络社会，在更深和更广范围内拓展信息技术等，这些战略使日本的信息技术在研发和应用上获得了极大的进展。

2. 实施税收和贷款倾斜政策

在促进科技创新，推动生产性服务业发展方面，日本除了在政策环境、发展规划方面给予指导，还通过调整税收优惠政策和推动银行贷款倾斜的方式推动科技创新。日本的科技创新资金虽然获得巨额的政府直接投入，但按照整体运用在科技创新方面的资金来测算，其实日本在科技创新方面的投入70%~80%都是来源于企业的研发投入。在政府政策的导向下，加之日本的历史文化影响，日本企业在科研创新方面一直保持在亚洲前列，日本企业的这种创新精神使日本成为亚洲设计产业最为发达的国家，也就是说生产性服务业的重要分支设计产业，日本是亚洲最强的。另外，日本政府也做出了许多努力，通过多种方式为企业的科技创新活动营造良好的政策环境。

首先是实行税收减免政策。日本政府规定对科研实验中所使用的各类机械辅助设备和新技术应用设备实行加速折旧，并且对科学实验研究经费的税额进行减免，此外，在技术转让的所得税方面也进行优惠，目的就是推动科技的创新发展。这些具体的政策措施包括："特别折旧制度"，即日本企业可以在首年以购入新设备价格的25%~50%进行固定资产税的减免，并在接下来的几年逐年递减10%以上。2003年，日本政府又更进一步加大对科技创新在税收方面的减免。其颁布的新的税收优惠政策指出，对信息技术行业进行新投资的企业可以有两种优惠选择方式：投资额10%税收抵免和50%特别加速折旧优惠。对现有企业的税收减免，日本政府同样高度重视，在政策中规定为设备改造优惠方案，即在第一年对其固定资产总额提取30%的特别折旧费。此外，对一些高新技术小企业购买或租赁的机器设备也实行减免所得税政策。其次是实行贷款倾斜政策。贷款倾斜是指日本政府通过政策性银行向企业提供只能用于技术研究和开发利用的低利率贷款。根据贷款倾斜政策，日本政府规定，那些采用最新技术制造的船舶并用来出口的制造企业可以向银行贷到长期的低利率资金，年利率为4%，额度为船价本身的20%。此外，日本政府还规定，属于政府的金融机构在对风险性企业普及使用新技术时所需的一些设备投资，要给予年利率7.1%的长期低息贷款。最后是实施补助金制度。日本的补助金制度是政府直接免费发放给具有科技创新性质的研发项目以资金支持，这些对象除一些隶属政府和大学的研究机构外，还包括各类企业的重大科研项目。这些免费补助金的额度也较高，有些对社会有重大贡献的可获得研究项目所需资金一半的免费资金补助。

3. 为科技创新提供中介支持

日本的各类行业协会发展得较早，这些组织的存在不仅为生产性服务业企业的发展提供各类支持，更为日本的科技创新在政府与企业之间的沟通起到良好的桥梁作用。日本的众多行业协会、中介组织，彼此分工明确，职责清晰。这些中介的主要职能是帮助政府进行相关的产业发展规划，制定适宜的产业促进政策等。此外，这些行业协会还会对本行业的市场情况进行跟踪调查，并在行业内举办各类交流活动，进而提供相关的咨询服务，为行业的快速发展提供有利环境。

日本政府对行业协会的发展是大力支持的，推动成立了很多行业性的中介团体组织，比如日本数据处理协会（JDPA）、信息服务产业协会（JISA）、信息处理振兴事业协会（IPA）等，这些中介组织的一个共同点就是均对各自行业的发展具有较强辅助作用。它们通过对市场走向的跟踪，以及强化对行业内部的联系，极大地促进了日本生产性服务业的快速发展。

以1984年成立的日本国内最大的信息服务行业组织JISA为例，其会员企业数占日本国内信息技术服务公司总数的10%以上，雇用人员占全国总数的近50%，会员企业的产品占日本国内50%以上的市场份额。JISA凭借对本行业发展状况的深入了解和与外界频繁的交流活动，经常以出版物、讲座、会议、培训的形式帮助成员企业掌握本行业的最新发展资讯，同时通过向日本政府传递本行业的现实问题，使日本政府制定的发展规划和政策举措与行业组织的目标要求相吻合。

4. 为科技创新提供公平环境

为充分促进科技创新，推动生产性服务业的发展，日本政府推行了许多打破行业垄断的改革举措，并借此来提升生产性服务业的经营效率和管理水平。比如，在日本的电子通信行业市场日本政府的改革举措是这样推出的：起初，在20世纪50年代，日本的通信市场由两大公司垄断经营，一家日本电信电话公社（NTT）垄断日本国内通信服务市场，另一家国际电信电话股份公司（KDD）垄断日本的国际通信服务市场，其经营的结果是企业经济效益低下，服务质量堪忧，各类分支无效机构庞杂，企业充斥着大量的冗余人员。对于这一情况，日本政府在着力发展生产性服务业的同时，首先制定并颁发了《NTT法》。其主要内容就是改组国营的日本电信电话，通过向市场出售股份，将该公司民营化，日本政府不再兜底财务，不再背书经营，让企业通过自身经营效益的提升来提升服务，改进技术。法案还详细规定了日本国内的电子通信市场，并把其细化为国际长途、国内长途、地区通信、卫星通信、移动通信、寻呼服务等七个电信市场，要求原有的电信公司必须与新的电信公司NCC和新改组的NTT进行充分的竞争。其后，随着包括NTT公司在内的日本电信企业的经营效益的不断提升，其提供的电信服务也愈加显出高质量高水平。日本政府又在1996年彻底打破电信行业的垄断，宣布日本国内专用线与公众网的接入服务完全市场化，最终日本电信业不仅在日本国内市场获得良好的发展，在国际市场上也有很大的竞争力。

在其他行业，日本政府通过不断打破旧有的各种垄断，为科技创新的发展提供越来越公平的竞争环境，在推动日本生产性服务业快速发展的同时，也促使日本的科技创新水平最终赶上了世界水平。

三 德国生产性服务业发展经验

近年来，德国服务业产值占GDP的比重始终保持在70%左右，居世界前列。在服务业中，又以生产性服务业为大头，生产性服务业的产值约占服务业总产值的68%。尽管从20世纪70年代以来，德国的制造业雇用人数由占总就业人口的近40%下降到占总就业人口的23%左右，但伴随这一过程的是德国制造业的蓬勃发展，生产性服务业也快速增长。数据显示，德国现有大约27万家制造企业，雇工64万多人，制造业仍然是就业人数最多的产业领域，是建筑业的4倍、金融业的5倍。2008年的国际金融危机对德国的制造业造成很大冲击，导致德国经济在2009年GDP下滑近5%。但由于德国的生产性服务业发达，加之其制造业仍具有国际竞争力，德国经济在这次危机中恢复得很快，并且几乎成为欧洲地区的复苏引擎。之所以如此，是因为德国经济在20世纪70年代后，由二战结束后的煤炭、钢铁等重化工业向先进制造业转型，高度重视生产性服务业的发展，在一些研发密集型制造上的投入没有减少。数据显示，从1995年到2008年间，德国的研发密集型制造业所创造的附加价值，从不到30%增长到50%多。这其中，机械制造业和汽车制造业的表现最为明显。此外，在对生产性服务业需求较大的通信设备、医疗和精密仪器等行业，其附加值一直保持较高的占比水平。总结德国的生产性服务业发展，主要体现在以下两个方面。

1. 重视行业协会的作用

德国一直以来都高度重视制造业的发展，并且德国经济成功的秘密也是制造业。在这些众多制造业中，德国政府高度重视各类行业协会的发展，各类制造业和生产性服务业行业协会高度发达。经过几百年的发展，目前，德国的行业协会已经成为涵盖各个行业门类，且各类组织体系完备的成熟社会性团体。德国各类行业协会的中介服务功能主要体现在信息咨询、职业教育等方面。比如，在生产性服务业的行业协会有德国咨询业的行业协会。该协会有着较高的威望和信誉，在一定程度上引导着德国咨询业的发展。加入该协会的都是德国的著名资讯公司和一些极具活力的中小资讯公司企业。该协会主要以定期出版刊物、推行信息交流服务和进行咨询人员培训等方式来帮助加入协会的资讯企业进行业务的提升和新的市场机会的开发，此外，协会还会为会员企业提供一些社会福利性的工作机会等。行业协会的一个重要功能，就是取得政府、业界和社会的高度信誉，而德国资讯业协会在这些方面表现出众，帮助很多会员企业获得了良好的社会声誉和地位。

2. 重视科研研发的投入

德国是一个重视教育和研发的国家，在政府的大力支持下，教育研发的投入不断增加。政府对科研的投入，主要采用各种多元化的资助方式。首先是直接投入，以2002年为例，德国政府对教育的投入占当年国内生产总值的6.4%；对教育和科研的总投入占国内生产总值的9.1%。其次是配合企业的投入，比如德国在2003年对研发的支出为530亿欧元，相当于国内生产总值的2.55%，在OECD中位居前列，这其中有66.2%的投资来自企业自身的投入。第三，德国对教育和研发的资金投入来源除政府的公共财政以及企业自身投入外，还存在私人机构投资以及国外资助等渠道。另外，教育基金以及各种非营利性团体组织也是德国教育和研发资金来源之一，如德意志学术交流中心、德意志研究联合会等。数据显示，2002年来自德国以外的资金在研发中的投入高达13亿欧元。

3. 推行工业化发展战略

德国生产性服务业的发展一直以来就和制造业的发展密不可分，互动融合较深。事实上，自18世纪以来，德国已四次推出工业化发展战略。18世纪引入机械制造设备为"工业1.0战略"；20世纪初的电气化为"工业2.0战略"；20世纪70年代大规模、大批量的简单化生产模式为"工业3.0战略"。随着信息技术与工业技术的高度融合，2013年4月，德国政府力推新工业战略，德国媒体称为"工业4.0战略"，就是指在制造领域，产品制造工艺将与计算机技术、信息技术、软件与自动化技术深度交织产生新的价值模型，其实质就是在更深层面推动生产性服务业和制造业的融合发展。

第二节 发达国家生产性服务业发展带来的启示

总结以上所选取的具有代表性的发达国家生产性服务业发展历史经验，我们可以看到，生产性服务业的发展都是建立在国家制造业发展基础之上，并且得到了政府的有力支撑和推动，而且政府在推动生产性服务业发展的方式方法上，尽管各不相同，但是都高度重视科技的研发和投入，以及创新在制造业上的应用。总体来看，有如下启示。

一 必须创造良好的市场竞争环境

从美日德等发达国家的生产性服务业发展经验中得到的首要启示，就是必须高度重视企业的市场公平竞争环境问题。这是存在于我国现阶段生产性服务业发展的首要制约因素，而中部地区的问题又表现得更为严重。对此，发达国家的经验就是，放松管制、降低门槛、打破垄断，这是实现生产性服务业快速发展，优化与制造业互动关系的重要环节。目前，民间资本进入生产性服务业市场仍存在诸多障碍，比如银行业的垄断、电信业的垄断等。这些存在垄断性的生产性服务业，其市场化程度低，普遍存在市场机制不健全、经营效益低下、人员冗余的现象，严重阻碍当前的供给侧结构性改革。进而也造成生产性服务业有效供给水平低下，难以与制造业实现良好的互动融合发展。因此，实行公平、公正、公开的市场准入原则，打破生产性服务业垄断的格局迫在眉睫。要促使民间资本大量进入生产性服务业市场，提高行业的竞争活跃度，为制造业的发展提供有效和充足的供给。

二 充分发挥行业组织的中介作用

从发达国家生产性服务业发展经验来看，各类行业协会对生产性服务业的发展发挥了至关重要的中介作用。比如，在现代物流业的发展方面，美国的物流行业协会由个人从业者和企业组成，拥有3000多个会员，能够有效地影响美国物流政策的制定。在德国，其物流行业协会的成员更多，有6000多个。而且这些物流行业组织都有十分明确的目标追求和职责规范，不仅能在政府制定发展规划、政策举措时提供重要的决策参考，还能有效地维护市场的公平竞争秩序。

发达国家的这些行业协会组织还有一个重要功能，就是通过对行业内发展状况进行调研分析，更好地对行业的发展趋势提出指导建议，并且还会在企业遇到经营困难时，给予充分的帮助，包括信息咨询、向政府反映、推荐银行等。在行业发展的后续人才培养方面，行业组织也发挥了重要的媒介作用，通过组织培训和与学校和教育机构的联系，为行业的发展提供了有力的智力支撑。这些功能在中部的生产性服务业协会里面还有很大的发展空间和潜力。

三　推动生产性服务业遵规发展

生产性服务业的发展有其自身的特殊规律。发达国家在发展过程中，已经充分认识并遵循了其特有的发展规律。其一就是生产性服务业的集聚性发展。这包括两层含义，一是生产性服务业围绕制造业集聚发展，如在一些汽车制造园区的生产性服务业群；二是生产性服务脱离制造后，自己形成新的生产性服务业集聚群落，如硅谷的信息服务集群和华尔街的金融业集群等。而在中部地区的一些产业型园区和产业基地建设中，都需要高度重视生产性服务业的发展空间预留问题。

其二，生产性服务业发展的一大特征是紧密围绕制造业展开的。因此，发达国家的经验就是大力推动制造业的生产性服务外包，从而为生产性服务行业的发展扩大市场。具体举措，就是鼓励企业自身的科技创新，通过建立有效机制，鼓励制造企业将一些信息技术承载度高、附加值大、资源耗费小等非核心制造业环节剥离出来，组成现代高端生产性服务业，在扩展生产性服务业的市场规模的同时，也促进了制造企业的价值链重组、核心竞争力的提升。而中部地区的制造业在全国的分工中，其实大头是资源型制造业，受产业周期的影响较大，这样企业把生产性服务环节进行对外剥削的动力就不足，这就需要政府在这方面做出更多努力。

四　加强培养自主科技创新能力

生产性服务业发展的核心就是企业的科技自主创新能力的提升，这是发达国家得出的关键性结论。由前文的分析，我们可以看出，发达国家一直以来都高度重视科研的投入，重视企业自主创新能力的提升，具体包括政府的直接投入资金、引导资金投入、鼓励民间资本的投入、鼓励国外资本的投入等在资金上的支持，另外，政府还通过创造宽松的科研环境来推动科研的发展，包括税收的减免和鼓励、对人才的激励和培育，以及良好的社会激励氛围等。

就我国而言，这些年来科研创新能力提升很快，但总体水平仍然落后于世界先进水平，中部地区的科研实力更是低于全国水平，存在资金投入不足、资源分散重复以及高层次人才难以吸引和留住等问题。所以，对中部地区的重要启示就是，一是政府应加大科技资金的投入力度。比如可以尝试构建合适的信贷模式，推进相关的多层次资本市场的建设与发展。同时，还应大力发展风投体系，灵活运用各种投资组合策略分散风险。二是政府应充分鼓励研究机构和高校在科技创新中发挥关键作用，凸显其在知识创新体系中的主导作用。实践中，围绕地方支柱产业、优势产业，充分调动各方资源，强化基础和应用型技术研究的开放。三是为人才的成长创造良好外部环境。人才是科技创新的根本保证，要以高级人才为引领，培养高素质的科技创新研发团队。完善人才的培养和激励机制，建立符合科技自身发展规律的评价体系。大力改善提升科技研发人员的待遇，为科技创新活动提供充足的资源保障。

第三节 沿海发达地区生产性服务业与制造业高质量协同发展经验

一 长三角地区发展经验

按照国务院批准的《长江三角洲地区区域规划》，长三角经济区域包括上海、浙江和江苏的所有行政区域，面积为21.07万平方公里。近年来，长三角经济区一直保持着高速增长，发展水平不断提升，已经成为世界的第六大城市群经济体。2014年长三角经济区的GPD总值为128829.1亿元，其中上海市的三次产业结构为：0.5∶34.6∶64.8；江苏省的三次产业结构为：5.6∶47.4∶47；浙江省的三次产业结构为：4.4∶47.7∶47.8。可以看出，上海市的经济结构是以第三产业为主，而江苏省和浙江省的第二产业和第三产业并驾齐驱。长三角地区是我国城市群发展水平最高的地区，也是全国规模最大、城市体系结构最为完善、产业体系最完整、市场经济活力最强、经济基础发育程度最高的经济区域。

长三角地区是我国重要的制造业基地，一直以来，长三角经济区工业总产值占我国工业总产值的1/5强。在长三角经济区内，上海市拥有雄厚的经济基础和便利的交通运输优势，又是国内和国际金融业中心，具有十分成熟的投融资环境。吸引了近200家跨国公司的区域总部设在上海，而这些跨国公司的区域总部又将其生产基地、进出口贸易基地辐射到周边的省份，如浙江省、江苏省和安徽省等。因此，长三角经济区各地区具有长期

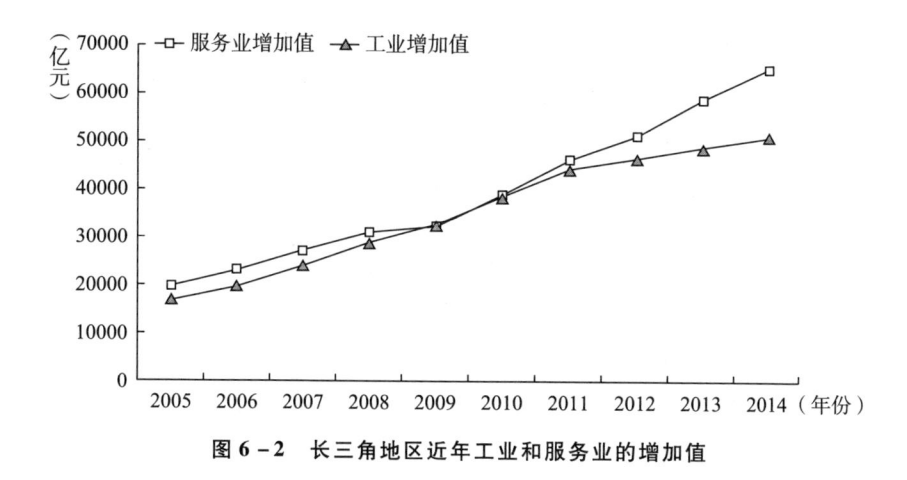

图 6-2 长三角地区近年工业和服务业的增加值

以来的天然的合作基础和条件，彼此资源有效整合，产业无缝对接。这其中制造业和生产性服务业都实现了良好的发展。

首先，长三角经济区的浙江和江苏两省的制造业发展基础良好，能够为上海地区的制造业向生产性服务业转型提供良好的外部需求和供给条件。再考虑到原属于上海的制造业也向这两个省份转移，在提升江苏和浙江两省的制造业发展的同时，也带来了生产性服务业的繁荣发展和转型升级。也就是说，长三角地区良好的制造业发展基础给生产性服务业的发展提供了优质的条件和广阔的市场。

其次，由于上海的国际开放性，吸引了大量的跨国公司进驻。这些大型的跨国集团在推动贸易基地和产品生产组装基地在江浙两省遍布发展的同时，也带来了生产性服务业由上海向江浙两省转移的现象。由于这些大型跨国公司大多是以独资或控股的形式设置这些区域总部的生产和贸易基地，其生产性服务业自然也更为国际化和先进性，又为整个长三角地区生产性服务业的升级和国际化提供了先进的发展理念和管理模式。

最后，作为我国对外开放的窗口，长三角地区近年来在承接国际产业转移方面也表现突出。因为长三角地区优越的产业基础和丰富的人力资本，使得跨国公司在将其产业链低端的环节向我国转移时首选沿海发达地区，这其中又以长三角地区为第一目的地，昆山的产业园不仅有海运可以选择，还有发达繁忙的上海虹桥机场作为出口的输送方式。这些转移进来的制造业伴随着相关的生产性服务业，在使长三角的制造业升级的同时，也带来生产性服务业的升级和扩大发展。

二 珠三角地区发展经验

关于珠三角地区，有不同的范围概念，最早起源于20世纪90年代初，是由广东省提出的。"珠三角"最初范围由广州、深圳、佛山、珠海、东莞、中山、惠州7城市，及清远、肇庆的一部分地区组成。后来，广东省又把范围调整为将珠江沿岸的9个城市通通包括进去，由此广州、深圳、佛山、珠海、东莞、中山、惠州、江门、肇庆9城市就形成了现如今所指的区域。面积为24437平方公里，不到广东省地域面积的14%，人口4283万人，占广东省总人口的61%。

在20世纪90年代后期，一些学者又提出了"大珠三角"的概念，就是指广东、香港、澳门三地构成的区域。"大珠三角"面积18.1万平方公里，户籍总人口8679万。就经济规模而言，"大珠三角"相当于长三角的1.2倍。2003年，又有一些学者提出了"泛珠三角"的概念。它主要包括珠江流域的9个省份（福建、江西、广西、海南、湖南、四川、云南、贵州和广东）和香港、澳门2个特别行政区，俗称"9+2"。"泛珠三角"的土地面积200.6万平方公里，户籍人口45698万，在经济规模上占到了全国的1/3。

此处，我们指的是狭义上的珠三角的概念，即指广州、深圳、珠海、佛山、惠州、东莞、中山、江门和肇庆等市。2015年该地区的生产总值为62267.47亿元，占广东全省的比重为79.2%，GPD增速为8.6%。

制造业发展概况。珠三角地区作为改革开放的排头兵，受益于有利的对外贸易地理区位。这种外贸依存度较高的经济发展模式存在的典型证据就是工业和服务业的同步增长，如图6-3所示，珠三角地区的服务业和工业制造业在2008年的国际金融危机前几乎是平行增长的。2008年国际金融危机后，珠三角地区的制造业有所下滑，但服务业继续保持原有的增长态势，并在近两年实现增速的快速提升。

具体而言，珠三角的制造业发展更多地依赖FDI形式的外国资本流入，容易受到国际经济形势的影响。由于一直以来的制造业都是以劳动密集型占较大比重。特别是在20世纪90年代中后期，通过承接国际产业转移，珠三角地区逐步形成以轻型制造业为基础的OEM加工、融资租赁等生产形式，

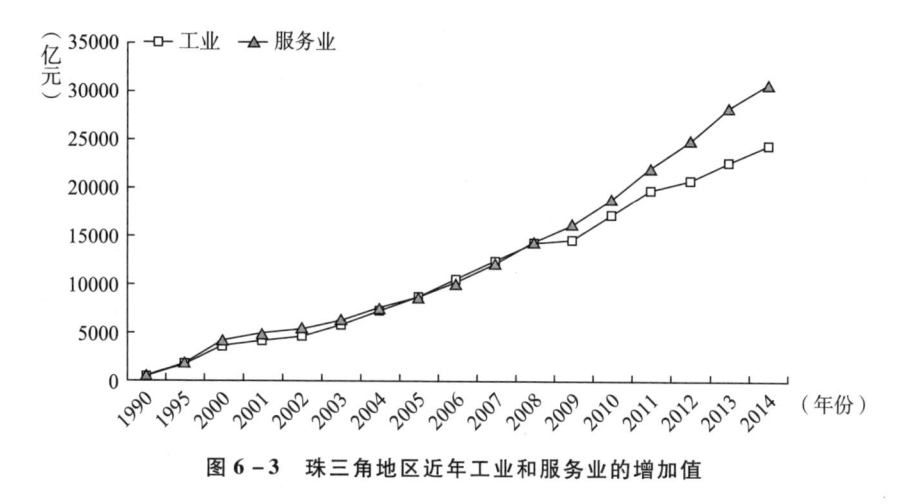

第六章　工业先行国家（地区）生产性服务业与制造业高质量发展经验分析 | 175

图 6-3　珠三角地区近年工业和服务业的增加值

几乎完全进入跨国公司的生产供应链环节，成为跨国公司全球化战略生产体系的重要一环。其结果就是企业主体的外向化程度不断加深。

珠三角轻型制造业的另一方面是装备制造业，相对于国内其他地区，珠三角的装备制造业虽然在关键设备和核心部件方面也需进口，但其高端化程度却是高于全国大部分地区的。比如，其通信设备及电子设备制造业、电气机械及器材制造业、交通与运输设备制造业等技术含量相对较高的装备制造业在全国的装备制造业中占有较大的比重，其他的一些装备制造业如汽车制造设备、环保专业设备、微波通信设备等在珠三角地区都获得了较大的发展。特别是一些龙头骨干企业，如华为、中兴率先在部分关键部件和核心技术的研发上投入巨资，逐步掌握了一些核心技术，拥有相当的专利和自主知识产权及自主品牌等。珠三角正在向我国高端装备制造业的集群高地发展。

生产性服务业发展概况。珠三角的服务业一直以来都比较发达，并且其伴随着制造业的快速发展，几乎是同步并行（如图 6-3 所示）。2014 年珠三角的服务业增加值占广东全省的比重为 83.2%，高于全部第二产业 4.3 个百分点。在生产性服务业方面，珠三角地区的典型代表是金融业发达，2014 年广东全省的金融业增加值为 4447.43 亿元，远高于其他租赁和商务服务业（2535.2 亿元）以及科研和技术服务业（964.81 亿元）。目前，珠三角经济区的生产性服务业已经成为当地国民经济的重要组成部分。经济规模跃居全国前列，对制造业的综合服务配套能力不断加强。伴随着制造产业规模的日益扩大,以及金融危机导致的"内迁"和"外撤",珠三角地区的生产性服务业发展表现更为强劲。初步建立了以金融、物流、信息服务、科研服务和文化产业为主体的现代生产性服务业发展体系,生产性服务业在某种程度上已经成为珠三角地区经济转型的新支柱产业。

总结珠三角地区生产性服务业和制造业的协同发展效应,主要有这几个方面:

首先,珠三角地区的经济开放和发达程度较高,很多制造业是FDI,所带来的生产性服务业也是FDI式的,这样就使得珠三角地区的生产性服务业和制造业之间存在一种天然的关联,彼此的协同关系比较融洽。也就是说珠三角地区的一部分生产性服务业的发展一开始就是采用发达国家的模式,与制造业紧密配合的。因为其资金来源大部分为FDI,所以,其他地区存在的生产性服务业发展的资金枷锁,它们并不存在。

其次,珠三角地区的外向经济发达,带来的各类要素成本上升,也使得原本就不太丰富的自然资源更加捉襟见肘,在人力成本方面表现尤为突出。如果说FDI的生产性服务业更多地集中在产品设计和市场开发方面的话,珠三角底部本地资本投资的生产性服务业更多地集中于制造业环节本身,其目的仅是降低劳动力的成本。这种趋势在国际金融危机后,表现得更为明显。也就是通过在生产制造的具体环节上增加生产性服务业的投入,增加技术研发,提高原材料的使用效率,提高生产效率,减少对工人的需求数量,进而降低产品的生产成本。这是生产性服务业和制造业协同发展的最典型的模式。

最后,珠三角地区的经济活力很强,自改革开放以来就与香港地区关联紧密,FDI有很大一部分是来自香港的资本。这种来自香港的资本,与珠三角地区的经济很容易融为一体,形成特有的"前店后厂"的经济模式。作为一条完整的产品链,基本上是珠三角这边的厂以制造业为主,香港那边的店以生产性服务业为主。二者协同发展,共同打造完整产品链条。因为香港是直接面对全球市场,由其指导的产品制造自然也是完全按照最新的国际市场的需求状况进行生产的。这种二业协同发展的模式对整个珠三角地区带来的影响都较为深远,既促进和开辟了制造业和生产性服务业的发展新模式,也促进了珠三角地区经济与香港的深度融合。

第六章 工业先行国家（地区）生产性服务业与制造业高质量发展经验分析 | 177

三 京津冀地区发展经验

"京津冀一体化"由首都经济圈的概念发展而来，包括北京市、天津市以及河北省的保定、唐山、石家庄、邯郸、邢台、衡水、沧州、秦皇岛、廊坊、张家口、承德和安阳，涉及京津和河北地区 11 个地级市。最新统计结果显示，该区域面积约为 21.6 万平方公里，人口总数约为 1.1 亿人，其中外来人口 1750 万。

京津冀地区属于华北平原，是东北亚和环渤海地区核心地域，是连接我国经济的重要衔接点。作为北方最大的工业密集区，京津冀地区聚集了众多大中型制造企业，同时科技和金融等生产性服务业的发展也处在全国的前列。

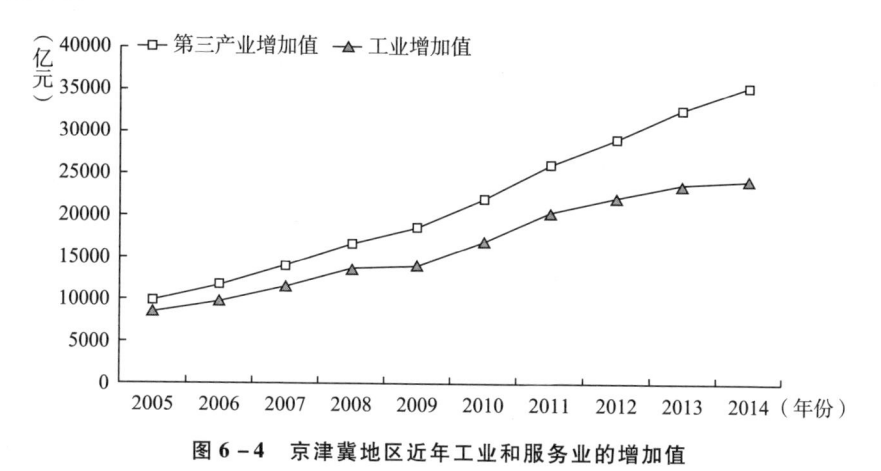

图 6-4 京津冀地区近年工业和服务业的增加值

2014 年京津冀经济区的 GDP 达到 66478.91 亿元，平均增速达到 6%。其中，北京的三次产业结构为：0.7∶21∶78；天津的三次产业结构为：1.2∶49.2∶49.6；河北的三次产业结构为：11.7∶51∶37.3，由此，我们可以看出北京的服务业已经相当发达，基本与国际发达国家的水平相当，而天津的服务业和制造业几乎是并排发展的，河北的服务业发展就较为落后，其主导产业仍是制造业。如图 6-4 所示，从整个京津冀地区的服务业和制造业发展来看，2008 年的国际金融危机是个时间点，在此之前，整个京津冀地区的制造业和服务业是并行发展的，虽然服务业的发展势头还较快一些。但 2008 年之后，制造业明显落后于服务业的发展速度，这在 2012 年后表现更为明显,制造业的增速开始下滑,但京津冀的服务整体继续保持原有的增长态势不变。随着京津冀一体化上升为国家战略,相信服务业的发展会更强劲。

制造业发展概况。在整个京津冀地区,制造业仍具有较好的基础,是我国重要的制造业基地之一。这其中,北京的制造业相对较弱,这与这些年北京市的发展定位和转型有关。特别是以首钢集团为代表的一批钢铁、有色、建材、化工等一般性制造企业已经迁离北京。北京现有的一些制造企业基本属于科技含量较高的新能源智能汽车、集成电路、智能制造、可控信息、健康诊疗与通用航空等制造行业。天津的制造业有较好的基础,但基本都是集中在传统的要素投入驱动的发展模式,近几年,随着滨海新区的建设,天津正在向科技创新驱动型经济发展模式转变,把主力集中在航空航天设备、高性能服务器、特高压输变电、高速轨道交通、高档数控机床以及自动变速器等国内领先的高端装备制造业上面。河北的制造业承接北京市转移出来的企业较多,主要集中在钢铁冶炼和压延加工上,还包括汽车制造、油料加工等行业,制造业受经济周期的影响比较大,其原料成本受国际市场的影响较大。

生产性服务业发展概括。在最新的统计年鉴中,北京的交通运输仓储和邮政业的增加值为948.1亿元,金融业的增加值为3357.71亿元;天津的交通运输仓储和邮政业的增加值为720.72亿元,金融业的增加值为1422.28亿元;河北的交通运输仓储和邮政业的增加值为2396.4亿元,金融业的增加值为1347.58亿元。可以看出,在京津冀地区,北京的生产性服务业是以金融业等为代表的现代服务业比较发达,而河北的生产性服务业则以交通运输仓储和邮政业等传统生产性服务业占据主导地位。北京以现代生产性服务业的发展作为整个服务业的发展先导,与北京市作为全国政治中心、经济中心和金融中心的地位是分不开的。正是拥有这些在信息、技术等方面的比较优势,吸引了大量的生产性服务业的聚集发展。加上很多中央企业的总部和研发中心本就设在北京,一些跨国企业也把其亚洲或区域总部设在北京,使得总部运营管理、市场营销开发等生产性服务业发展成为北京服务业发展最具活力的一部分。天津与河北在生产性服务业的发展上主要是通过便利的陆路交通和港口吞吐在交运仓储等制造业辅助性的生产性服务业方面有较大的发展空间和潜力。生产性服务业也获得了较大的发展规模。

总结京津冀地区的生产性服务业和制造业的协同发展关系，我们可以得出以下观点：

首先，北京市的服务业发展规模已经达到世界发达国家的水平。其中生产性服务业的发展也颇为显著，尤其金融业的发展十分发达。与此相对应的是北京的制造业大部分已经外迁，尤其是对资金需求较大的钢铁冶炼行业，而现有的制造业往新能源汽车和智能制造等方面发展，对生产性服务业中的技术研发类服务业的需求较高。考虑到很多央企总部和跨国公司的区域总部设在北京，再加上很多银行的总部也设在北京，我们认为北京的生产性服务业的发展不仅是辐射北京甚至整个京津冀地区的制造业的发展，它更多的是辐射全国的制造业的发展，而且北京的服务业尤其是生产性服务业的发展已经进入良性的内循环阶段，也就是说北京的生产性服务业可以不考虑某单一地区制造业的发展或为其配套服务，北京的生产性服务业可以为全国任何地区的制造业发展配套服务业，甚至包括国外地区的制造业发展。

其次，不同于北京生产性服务业的强大辐射性，在京津冀的其他区域河北和天津，其生产性服务业的发展更多的是和制造业表现出一种良好的协同性。一方面接收来自北京的生产性服务业的辐射，另一方面结合自身制造业的发展现状发展适宜的生产性服务业。比如，河北的交通运输和仓储服务业与河南较好的陆路运输条件密切相关，也与河北制造业重化工业对原料和产品的运储有很高要求有关。而天津因为港口优势的原因，加之滨海新区的开发建设，在港口货物的进出和储运方面的生产性服务业有很大比较优势，同时天津制造业的发展同样接收来自北京服务业的发展辐射。

最后，整体而言，整个京津冀地区的生产性服务业和制造业基本实现了良好的协同发展，与一般意义上的协同发展不同的是，京津冀地区的生产性服务业的发展远远超越和领先于制造业的发展。生产性服务业的发展远远超越制造业对其的需求，这种新的发展模式在2008年的国际金融危机后表现更为明显，是一种制造业和生产性服务业协同发展的新趋向。生产性服务业发展的领先性可以为制造业的升级和优化起到很好的带动性，比如，河北曹妃甸重化工业的升级、天津滨海新区的先进制造业的引入等都与北京生产性服务业的超前发展有密切关系。

第四节 沿海发达地区生产性服务业与制造业高质量协同发展启示

总结我国沿海发达地区和生产性服务业互动协同发展的成功经验,给中部地区带来的启示主要有以下几点。

一 结合原有产业基础和资源要素来发展生产性服务业

对于一般地区而言,生产性服务业的发展并不是凭空进行的,它必须结合以当地的资源禀赋为利用的制造业的发展为基础。就中部地区而言,地理空间跨越加大,6个省份的资源要素各不相同,彼此的制造业基础也有很大差异。比如,山西的煤炭资源,安徽的机械、钢铁;河南的装备、食品;湖北的汽车钢铁,湖南的有色、重工;江西的汽车、铜等行业具有比较优势,各自在其基础上发展起来的制造业决定了生产性服务业的发展条件和基础,同时也决定了各个省份的生产性服务业的发展方向。

二 必须在生产性服务领域推动更加对外开放

在生产性服务业的发展上,中部地区各个省份有一个共同的特点就是,都需要不断加大对内对外开放,尤其要增加FDI对生产性服务业的投入力度。中部地区的地理位置,加上历史的原因,形成了对外开放力度低于东部地区的局面。对此,在生产性服务业的发展上必须有清醒的认识。东部发达地区的生产性服务业发展表明,外资特别是FDI在推动生产性服务业快速发展,以及和制造业融合发展方面发挥着重要作用。所以,必须从各个方面,包括一些政策性的门槛限制都需要尽快打破,这样才能有效促进生产性服务业的发展。

三 可以适度提前发展生产性服务业

对中部六省而言,生产性服务业的发展其实还可以适度超前发展,就是超越现实制造业的发展需求,更快地进一步单独发展生产性服务业,以最大限度求得生产性服务业自身的良性循环的实现。对于制造业而言,适度超前的生产性服务业可以起到引领和优化的作用。特别是当前的供给侧结构性改革、产业结构优化升级，如果提前有生产性服务业的超前发展储备，就能很快实现制造业的转型升级。另外，生产性服务业的适度超前发展，能够发挥对外辐射作用，可以吸引和促进制造业的集聚发展和升级优化。

四　加强区域内外间的合作

就中部六省而言，因其制造业所处的发展阶段相似，具有一定的竞争性，这是目前彼此的合作现状。但就东部地区的发展经验来看，根据自身优势，实现错位发展，优势互补，也存在极大的空间。比如，山西的煤炭资源、河南的人力资源、武汉的科技资源等都可以实现互补性的发展，在此基础上推动生产性服务业的彼此融合、互补发展，能够有效促进彼此的经济增长和制造业结构转型。合作还有另一层意思，那就是积极融入一些成形的大的经济体，如安徽就积极融入长三角，河南的安阳已经跻身京津冀一体化发展战略等。总之，通过推动中部六省在域内和域外的合作，充分利用彼此的资源差异和制造业间的梯度，来寻求生产性服务业的发展潜力空间，实现中部各省制造业和生产性服务业的互动融合。

第七章　中部地区生产性服务业与制造业高质量协同发展模式分析

随着经济的发展，生产性服务业与制造业之间存在一种内生性的协同发展关系。制造业为了提升产业竞争力和满足市场需求的变化趋势，主动与生产性服务业进行协同互动。一般意义而言，所谓两个产业间的协同互动，主要是指两个产业要素的主体之间的协同互动，以及由此带来的关联性发展。就生产性服务业和制造业的协同性而言，不可避免地要涉及高校、科研院所和政府部门，虽然这些主体也在生产性服务业和制造业的协同发展中发挥重要作用，但为深化二业间的主体协同关系，有必要对此加以限制。所以此处的协同互动主体，我们仅限于生产性服务业和制造业本身。

第一节　生产性服务业与制造业高质量协同发展模式机理

生产性服务业与制造业升级的协同互动是一项复杂的系统性工程，这个系统由至少两个子系统构成，即主体系统和环境系统。主体系统是由互动的主体要素或互动的产业主体构成的，环境系统是由互动的环境要素构成的。这两个系统互相推动，共同影响生产性服务业和制造业协同互动的进程和模式。

一般而言，主体系统的要素包括生产性服务业、制造业，政府、高校与科研单位。环境因素包括政治、经济、市场和文化等（如图7-1所示）。

可以看出，在二业的协同互动系统中，政府始终处于主导地位，不仅引导着区域经济政策的制定方向，还具有政策执行的监督指导功能。作为二业协同互动系统的主体，生产性服务业为制造业价值链中的各个环节提供知识和技术服务，而制造业的服务业外包一方面提供了生产性服务业的

第七章　中部地区生产性服务业与制造业高质量协同发展模式分析 | 183

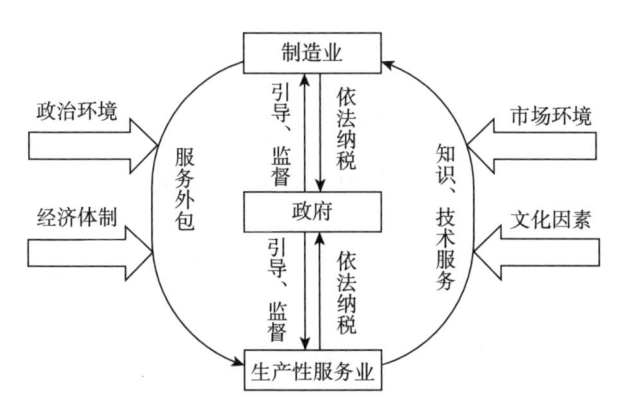

图 7-1　生产性服务业与制造业协同互动系统结构

市场需求，另一方面促进了生产性服务业的加速发展。高校和科研院所在知识和技术的积累和开发方面发挥重要作用，它们提供生产性服务业的原料及创新型技术知识和掌握这些技术的人才。这些主体系统中的各个要素加上由政治、经济、市场和文化构成的环境要素共同构成了二业协同互动的发展系统，从而有效地促进生产性服务业的发展和制造业的升级。具体表现在以下三个方面。

一是促使制造业的结构优化升级。就中部六省而言，仍存在不少的老工业基地，存在大量的传统制造产业，信息化水平低、科技创新能力不强。而促进二业协同互动发展的系统结构可以使制造业选择适宜的发展模式，与生产性服务业协同互动，提高整个产业链的运行效率和技术水平，并通过生产性服务业的中间性投入优化产业链条，从而实现原有制造业结构优化升级。

二是促使生产性服务业的规模化和高级化。随着制造业的优化升级和不断发展，制造业的生产性服务外包数量会逐渐增多，外包种类增加，这样一来，在二业协同互动发展的系统结构中就会出现生产性服务业为了满足制造业外包需求的多样化和高标准、严要求，而不断提升自身的服务水平和专业技能，使生产性服务业的规模不断扩大，服务的效率不断提高。

三是促使制造业的核心竞争力提升。竞争力尤其是核心竞争力对产品制造企业来讲至关重要。制造企业要想在市场上立于不败之地，必须保持和不断提升其核心竞争力。在二业协同互动发展结构系统中，生产性服务业通过深入到制造业价值链的各个环节中去发挥作用，包括降低生产成本、扩大市场营销、优化产品设计、分散市场风险等,来提升制造业的核心竞争力。

第二节 中部地区生产性服务业与制造业高质量协同发展模式设计

由上文分析可知,中部地区二业协同互动发展的模式设计,必须基于一般意义上的二业协同互动结构系统的要素构成、系统运行和功能分工。具体而言,是指以中部地区的生产性服务业和制造业作为主体系统要素,分析二业在发展过程中的价值链各个环节的动态演变情况,并以生产性服务业和制造业彼此价值链协同为同一价值链为目标进行互动发展模式的设计。

一 价值链延伸模式

所谓价值链延伸协同发展模式,是指在两个产业的协同发展过程中,当其中一个产业处于领先地位的时候,处于领先地位产业的价值链向处于落后地位的产业的价值链延伸,或者说,处于落后地位产业的价值链向处于领先地位产业的价值链靠拢的过程,从而实现两个产业间的协同互动发展路径。

就中部地区而言,是指制造业的价值向前、向后不断延伸,以便于生产性服务业的价值链向其靠拢,进而产生出相关的制造流程,或相关的服务需求。在制造业的生产过程中,为满足市场的需求,必然追求产品的高端化和精细化,这就需要增加资源的投入,需要生产性服务业的跟进。另外,随着消费者对产品的功能化、个性化的需求增加,细分的市场需求也会要求生产性服务业的供给增加,以满足制造业的功能需求。因此,就中部地区的制造业而言,可以通过对其面临的市场需求曲线进行细分和定位,尤其是对细分市场的需求特征进行研究,分析其特定的价值链条的薄弱环节,然后让这一薄弱的环节向特定的生产性服务业的价值链延伸,在扩大了制造业和生产性服务业的市场空间的同时,使生产性服务业的发展空间得以增长,最终实现生产性服务业和制造业的价值链协同互动,共同发展。

价值链延伸式协同互动发展模式是有一定的发生条件的,这种模式主要存在于能够满足制造业的市场开发需求、技术研发需求的生产性服务业和制造业之间，如河南的食品加工工业和智能终端制造行业及其相关的生产性服务业等。通过这种价值链延伸的方式实现二业协同互动发展能够使整个行业的赢利空间增大，彼此的价值链都能创造出更多的价值实现。其具体实现形式为：制造业的技术研发、市场销售与开拓、产品售后与客服等，这些处在制造业价值链上游和下游的链条环节，通过向上和向下延伸，产生了一定的生产性服务需求，这就会与市场上的生产性服务业的价值链重叠与交叉，其结果就是制造业选择保留生产过程中的核心环节，把与这些延伸出来的辅助性制造环节进行分离，产生了一定的生产性服务业的需求，与市场上的生产性服务业供给进行有效对接。

事实上，这种模式是契合中部地区制造业和生产性服务业的发展现状的。就目前而言，大部分中部地区企业都存在制造业产品附加值低、市场开拓能力弱，生产性服务业法制滞后失衡的现象。采用价值链延伸式的二业协同互动发展模式能有效改变这一发展现状，当然，按照二业协同的结构系统，政府必须在规划引导和政策扶持方面做出努力和改善，才能确保这种模式的顺利实施与运行。

二 价值链嵌入模式

所谓价值链嵌入协同互动发展模式，是指在两个协同发展的产业中，由处于领先地位的生产性服务业通过价值链的提升主动嵌入制造业的价值链的各个环节中去，从而满足制造业价值链各环节对生产性服务业的客观需求。不同于价值链的延伸模式，这里的生产性服务业在制造业价值链上是处于领导者地位的，所以制造业在这种模式中是处于落后从属地位的。

就中部地区的现实发展来看，是存在不少这种现象的。比如，湖北的科技创新服务类的生产性服务业的发展相对超前，而河南的电子商务和物流储运方面的生产性服务业发展也相对超前于制造业的发展。在这种二业协同模式下，生产性服务业通过提升知识生产能力和服务专业技能，包括专利、研发、运输、仓储、金融服务等生产性服务的供给能力，主动向制造业价值链薄弱环节进行嵌入，协同发展，补全制造业价值链环节的短板。此外，生产性服务业还可以通过强化品牌和渠道的培育和建设，实现生产性服务业的价值链整体性嵌入制造业价值链中，从而实现对制造业价值链的主导。

一般而言，在这种协同模式中，生产性服务业都有了很大的发展，在规模和体量上都超过或至少与制造业齐平。特别是一些新的信息技术行业、管理咨询行业和商务服务业，其对科技创新和高端人才的极度依赖性，使其能够满足制造业的整个价值链各个环节的生产性服务需求，如技术创新、管理提升、产品设计、市场开拓、客户关怀等，自然也就很容易使生产性服务业在整体上嵌入制造业的价值链条中去，实现二业协同互动发展的目的，彼此的综合实力都得到提升。

在中部地区，制造业的同构化比较严重，如装备制造业、汽车制造业几乎每个省都有，竞争的结果是彼此面临的市场需求曲线越发向下与平坦。在被生产性服务业从价值链上强力嵌入以后，各省制造业彼此差异化，错位竞争发展，共同开发新的市场空间，与此同时，制造业的技术水平提升，竞争力提升，利润增加，又会反过来扩大生产性服务业的市场需求空间，而生产性服务业的发展又很容易实现聚合膨胀式发展，这样一来，整个中部地区的生产性服务业就会有量的飞跃和质的提升。

这种模式的发展，对生产性服务业有较高的要求，而目前中部地区的生产性服务业基本都处于滞后制造业的发展阶段，除了极个别的生产性服务业有显著优势。但这种模式带来的成效是显而易见的，这就要求中部地区各省份，一方面认真寻找自身的优势生产性服务业，另一方面要刻意单独培育和扶植有比较优势的生产性服务业的发展，使具有优势地位的生产性服务业能主动嵌入较为落后的制造业的价值链环节中去，实现经济产业结构的优化升级。

三　价值链重构模式

所谓价值链重构是指对处于协同互动系统结构内的两个都处在领先地位的产业，在其价值链发生重合的环节推进协同互动时，以重新构建新的价值链条的模式进行。波特在其价值链理论中曾指出，所谓价值链，是生产企业以产品客户和生产利润为导向，并通过一系列基本的生产活动和辅助性服务活动而创造出来有价值的一种动态过程。在这个过程中，每个链条环节所创造的价值都各不相同。对生产性服务业而言，虽然没有有形产品的加工制造环节，但其提供服务的过程，或无形服务产业的研发过程也是一种类生产的加工制造活动。所以，对于同处在领先地位的生产性服务业和制造业而言，就在其能创造出关键利润的价值链条的重合环节，进行重新构建一条新的价值链，以达到 1+1＞2 的效果。

就中部地区的制造业和生产性服务业而言，有不少的制造业是处在行业领先地位的，同样也有一些生产性服务业也处在行业的领先地位。在价值链重构的模式下，这些同处领先地位的制造业和生产性服务业的价值被分解、排列、重组，实现全新的价值链的重构。这种分解重构方式并不是指制造业和生产性服务业的价值链被分解后，仅选取原来有价值的链条环节，而是依据产业特征和市场环境等条件，从以产品为中心转向以客户为中心的价值环节的重构整合。新的价值链由制造业和生产性服务业的核心价值链条组成，该新价值链不但包含以前的原料采购、成本控制、生产环节、品质控制、市场营销，客户关怀等，还增加了整个产品使用周期的全套维护、保养和服务体系。

在某种意义上，我们可以说，价值链重构式的协同互动发展模式可以说是生产性服务业与制造业的高级阶段——融合共生阶段。当生产性服务业和制造业发生融合时，两个产业原来的价值链进行分解重组，两个产业的核心价值增值链条环节会整合重构为全新的产业价值链。在这种高级协同互动模式下，制造业企业必将重新审视旧有的价值链条，更加注重所生产产品产生的附加效益，这就需要制造企业从市场的角度，为客户着想，为客户提供产品的使用、维护、修理等方面有效的服务。相当于企业以前是以卖产品为主，附带送一些可有可无的服务，现在是企业以出售客户满意的服务为主，只不过这个服务是附着在所销售的实物产品上。当制造企业把重心转移到产品的销售之后的服务环节上时，消费者在购买使用该产品时支付的额外物有所值的服务费用就成为企业利润的新的主要来源，这样一来重构的新的价值链就会发生有效的作用，促使原有企业的价值链的重心发生转移。

就目前的中部地区而言，很显然很少有合适的制造企业和生产性服务企业能够推进这种高级阶段的融合式协同发展模式。另外，中部地区的发展环境也不利于生产性服务业尽快成长为行业领先者，无形、有形的壁垒性东西过多，这也会阻碍价值链的重构模式路径的发展。

第八章　中部地区生产性服务业与制造业高质量协同发展路径选择

生产性服务业与制造业是相互依存、相互支撑、共同发展的，二业的协同互动已成为现代产业发展的趋势。中部地区因地理空间跨越较大，二业协同发展路径必须具体分析区别对待。

第一节　山西省生产性服务业与制造业高质量协同发展路径与实现机制

一　山西二业协同高质量发展的路径选择

统计年鉴显示，2014年，山西省的三次产业比重为6.2∶49.3∶44.5，由此，我们可以推断，整体上山西的制造业发展领先于生产性服务业的发展，故此，山西的二业协同互动发展的路径模式为制造业沿其价值链向生产性服务业延伸。事实上，制造业一直都是山西经济的重要支柱。中华人民共和国成立初期，山西是国家重点布局的制造业基地。改革开放后，山西又大力推动制造业调整、转型与升级的发展战略，综合实力明显增强。但是，也应当看到的是，与发达地区相比，山西省的制造业总体发展水平较低，存在思想观念不新、创新意识不强，尤其是与生产性服务业的协作配套不够等矛盾和问题。所以，推动生产性服务业与制造业的协同互动发展是山西省适应经济新常态，抢占国际制造业发展制高点的现实需求。

目前而言，山西省的制造业主要在以下四个领域存在比较优势，因此，我们主要从这四个领域来对山西省二业协同发展的路径做出分析。

1. 对先进装备制造业而言，山西省主要有轨道交通装备、新能源汽车、节能环保装备、煤机煤层气装备等制造业，这些行业大多属于资本和技术密集型制造业，对科研研发类和金融服务类的生产性服务业有较高的依赖性，所以，在这些制造业的发展上，山西省的做法是，围绕高速和重载，发展列车和轨道装备、工程养护装备，以及动车组轮对总成、齿轮箱等关键零部件的技术研发和创新，不断提高整车配套和研制能力。对煤机装备、煤层气装备，积极采用物联网等信息技术，发展适用各类煤层和各种复杂地质条件下煤矿井下机器人，以及大型露天矿用挖掘机等智能化成套设备。推进煤层气勘探高精尖勘探装备、定向钻机、智能化排采系统、径向钻机等产品的研发创制。

2. 就新一代信息技术产业而言，山西省主要集中在电子信息制造和信息服务等行业。通过推动光纤传像器件、RFID 电子标签、新型传感器、超级电容等元器件的创新制造，实现与科技创新类的生产性服务业紧密结合，促进了新型计算、存储和安全保障等新技术设备的创制。山西省还通过开发自主可控制造业软件技术，发展了信息系统集成、工业控制软件等产品和整体解决方案，实现了生产性服务业对制造业的价值链的潜入模式发展。

3. 在新材料产业方面，山西省的比较优势在新型化工材料、新型金属材料、新型无机非金属材料等行业，其二业协同模式主要为制造业向生产性服务业的价值链延伸模式。山西省的做法是充分利用煤炭资源优势，突破适合山西煤种的气化等关键技术，发展煤制烯烃、煤制芳烃、煤制乙二醇等高附加值产品，构建以无机盐、氯碱及下游盐化工的深加工为主的产业链条，发展合成树脂、合成纤维、合成橡胶等新型高分子材料及生物化工材料产业。在新型金属材料制造上，发展高强高韧和专用特种钢材、精密带钢等材料，增强冶炼—钢材—深加工的全产业链核心竞争力。发挥山西资源优势，依托固废综合利用基地，发展新型无机非金属材料，如陶瓷纤维、陶瓷薄板、压电陶瓷等。

4. 在现代医药产业方面，生产性服务业和制造业的发展已经有了一定程度的延伸式协同融合发展。山西需要做的是继续提升血液制品的技术创新水平，推进发展靶向药物、抗体药物及抗体偶联药、新型疫苗、生物活性制剂等个体化治疗的医药产品。对于化学药，要通过提升主导原料药及制剂的清洁化生产和深加工能力，发展缓释、靶向、长效的新型化学原料药和制剂。对于现代中药，要充分依托山西的资源环境优势，推进道地药材药效物质基础和作用机理研究，加强创新中药及复方中药的开发研究，发展中药饮片、抗肿瘤类、慢性病、纯中药戒毒新药等现代中药产品。

二 山西二业协同高质量发展的实现机制

1. 大力提升制造业的自主创新能力。通过强化企业在科技创新中的主体地位，引导企业不断增强自主创新能力。围绕全省制造业的重大共性需求，加快建设各类企业技术中心、工程研究中心、重点实验室等技术创新平台，不断完善产业技术创新体系。依托各类高等院校、科研院所等，建设创新设计技术联盟、产学研创新联盟等体系。围绕产业链部署创新链，不断推进关键核心技术的研发。

2. 不断优化制造业地理空间布局。结合大运公路两翼产业带、108经济走廊、大太原都市圈等，发展块状经济带。对原有的产业集聚区进行调整优化，并与旧城区改造、新城区建设结合起来，联动开发。高度重视中心城市的"楼宇经济"和中心镇的县域经济发展。在开发区的建设中支持其参与区域合作，承接发达地区产业转移，推动有效"飞地经济"合作。

3. 推进两化深度融合和制造业的结构调整。加快制造业生产过程的智能化进程。提高信息技术在企业的工艺流程改造、实时检测、质量控制、营销服务等领域的系统化整合能力，实现产品制造的智能管控和全流程监控。推动互联网与制造业深度融合发展。鼓励制造企业发展基于互联网的个性化定制、众包设计、云计算等新型制造流程模式。

改造提升传统制造业水平。引导传统产业与互联网信息服务融合发展，支持先进高载能企业引进国际领先的工艺生产设备，提升生产品质，发展精深加工。引导其加快技术改造进程，把技术改造摆在传统制造业转型发展的核心位置。重视提升工业基础能力。组织实施一批关键基础材料、核心基础零部件（元器件）、先进基础工艺、产业技术基础"四基"项目，探索形成推动工业强基的发展新模式。

4. 全面推行节能低碳的绿色制造。推广应用节能环保新技术、新设备（产品），积极引领新兴产业绿色发展，建设绿色数据中心和绿色基站。推进资源的综合有效利用，引导资源综合利用企业实施科技引领战略，提升产品档次，拓展市场。推进开展工业绿色转型发展试点，加大工业固废综合利用基地建设。全面推进传统制造业的绿色改造，加快共性清洁生产工艺技术和绿色环保原材料开发利用，强力支持培育资源综合利用的龙头制造企业。

5. 进一步加强对外合作交流。深化区域间的合作。抓牢当前的"一带一路"发展机遇，利用山西的"品牌丝路行"、境外合作园、东盟自由贸易区等平台载体，推动山西的产业、品牌、产品等"走出去"。抓住京津冀协同发展、环渤海经济圈内陆协作拓展区、中原经济区、沿黄经济带、晋陕豫黄河金三角、晋陕蒙等合作机制，推进与周边省份的省际交界试验区建设。在招商引资方面，不断探索新的工作机制，注重产业链的配套招商，实行有针对性地开展对外招商引资和商务合作。支持优势制造企业以 BOT、PPP 等模式开展国际产能合作。

第二节　安徽省生产性服务业与制造业高质量协同发展路径与实现机制

一　安徽二业协同高质量发展的路径选择

最新统计年鉴数据表明，2014 年安徽省的三次产业比重为 11.5∶53.1∶35.4。由此而言，安徽制造业的发展同步领先于生产性服务业的发展。所以，安徽生产性服务业和制造业的协同互动模式应当是以价值链的延伸模式为主、其他模式为辅的发展路径。

改革开放以来，安徽制造业发展进入了快车道。2014 年，规模以上工业增加值达到 9530.9 亿元，是 2005 年的 6.4 倍；工业化率由 2005 年的 34.3% 提升到 46%；制造业增加值占工业和 GDP 比重分别上升至 86.2% 和 39.4%，工业尤其是制造业已成为安徽经济发展的主导力量。但与发达地区相比，安徽省制造业存在总量不大、结构不优、创新不够等问题，特别是随着资源和环境等的约束增强，劳动力等要素价格不断上升，传统资源扩散性发展方式难以为继，全省制造业发展面临新的挑战。所以，结合新一轮科技革命和产业变革的兴起，推进生产性服务业的发展，并推进其与制造业的协同互动就显得尤为紧迫。

就目前而言，安徽制造业的优势产业主要集中在传统的冶金、建材、化工能源行业，在新兴高端制造领域的优势产业有新一代电子信息、智能装备节能和新能源汽车等。所以，安徽的生产性服务业和制造业的协同互动模式基本以这几个产业的模式为协同主体。

1. 对新一代电子信息产业而言，主要包括集成电路的制造、新型显示器的制造、智能终端和信息设备的制造等行业。由于这几个行业的发展对科技创新类的生产性服务业有较高要求，所以基本上在发展之初便与生产性服务业有了较好的互动融合，在下一步的发展中则主要是以向二业协同的高级化演进，最终实现以生产性服务业和制造业共同主导的价值链重构的发展模式。比如，在集成电路制造中，有关集成电路的设计将被放在优先发展的地位，特别是要大力推进专用集成电路的研发、大尺寸晶圆的制造和封装工艺设计等。

2. 对安徽的智能装备制造业而言，其发展重点包括高档数控机床及成型装备、机器人、伺服电机、控制器等，以及3D打印机、小型燃气轮机，家电、汽车等自动化生产线、智能在线检测设备等。这些行业依然对金融资本和科技研发类生产性服务业有较高的要求，并且在全国几乎同步推进的过程中，很可能会出现发达地区的某些环节率先突破，从而以生产性服务业的形态进入安徽省，实现与制造业在价值链上的嵌入式的协同互动模式。比如，通过与国内数控机床行业的龙头企业合作，开展高档数控机床及成型装备关键技术研究，提高制造业的加工精度和可靠性。大力发展工业智能成套装备及成套自动化生产线，提高柔性制造、精密制造、敏捷制造和智能控制等关键技术环节，建成全国性的智能装备制造示范工程。

3. 对新能源汽车制造而言，安徽的发展重点包括中高档乘用车、商用车、客车、特种专用车、高档房车、纯电动汽车、插电/非插电式混合动力汽车、天然气等替代燃料汽车、节能内燃机汽车。而对这类制造业而言，其发展的关键是，通过与科技研发类的生产性服务业开展紧密协同互动，在混合动力、高效内燃机、变速器、轻量化材料等关键技术，以及动力电池、电机系统、电控系统、尾气后处理系统等核心零部件等方面取得进展与突破。

4. 对以冶金、建材、化工为代表的安徽传统制造业而言，必须通过对外引进以资本和技术为代表的生产性服务业对其实施价值链重构式的二业协同发展模式。对冶金行业而言，通过技术改造，稳步推进企业的并购重组，提高集中度和竞争力。对钢材行业，要瞄准机械、汽车、造船、高铁等下游行业的钢材用品需求方向，引导企业开发高端钢材制品。在建材行业，通过控制产品总量规模，推进企业兼并重组，加大技术改造投入力度。依托优势品牌，生产高性能水泥、特种水泥、高端管型片材等高附加值建材产品。在化工行业，按照"集约集聚、绿色环保、安全可靠、可持续发展"原则，加快技术改造，突破煤化工、石油化工技术瓶颈，发展高性能纤维、特种橡胶、氟硅材料、可降解材料等具有特种功能的化工新材料。

二 安徽二业协同高质量发展的实现机制

1. 以"两化"融合为切入点，推进制造过程智能化。引导制造方式向智能制造、网络制造转变，组织模式向专业化、小型化转变，推进智能制造项目建设，打造智能工厂和数字化生产车间。不断提高生产设备的智能化改造，推进实施"机器换人"工程，实施工业机器人应用专项计划，在机械、钢铁、石化等生产领域推进实施工业机器人规模化。推进"互联网＋"融合发展。制定"互联网＋"制造业融合发展路线图，发展基于互联网的众包设计、云制造、个性化定制等新型制造业发展模式。推进开发智能控制系统、工业应用软件、传感和通信系统等，促进软件与服务、设计与制造、关键技术与标准的互动融合、开放共享，以提升信息技术和制造业的融合发展水平。

2. 实施"名牌、名品、名家"计划，推进"名牌"计划。引导支持企业实施品牌价值管理体系，实施绩效模式、精益生产等先进质量管理方式，提升内在素质，夯实品牌基础。提升品牌文化建设，引导企业增强以质量和信誉为核心的品牌建设，提高品牌附加值和软实力。推进"名品"计划。围绕产业重点，引导企业参与国际标准、国家标准、行业标准的制定修订，并以高于标准的质量制造产品，打造"技术领先、质量上乘、性能优良、效益显著"的安徽制造业精品产品。推进"名家"计划。在实体企业领域，实施企业经营者素质提升工程和战略性新兴产业的人才集聚工程，打造"皖军徽匠"。在技术研发领域，培养一批制造业技术带头人，并借助于人才的引进，打造一支高技能人才队伍，建立经营人才库、科技人才库、专业工匠库。

3. 开展"强基、强企、强区"行动。实施工业强基行动。强化安徽的基础零部件、基础工艺、基础材料和技术基础等"四基"的能力建设。通过开发大型精密高速数控机床轴承、自动变速箱等核心基础零部件，大力发展高强度汽车用钢、高性能膜材料、锂离子电池隔膜等关键性基础材料，强化全省的制造业基础。实施工业强企行动。通过培育制造业领军企业，助其做强主业、强化核心竞争力。对"专精特新"的中小企业和科技型小巨人企业，通过实施"单打冠军"和"配套专家"的行动，助其进一步增强核心竞争力。实施工业强区行动。支持现有制造业园区升级改造，扩大规模。引导优势产业、龙头企业向园区集聚。推动以省级产业集群专业镇为重点的县域工业园区和乡镇工业集中区改造升级，提升其核心竞争力。

4. 大力推动科技创新发展。深化科技成果使用、处置和收益权改革，加大股权激励，促进科技成果产业化大发展。强化制造企业的科技创新主体地位。构建以企业为主体、市场为导向、产学研相结合的科技创新体系，加强以企业技术中心为重点的科技创新机制建设，逐步提升企业技术中心的整体效能和影响力。鼓励开展各级各类产学研协同创新联盟，共同开展行业关键、共性技术研发攻关，加速科技成果的产业转换进程，推进行业技术进步。建立完善科技成果转化协同推进机制。

5. 加快生产性服务业发展。进一步放宽行业市场准入限制，完善现有行业标准，推动生产性服务业的提速发展、品质提升。大力发展生产性服务业中的工业设计、环保服务、检验检测、现代物流、信息技术等产业，提高对安徽制造业转型升级的支撑力。推动金融业与信息网络的融合发展，支持制造企业建立财务公司、金融租赁公司等金融机构，推广大型成套设备和全套生产线的租赁业务。推动商业模式创新，鼓励中小制造企业发展电子商务、O2O（线上线下）、C2B（消费者到企业）、C2M（客对厂）等新业务模式。依托中心城市和制造业集聚地，建成一批生产性服务业集聚示范区。

第三节 江西省生产性服务业与制造业高质量协同发展路径与实现机制

2015年统计年鉴显示，2014年江西省的三次产业比重为10.7∶52.5∶36.8，可以判断江西省的制造业发展水平领先于生产性服务业的发展水平。那么江西省生产性服务业与制造业协同互动发展的主要路径模式就是制造业在其价值链上对生产性服务业的延伸。改革开放以来，特别是进入新世纪以来，江西省的制造业发展保持了健康有序的较快发展态势，规模得以壮大，结构得以优化，转型升级也迈出坚实步伐。但与全国整体制造业的发展格局来看，江西省与发达省份还存在不小的差距，特别是在制造的大而不强、结构优化、生产效率、创新能力和信息化程度等方面存在明显差距。为此，必须加快推进制造业与生产性服务业的协同互动，以期能抓住国家正在实施的制造业强国战略机遇。

一　江西二业协同高质量发展的路径选择

就目前而言，江西的制造业主要存在于电子信息、生物医药、有色金属和航空制造等几个领域，所以生产性服务业的协同发展必须紧密围绕这几个方面展开分析。

1. 在电子信息产业方面，江西省的优势在通信设备、半导体照明等制造业领域，其中又以南昌、九江和吉安等市的智能手机制造和车载通信设备的制造有较强的比较优势，可以通过在价值链上的延伸与生产性服务业进行协同互动。比如，以零部件的骨干龙头企业为依托，在触控屏模块、金属银纳米线和电路板等制造环境形成国内领先的竞争优势，进而沿着价值链推进在产业链上下游的扩张与延伸，占领全产业链的制高点，形成制造业与生产性服务业协同互动模式的高级阶段。

2. 在医药产业的制造与研发方面，江西省的比较优势主要围绕在中药、化学药、生物药和医疗器械等生产与制造领域。医药行业的特殊性，决定了它的生产与研发几乎是同步的，也就是说，医药生产行业从起初就与技术研发类的生产性服务业紧密结合协同互动，共同实现江西省医药产业在全国的较高市场占有率和竞争力。自然，其下一步的二业协同发展路径就是促使医药制造业与生产性服务业在价值链上的重构，以进入二业协同发展的高级阶段。具体而言，如在生物医药方面，围绕血浆原料进行深度技术开发，突破一些关键性的生产技术，做大做强血液制品、抗毒素和抗血清领域的系列产品；在引进疫苗、基因工程及多肽药、抗体药、核酸药等方面，推动现有医药企业与国际、国内同行开展合作，实现共赢。

3. 在有色金属冶炼等产业方面，江西省的优势在于资源丰富，冶炼技术稳定成熟，其与生产性服务业的协同发展要在推动科技创新，实现精深加工和市场开拓方面做出努力。比如，在铜业的生产与制造方面，通过对资源的整合利用，实现集中冶炼，一方面巩固提升现有的铜冶炼技术和能力，另一方面集中建设新的、技术更进一步的再生铜冶炼企业，进而推动江西铜业向精深加工化发展。提升精铜箔、铜（板）带等的生产能力和市场竞争力。在稀土产业方面，江西的二业协同互动路径，是提升开采、冶炼分离等制造环节的清洁生产技术能力。围绕赣州、南昌两大稀土产业集聚区，构建完备的稀土产品上下游一体化、深加工及功能材料应用多元化开发的发展格局。提升稀土永磁材料、电池储氢材料、稀土镁铝合金、激光晶体等领域的市场占有率。

4. 在航空制造方面，江西省的二业协同发展路径是，向技术创新类生产性服务业延伸，提升教练机、直升机、固定翼飞机和民机机体及部件的制造水平，进一步提升市场空间。进一步推动二业向价值链重构的高级阶段发展模式的路径演进。比如，在教练机制造上，依托中航洪都等企业，不断完善产品体系，打造世界一流的飞行训练系统研发、制造和配套服务体系。在直升机制造方面，依托中航昌飞、中航直升机设计研究所等，通过引进技术，建设有广阔市场前景的机型生产线，提升多载重、多型号直升机的生产制造能力。

二 江西二业协同高质量发展的实现机制

1. 不断强化企业创新能力。以增强企业创新能力为核心，推动关键技术的攻关突破，建立健全以企业为主体、市场为导向、产学研紧密结合的江西科技创新体系。推进政府引导、市场化运作的协同创新模式，通过在龙头制造企业和科研院所间建立的科技创新中心，强化协同创新的自我持续发展能力，比如，可在铜冶炼及深加工、离子型稀土材料制造等领域建设多个国际一流的协同创新中心；在直升机、触控显示、节能环保、矿山机械等领域建设10个国内领先的协同创新中心。不断提升企业创新能力，推动各类社会创新资源向龙头优势企业集聚。推动建设重点领域制造业工程数据中心，为企业提供创新知识和工程数据的共享服务。加快形成以创新中心为载体和平台，工程数据中心为支撑的全方位协同创新网络体系。

2. 实施制造业重大工程建设。在制造业的重点优势领域，围绕关键技术攻关和高端装备制造，实施一批重大工程，促进江西优势产业集群和战略新兴产业集群的协同共赢发展。比照国际先进水平，在半导体、航空制造、铜加工、稀土加工、动力电池、有机硅等方面实施制造业重大建设工程。同时在机器人、高档数控机床、智能制造、系统集成、通用航空、汽车制造、输变电设备、医疗器械、生物医药、复合新材料、节能环保装备、制造服务业等方面实施比照国内领先的制造业重大建设工程。进一步推进制造业工业园区的建设，以制造业重大工程建设为导向，培养发展100个专业特色现代制造业集群发展园区。以资源要素的统筹利用为导向，优化区域分工和制造业的发展布局，大力发展产业链上下游产品，提升产业配套能力，以优化产业结构升级。

3. 加快产业结构调整步伐。不断培育和发展战略性新兴产业，同时加快传统优势产业的转型升级。充分发挥原有制造企业技术改造的作用，推进产业结构调整步伐。支持企业在产品质量、节能降耗、装备水平等生产环节的技术改造项目。以深化企业改革为引导，推动有色、冶金、煤炭等行业向产业链条的高端延伸。培育支持优势大型制造企业在国际市场增强核心竞争力，同时，在细分领域培育和支持一批国内领先的制造业配套企业集群。不断增强制造业的可持续发展能力，全面推进清洁生产、循环经济发展，全力推进绿色工厂建设，构建绿色生态产业格局。

推动制造业服务化进程，引导制造企业从产品供应向解决方案供应的逐步转变。鼓励企业围绕客户需求开展个性化产品设计与制造，实施个性定制加规模化生产的服务型制造业项目。以先进性制造业集聚区为依托，培育省级生产性服务业功能区发展区，发展研发设计、技术转移、科技咨询等科技类生产性服务业和信息物流、检验检测、电子商务、人力资源等第三方类的生产性服务业，以逐步提升对制造业转型升级的支撑力。

4. 大力实施全方位、大开放发展战略。积极对接发达地区的科技创新成果和平台。抓住国家工业强基战略机遇，在基础材料等优先领域积极推进，不断增强制造业基础支撑力。结合国家推进两化融合机遇，在新一代信息技术、制造共性技术等方面实现突破性技术创新，有力促进江西制造业的转型升级。抓住国家制造强国战略机遇，力争国家专项和应用示范在江西的落地，助力江西在部分重点领域实现突破。

继续扩大招商引资、招大引强。重点突出集群式招商、产业链招商，提升招商引资的有效性。根据江西的制造业发展规划和区域布局，在优先扶植的重点领域的薄弱环节，开展针对性极强的招商引资，吸引一批世界和国内 500 强企业、行业龙头企业来赣投资。

鼓励和支持优势制造企业"走出去"。推动江西具有比较优势的光伏、中药、铜加工等领域的企业率先走向境外，对其他如机械、汽车、纺织、冶金比较优势不太突出的产业，鼓励开展国际产能合作项目。对"走出去"的优势制造业，开展强有力的服务支持体系建设。通过建立对外投资平台和技术性贸易平台，健全贸易摩擦应对机制及境外投资预警机制，以增强"走出去"制造企业的抗风险能力。

第四节　河南省生产性服务业与制造业高质量协同发展路径与实现机制

一　河南二业协同高质量发展的路径选择

最新统计年鉴数据表明，2014 年河南的服务业增加值占 GDP 比重为 37.1%，工业增加值占比为 51%，由此，我们可以判断，整体而言，河南制造业的发展领先于生产性服务业的发展。所以，河南生产性服务业和制造业升级的协同互动模式应当是以价值链的延伸模式为主，其他模式为辅。

就河南的制造业发展而言，制造业规模已经位居全国前列，综合实力较过去显著增强，已成为全国重要的制造业大省。但制造业正处于结构转型的过程，原有的产业层次低、创新能力弱、低附加值产品多等的结构性矛盾依然存在。另外，河南的生产性服务业法制整体滞后于制造业的发展，虽然部分生产性服务业的门类在全国具有比较优势，比如，交通运输、仓储和邮政业，但河南生产性服务业整体发展实力与发展阶段仍无法与东部发达地区相提并论。这就使河南借助生产性服务业的大发展来实现对制造业的结构调整、转型升级和提质增效愈加紧迫。

就目前而言，河南制造业的比较优势主要存在于以下三个领域：智能终端及信息技术产业、高端装备制造、食品冷链与休闲食品等。很显然河南的生产性服务业与制造业升级协同发展路径应紧密围绕这三个产业来展开。

1. 就智能终端及信息技术产业而言，因为该制造行业对科技创新、技术研发等生产性服务业的要求较高，所以其生产制造的环节本身的技术要求就比较严格。河南目前在这方面做的工作主要包括：推动平板显示、高端屏组件、摄像模组件、电池等零组件本地化生产；建设全球重要的智能终端研发生产基地；引进和培育集成电路设计及专用设备、通用芯片、信息通信设备等核心技术和产品，提升 PLC 光分路器芯片领先优势。可以看出主要是集中在制造业加工链条上的引进，事实上，这些制造业大部分属于当前世界经济的主导产业，对科技创新的依赖度较高，能够产生新的生产函数、具有持续较高的增长率和较强的扩散效应，所以这些主导型制造业的完整价值链条中属于生产性服务环节的大多存在于发达国家或地区。那么河南在选择这些制造业作为经济转型的方向时，必须要重视相关生产性服务的发展，可通过培育现有生产者的服务业和引进相关生产性服务业的模式使得生产性服务业和制造业以协同互动的方式发展。具体而言，如大力培育智能手机设计、研发、制造及应用服务，推进智能车载、智能教育、移动医疗、移动执法等行业应用智能终端设备的研发力度，建设全球重要的智能终端研发生产基地等。

2. 就河南的高端装备制造业而言，主要是输变电设备、农机设备和大型成套设备。其与生产性服务业的协同路径基本也是以价值链向生产性服务业的价值链延伸的方式来实现协同互动发展模式。考虑到大型成套设备对技术和资金的严重依赖性，以及其所面临的市场需求曲线已经非常平缓的现实。就大型成套设备而言，其实是可以尝试推行价值链重构的模式的。通过借助于金融服务业，对现有的大型成套设备制造进行与生产性服务业协同式的价值链重构。这种价值链条的重构，不仅限于对现有企业的整合与兼并，还包括以提升客户满意度为目标的售后服务体系的构建，以及以租赁或贷款方式购买的产品与服务，当然还有在技术研发和科技创新环节上的整合与重组。

3. 就河南的生鲜冷链食品和休闲食品制造业而言，已经和生产性服务业在运输仓储等环节协同互动发展，是一种制造业处于领先地位在价值链上对生产性服务业进行延伸的发展模式，并且使得冷链储运的生产性服务业也处于行业领先地位。所以其协同发展的路径就是往生产性服务业和制造业协同互动发展的高级阶段进行，即推动制造业和生产性服务业在价值链重回的环节重构新的价值链，这才是河南制造业真正转型升级的方向。

最后，河南的其他的一些制造业，如新能源汽车、数控机床和机器人、节能环保和新能源装备、生物医药及健康产业等需要进一步发展壮大取得行业优势，才能更好地和生产性服务业实现协同互动的发展。

二 河南二业协同高质量发展的实现机制

1. 实施开放带动主战略。大力承接产业转移。依托产业基础和综合配套优势，大力引进智能终端、节能与新能源汽车、智能装备等国内外 500 强企业、行业龙头企业和标志性制造业项目。突出精准招商，发挥龙头企业作用，实施产业链招商。推动重点企业、产业集聚区与发达国家和地区开展"一对一""点对点"的对接，共建合作园区，培育和打造郑州产业转移对接平台。注重引资、引技、引智的结合，面向全球吸引科技领军人才和高水平创新创业团队。以提升制造业引进消化吸收创新能力为着力点，支持企业与国内外科技机构等高端生产性服务业深度合作，利用外部资源推动产业集群创新发展。深化国际产能和装备制造合作。全面融入国家"一带一路"建设，支持矿山装备、输变电装备、农机装备等龙头企业率先"走出去"，通过在海外实施并购重组，实现与生产性服务业的深度融合发展，促进优势制造业向国际产业链和价值链高端攀升。

2. 不断提升制造业创新能力。坚持围绕产业链创新，围绕创新配置资源，提高重点领域和关键环节的科技创新能力。完善创新体系。建立以企业为主体、市场为导向、政产学研用相结合的科技创新体系。大力扶持建设郑州航空港经济综合实验区、洛阳智能装备基地、中原电气谷等。认准制造业转型升级和未来产业发展的制高点，发布制造业重点领域技术路线图，支持龙头企业围绕关键技术展开研发创新。推行大众创业、万众创新，鼓励企业和社会资本参与创新，培育市场化研发新组织体，加大对新业态项目的扶持力度。

3. 推进信息化与工业化深度融合。推动企业全面开展"两化"融合管理体系贯标，深化自主可控信息技术在制造业中的集成应用，加快"中国制造 2025"与"互联网+"融合发展。发展智能装备和产品。全面推广"数控一代"技术产品，促进人工转机械、机械转自动、单台转成套、数字转智能。大力推动机械、汽车、轻工、食品、纺织、电子等行业成套设备及生产系统自动化、数控化和智能化改造，扩大数控技术和智能装备在工业领域的应用。

推进制造过程智能化。在重点领域培育建设一批智能工厂、数字化车间，加快产品全生命周期管理、客户关系管理、供应链管理等生产性服务业系统的推广应用。推进集团管控、设计与制造、产供销一体、业务和财务衔接等关键环节集成，促进制造工艺的仿真优化、数字化控制、状态信息实时监测和自适应控制，实现智能管控。加快精益生产、敏捷制造、虚拟制造等在装备制造企业的普及推广，运用数字化、自动化技术改造提升制造企业的信息化水平。深化互联网在制造业的应用。全面实施"互联网+协同制造"行动，开展工业云及工业大数据创新应用试点，鼓励制造业骨干企业通过互联网与产业链各环节紧密协同、全面深度融合生产性服务业，推行众包设计和网络化制造等新模式。

4. 加快推动制造业服务化。坚持把服务型制造作为制造业转型升级、创新发展的重要抓手，培育发展与制造业相关的生产性服务业，加快制造业与生产性服务的协同发展。实施服务型制造行动计划，引导和支持制造业企业把生产模式从以产品制造为核心转向以产品、服务和整体解决方案并重，支持其营销模式由提供设备向提供系统集成总承包服务转变。鼓励具有比较优势的制造业企业通过"裂变"的方式强化其专业优势，促使其在"裂变"中的业务流程再造。大力发展面向制造业的信息技术服务业，支持优势制造企业设立独立的财务公司、金融租赁公司等，实现与金融服务业的深度融合。

第五节　湖北省生产性服务业与制造业高质量协同发展路径与实现机制

一　湖北二业协同高质量发展的路径选择

2015年统计年鉴显示，2014年湖北省的三次产业比重为11.6∶46.9∶41.5，可以看出湖北的制造业和生产性服务之间的差距不是太大。那么整体而言，湖北省的二业协同发展路径可选的模式就多一些。事实上2014年湖北省的制造业主营业务收入达到37722亿元，位列全国第8。随着国家深入实施"长江经济带"、"一带一路"、推进长江中游城市群建设等战略（倡议），为湖北省的制造业发展提供了新的发展空间。不同于中部其他省份，湖北武汉的高校和科研院所的资源丰富，这就为生产性服务业的发展提供了良好支撑条件。但是，对于仍处在工业化进程中的湖北而言，其制造业仍存在层次不高、在价值链的中低端、企业创新能力不强、核心竞争力较弱的普遍现象，这就需要通过推进生产性服务业和制造业的协同发展，来促进经济结构的调整，实现供给侧结构性改革。

就目前而言，湖北的制造业存在比较优势的有以下五个领域内产业，分别为新一代信息技术产业、高端智能装备、生物医药和高端医疗器械、新材料等。

1. 就新一代信息技术产业而言，主要包括光通信接入、传输设备制造；芯片制造；新兴显示面板制造；5G 终端制造等。基于武汉东湖国家光电子产业基地，这些新一代信息技术产业的制造业大多处于全国的前列，而且这些制造业从产生之初，就与技术研发类的生产性服务业紧密关联，协同互动发展。也就是说这些新信息技术产业从一开始就实行的是生产性服务业从价值链嵌入的模式进行协同互动发展，自然其下一步的发展路径就是寻求二业协同的价值链重构发展模式，包括增加客户满意度的整体解决方案式的售后服务体系以及资产的并购重组等。

2. 对于高端智能装备业而言，主要包括激光器制造、数控机场制造、机器人制造等。它的水平基本上也是处在全国的上游水平，同样这些产业也对技术研发类和金融服务类的生产性服务业有较高的协同性，这些产业的发展本就伴随生产性服务业的同步发展，其下一步的发展路径就是升级为二业协同的价值链重构模式。

3. 生物医药和高端医疗器械的制造，主要包括治疗性基因工程药品、单克隆抗体和新型生物疫苗等的研发和制造，以及数字化医疗设备与系统、激光类器械等。这些制造业对生产性服务业的高度依赖也是很早就形成的，也已经基本实现二业的协同发展，其下一步的发展路径就是遵循原有协同互动的模式，逐步向价值链重构型的模式过渡。

4. 新材料制造业行业，包括高性能金属材料、高端化工新材料、电子信息功能材料、新型无机非金属材料等，这些制造行业因其对原料成本和市场需求层次的依赖性较高，所以即使其与生产性服务业发展有所协同互动，其协同程度也不会太高，仍需通过价值链延伸的方式与生产性服务业进行深度融合。

二 湖北二业协同高质量发展的实现机制

1. 加快发展智能制造。加快实施"互联网+制造"行动计划。围绕装备、石化、船舶、汽车、信息、钢铁等重点产业,开展"互联网+制造"示范项目培养工程。提升通信网络的信息支撑能力,促进大数据和物联网在制造业的深入应用,推进企业研发、制造、检测与工程服务等的在线协同互动。发展一批智能制造装备和产品。发挥湖北的科研技术比较优势,发展机器人、3D打印、激光制造装备、智能制造检测平台等重点装备制造业。攻克伺服电机、智能控制器、重载精密轴承等核心基础部件的制造技术。促成重大智能制造装备与关键零部件的协同发展。鼓励行业龙头企业建立智能制造产业联盟,协同推动智能装备和产品研发、系统集成的创新与产业化发展,建设开放有序、竞争有力的智能制造生态圈。

加快信息基础设施升级建设。深入实施"宽带湖北"战略,加大4G网络的基础设施投资,推进大数据、云计算基础设施建设,推进武汉国家软件名城、武汉国家级互联网骨干直联点和下一代互联网示范城市建设。强化工业集聚区的信息网络建设。重点推进光纤网、移动网、无线局域网等的建设,实现低时延、高可靠、广覆盖的工业信息网络。

2. 完善制造业创新体系。聚集优势资源,推进区域制造业创新体系建设,充分发挥公共服务平台、工程中心、技术中心、重点实验室等平台的支撑作用。推进科技管理模式创新,促进科技领域的"引进来"与"走出去"有效结合,建立市场化的创新机制和风险分担、利益共享机制。加大核心关键共性技术研发。制定实施湖北制造业转型升级技术创新路线图。整合创新资源,推进由企业牵头、产学研结合的协同创新联盟。以汽车、光电子、智能制造、海工装备、生物医药等优势产业为突破口,实施重点突破,推进产业技术创新发展和集成制造能力的提升。

完善科技成果转化运行机制和知识产权保护机制。搭建以促进产业化为目标的技术转移平台,促进项目、资金和人才的有效对接,为湖北企业的技术转移提供综合性服务。引进中国创新服务网络、中国技术交易所等组织,拓宽技术转移服务途径,提供更广泛的技术转移服务,推进科技成果的市场化进展。

3. 推进"四基"加快发展。围绕重大工程和重大装备的核心基础零部件、先进基础工艺、关键基础材料和产业技术基础（简称"四基"），加大技术攻关，破解制约湖北制造业发展的瓶颈。深入实施国家工业强基工程，围绕湖北具有优势的电子信息、汽车、海工装备等领域，明确"四基"发展方向。通过建立多部门协作工作机制，引导生产要素向"四基"倾斜。同时，鼓励"四基"企业与整机系统企业开展合作研发和协同攻克技术难关，形成研发设计、生产销售的市场共同体。

4. 加快制造业转型步伐，推进传统制造业产业向智能化的改造升级。在汽车、冶金、装备制造、化工等传统优势产业领域，鼓励通过兼并重组、投资合作等方式，做大做强做优，促进规模化、集约化经营，提高产业集中度。积极淘汰落后产能，形成倒逼落后产能的退出机制。促使企业加大技术改造力度，改进工艺流程，实施精益制造、敏捷制造。按照"建设项目—产业链条—集聚发展—产业集群"的方向，促进制造业集群的发展，推动关联产业凝合集聚，打造特色鲜明、综合实力强的制造产业集群品牌。深化与央企、军工集团的战略合作。发展船舶和海洋工程装备、磁电子、航空航天等领域的军民结合产业，形成军工经济与民用经济协同互动的发展格局。

5. 推动生产性服务业创新发展。依托制造业集聚区，以外引、内联等方式，吸引、培育一批现代化高端化的生产性服务业。推动发展融资租赁等生产性服务，开展对高附加值设备的融资租赁服务，以支持中小企业的创新发展。推广建设信息服务业，支持信息服务企业面向"四六十"制造业提供专业化服务，推动制造企业的柔性化、智能化发展。推动以高校和科研院所为主体的检验检测计量认证等综合性服务，从而在光电子、新材料、生物医药等领域引领提升制造业水平。积极推进服务外包，开展服务贸易，力争把武汉创建成为服务外包城市。

大力发展工业设计产业，开发集成设计技术、绿色设计技术等先进设计工具软件，发展以制造工业设计、环保工程设计、汽车设计为主的工业设计。强化工业设计服务企业与制造企业的对接，支持二者建立联盟，形成平台化协作长期关系，从而实现异地设计、协同生产的局面。

促进生产型制造业向服务型制造业转型升级。围绕拓展产品功能和满足用户需求，推动制造业增加研发设计、物流营销、客户关怀、供应链管理、品牌运营等高端生产性服务的投入，提升服务价值在制造企业产值中的比重。鼓励制造企业开展个性化定制，建立快速响应的柔性、敏捷生产模式。

6. 实行更加主动的开放战略，引导制造业企业"走出去"。积极抓住实施"一带一路"、自由贸易园（港）区的战略机遇，引导湖北优势企业"走出去"、富裕产能转出去，促进引进外资和对外投资新平衡，构建开放型经济新优势。积极搭建国际合作金融服务平台，建立湖北"一带一路"基金，支持优势制造企业在境外开展并购和股权投资。加快龙头企业的国际化步伐，支持在电子、化工、装备等领域培育具有国际竞争力的本土国际化企业。

优化外资利用结构，推动以产业链高端和关键技术研发为重点的招商引资，引导外资进入湖北的高端装备、生物医药、新材料等新兴产业领域。推动区域产业协同发展。谋划湖北长江经济带、汉江经济带产业整体规划，在推进产业演进升级中有序承接产业转移。加强区域间的合作与交流，推动彼此产业的协同发展，构建"中三角"现代产业新体系。

第六节　湖南省生产性服务业与制造业高质量协同发展路径与实现机制

一　湖南二业协同高质量发展的路径选择

最新 2015 年统计数据显示，2014 年湖南省的三次产业结构为 11.6∶46.2∶42.2。也就是说湖南的制造业和生产性服务业之间的最佳协同发展路径依然是以制造业向生产性服务业的价值链延伸的模式为主。

自改革开放以来，湖南制造业获得了很大的发展。2015 年，湖南制造业增加值比上年增长 9.1%，比规模工业高 1.3 个百分点；制造业占规模工业比重达到 90.7%。作为制造业核心的装备制造业，成为全省首个主营业务收入过万亿元的产业。湖南装备制造业包含 14 个具体产业，其中又以工程机械制造业、轨道交通制造业的比较优势最为明显，已成"湖南制造"走向世界的典型代表。但是湖南制造业在转型升级和提质增效方面仍有很大潜力可挖，为此湖南制造业通过全面推进"1274"行动（就是发展 12 大重点产业；大力实施 7 大制造业创新工程；打造制造强省 4 大标志性工程），放大比较优势和潜在优势，大力发展先进制造业、改造提升传统产业，推动制造业和生产性服务业的融合发展。

1. 对轨道交通装备制造业而言，湖南的比较优势有科技创新、人力资本、市场资源等。所以，其和生产性服务业的协同发展路径应当是通过制造业价值链的延伸与生产性服务业进行融合，进而在开拓国际市场，培养国际竞争力方面得到提升。比如，通过生产性服务业价值链高端环节的技术创新环节，在重载货运机车、客运机车、城际动车组等制造业中突破中低速磁浮系统、牵引传动及控制系统、永磁同步电传动系统、通信信号系统等核心的关键性技术的突破。

2. 对湖南的工程机械制造业而言，同样通过在价值链上向生产性服务业的协同互动，实现工程机械制造业的技术创新、产品创新等产业和产品结构的升级。在融合的生产性服务业类别中，处理技术研发创新类生产性服务业，还包括信息技术服务业与其的协同互动。借助信息技术类的生产性服务业，湖南的工程机械制造业可以往全产业链的完备配套方面发展，以形成在国际上领先的工程机械产业群，以实现对国际市场的进一步扩张。

3. 在新材料的制造方面，湖南省利用省内科研、产业和有色金属资源等优势，在电池材料、硬质材料、高端金属结构材料、特种无机非金属材料、3D打印金属等制造行业取得一定成绩，通过与生产性服务业在价值链上的延伸与嵌入，能有效推动湖南在打造领先全国、跻身世界先进行列新材料制造集群方面取得一定成效，特别是在建立具有较强自主创新能力和可持续发展能力，以及产学研紧密结合和军民互动融合的新材料产业体系的构建方面能取得有效突破。

4. 在新一代信息技术产业方面，湖南省的比较优势是，导航和工控等集成电路制造业，以及目前已经是中部地区最大的移动互联网创意"梦工厂"，融入了生产性服务业和制造业，所以在新一代信息技术产业方面，湖南方面的二业融合路径是价值链的继续深度嵌入。因为在新一代信息技术产业方面，既对技术研发创新等生产性服务业方面有较高要求，又对金融资本等生产性服务业有较高的要求，需要二业的协同互动发展路径的继续深入和适时向价值链重构的模式转换。

二 湖南二业协同高质量发展的实现机制

基于上述的发展条件和基础，湖南省要进一步全面深化改革，充分发挥市场在资源配置中的决定性作用，强化企业主体地位，激发企业活力，转变政府职能，加强规划引导和政策扶持，创造二业协同发展的完善实现机制。

1. 不断完善创新体系，提高自主创新能力。积极创建国家级制造业创新中心。加快国家级和省级企业技术中心、工程（技术）研究中心、重点实验室等各类创新平台的建设与发展，鼓励有条件的制造企业"走出去"，在境外建立各类研发中心。促进高校、科研院所与制造企业的学研合作、协同创新，充分发挥骨干企业的主导作用和科研院所的支撑作用，建设产业创新联盟建设的新平台。支持工业设计的加快发展，促进形成政府推动、市场驱动、企业协同的创新工业设计发展新体系。结合湖南制造业优势和特色，推动工业设计与装备制造业等融合发展。支持原有代工制造企业建立工业设计中心，向拥有自主设计品牌企业转变。培育一批开放型的专业工业设计企业，融入国际工业设计服务外包产业链。推进以市场化机制建设与运营的工业设计公共平台。充分发挥长株潭国家自主创新示范区的引领带动作用，强化制造企业的市场主体地位，围绕产业价值链部署技术创新链，围绕技术创新链配置资源，打造湖南制造业的核心竞争力。

2. 实施湖南"智能制造工程"行动。围绕流程制造、离散制造、智能管理、智能服务等价值链环节，在湖南的新一代信息技术产业、高档数控机床和机器人产业、先进轨道交通装备产业和工程机械装备产业等重点和优势领域，实现智能制造的突破和提升，加快智能制造进程，不断提升智能装备制造水平。如在智能轨道交通装备技术和智能工程机械技术方面，依托中车株机、中车株机所、中联重科、三一重工等龙头企业，提升智能制造的水平。推进建设智能制造服务平台。通过对云计算、大数据等新一代信息技术服务企业的引进，以及工业云和工业大数据工程中心的建设，为各类大中小制造企业提供技术咨询、方案设计、流程改造、安装维护等专业性、生产性服务。

3. 实施湖南"工业强基工程"行动。推进湖南装备制造业发展的"四基"行动（基础零部件、基础工艺、基础材料和技术基础），实现产业化突破，构建整机牵引与基础支撑协同互动发展的经济结构。注重推进供给侧和需求侧的双向激励，鼓励整机制造企业和"四基"企业开展合作，实施技术协同攻关和科技创新。发挥湖南省内的著名高校，如国防科技大学、中南大学、湖南大学等在新一代信息技术、航空航天、新材料、机械装备等领域的比较优势，给制造产业给予有力的研发支撑。组织开展关键制造工艺及高端装备技术的联合攻关，提高基础专用材料的研发力度，确保其自给保障力和制备水平。

4. 不断调整优化区域产业发展布局。推进以产业集群、产业基地、领军企业为主要内容的"湖南制造强省标志性工程"建设。以产业园区为平台、高端装备制造业为抓手，促进全省产业结构的调整优化，推动湖南制造业向中高端演进。结合产业基础和特色优势，推动湖南全省制造业实行区域差异化发展，形成特色突出、结构合理、协同稳步的制造业格局。其中，长株潭地区发展技术含量高、附加值高的智力和资本密集型产业，包括轨道交通装备、中高端工程机械、新一代信息技术、新材料等为重点的先进制造业。衡阳、郴州湘南地区以电子信息、电工电器等制造业为方向，承接珠三角的产业转移，促使其形成一批链条完整的优势产业集群。岳阳、益阳等市以高分子材料、生物医药、船舶等制造业为重点，对接长江开放经济带战略，打造环洞庭生态经济圈。其他如邵阳、娄底等市积极培育发展生物医药、新材料等特色优势产业，推动湘中及湘西发挥生态资源优势，发展制造业多极格局。

5. 统筹推进生产性服务业与制造业协同发展。开展"制造+互联网+服务"专项行动，推动生产型制造业向服务型制造业的转变，促进生产性服务业与制造业的协同互动发展。引导轨道交通装备、工程机械、电力和节能环保等制造业领域内的优势企业向生产性服务业延伸价值链条，由主要提供终端产品向提供整体服务转变，增加对系统集成产品的整体解决方案。推动优势制造企业，通过业务流程的再造，向全行业提供专业化的生产性服务。鼓励制造企业设立财务公司和金融租赁公司等生产性服务机构。大力支持生产性服务业的快速发展。鼓励互联网企业运用新一代信息技术嵌入制造企业产品链，促使其提供产品、市场的动态监控和精准营销服务。推动研发设计、科技创新、技术转移、类生产性服务大发展，强化第三方物流、检验检测、电子商务等生产性服务业对制造业转型升级的支撑力。

6. 开展内联外引，推动优势制造企业"走出去"。推进中部区域间的深度合作，充分发挥湖南在"一带一路"建设中的区位优势，积极融入长江经济带战略，承接发达地区的产业转移。扩大对外开放，抓住国家"丝绸之路经济带"和"21世纪海上丝绸之路"战略建设的重大机遇，加大对外招商引资，按照产业链优势吸引跨国企业来投资，设立区域总部。以特色优势装备制造业为主，推动龙头企业采取工程总包、BOT等形式承接海外业务，并支持建立对外合作开发的园区和基地，支持其建立全球性的营销及服务体系，形成具有全球资源配置能力的跨国企业。支持制造企业由产品、技术出口向资本、管理出口的对外贸易方式转变，加快湖南高端装备制造业的全球化步伐。鼓励中小制造企业和龙头制造企业组建联盟，共同走出海外，以带动配套产业链条的快速发展，形成完整产业链，整体开拓海外市场格局。

第九章　中部地区生产性服务业与制造业高质量协同发展的对策建议

加快生产性服务业发展，构建一个在中部地区间搭配合理、优势互补的生产性服务业集聚格局，并对中部地区的制造业转型升级产生积极的外溢效应，除了依靠企业的市场行为，还离不开政府的作用。理论研究表明，政府可以通过经济政策和灵活措施对生产性服务业和制造业的集聚发展施加重要影响，另外，生产性服务业要与制造业更好地发挥协同互动作用，也需要政策与机制上的优化和改进。故此，我们在此给出中部地区生产性服务业与制造业高质量协同发展的政策和措施建议。

第一节　建立健全相关法律法规，消除二业协同发展的体制性障碍

目前，大部分生产性服务业属于垄断行业，如金融保险、铁路运输、邮电通信等行业由于存在自然垄断或行政性垄断，这些垄断限制了民间资本和社会其他资本的进入，导致这些垄断性生产者行业进入门槛较高，在市场竞争中所表现出来的排斥性更加强烈，将本应公平竞争的行业环境破坏，束缚了生产性服务业的发展，进而阻碍了生产性服务业与制造业的协同互动。因此，政府应加快推进生产性服务业发展的体制改革，建设公平竞争的市场环境，采取切实措施打破行业垄断壁垒，降低进入门槛、放宽准入条件，构建充分竞争的公平市场环境，促进生产性服务业成为经济发展新的重要增长点，进而实现生产性服务业发展和制造业升级的协同互动发展。

具体而言，政府应通过税收优惠、放宽审贷限制、设立产业投资基金等多种渠道吸引民间资本和外来资本投向生产性服务业领域，增加生产性

服务业发展的资金供给。进一步深化行政审批制度改革，不断创新政府工作方式，提高行政服务效率，建立公开、透明、规范、有效的科学市场监管体制。对生产性服务业的发展要有科学的总体规划和统筹管理，使其能与制造业的各类规划有效配合，比如，可以通过科学设计诸如物流仓储、商务咨询等生产性服务行业的规划布局，使制造业能够专注于自身的生产活动，避免了一些生产性服务业在制造业内的附属与浪费。

第二节 加快建立生产性服务业商会和制造业协会等中介服务平台

由前文对发达国家的生产性服务业和制造业协同互动发展的经验与启示可知，建立有效的行业发展协会能有效地促进二业的彼此快速发展和协同互动发展进程。在生产性服务业发达的美日英等国，行业商会和协会发挥了不可替代的重要作用，它既可以通过举办各类信息交流和资讯服务，以及业务培训，从整体上指导具体行业的发展方向，也可以通过为政府在制定行业规划、政策措施、行业规范等时提供信息协助，起到企业与政府间的沟通桥梁作用。

因此，在推动中部地区生产性服务业发展和制造业升级协同互动发展中，应充分发挥行业商会、协会在制定行业发展规划、实施行约行规、规范同业竞争、制定各种标准、培训专业人才、组织会员交流等方面的作用，进而高度重视行业协会在提出行业发展方向和政策支持方面的重要功能。

在具体建立二业协同的行业协会时应注意几个问题：一是行业协会的建立必须在经过前期完善的实地调研和科学论证的基础上，特别是要借鉴发达地区（比如上海市）的成功经验的基础上，积极探索出一套因地制宜、行之有效的模式。二是建立的行业协会必须充分发挥自己的桥梁纽带作用，对内部成员要加强沟通与交流，对政府部门要积极主动做好协调和衔接，做到既维护协会企业的合法正当利益，又争取到政府对行业发展的有力支持。三是行业协会对企业的支撑服务不仅要体现在软服务上，还要体现在实体平台服务上，要通过搭建协会的共享平台和互助机制，有效整合行业资源，促使行业企业不断发展壮大。

第三节　充分有效地利用外资，带动生产性服务业向深层次发展

珠三角地区的发展经验告诉我们外资在生产性服务业的发展中的独特作用。一般而言，以FDI形式进行生产性服务投资的行为，表现为对本地金融机构的信贷资源要求低，其投资基本都是伴随制造业的投资进度进行的，这样一来，对当地产业链条的完整度形成极大促进作用。而且，FDI投资的生产性服务业对制造业在生产环节的流程设计、产品的市场运营都对当地制造业和生产性服务业带来示范效应。此外，FDI所投资的制造企业所需要的各类额外的生产性服务，如高管培训、法律文案、市场调研等，基本都倾向于购买来自海外的生产性服务企业的服务产品。这给中部地区现有的生产性服务业带来近距离地学习和进一步发展壮大的机会，促使其在薄弱的环节尽快弥补，进而推动中部地区的生产性服务业整体上向深层次发展。

为此，在招商引资的过程中，既要重视对生产制造企业的产业链定向引进，也要重视对生产性服务业行业薄弱环节的招商引进，使得这些外资生产性服务企业不仅为外资制造业企业提供服务支撑，也为当地的传统制造企业提供高水准的生产性服务，进而促进中部地区的二业协同深化发展。

第四节　编制二业协同发展专项规划，加大政策扶持力度

就中部六省而言，没有任何一个省份有二业协同发展的专项规划，因此需要尽快研究和编制二业协同发展的专项发展规划。这种规划既可以做一个中部地区的整体性的，也可以分省各自做。需要注意的是，要针对不同的制造业与生产性服务业之间发展的差异，推进引导生产性服务业企业按市场经济规律，健康有序地发展。与此同时，在制定其他相关产业发展规划时，也要考虑生产性服务业和制造业之间的协同互动关系。

在二业协同互动的专项发展规划的制定中，重点是对整体仍处在薄弱和短板的生产性服务业的专项组织实施规划。通过以促进中部地区的传统优势制造业改造升级为目标，以企业为主体，以体制机制创新为保证，系

统地制定各自的制造业和生产性服务业发展规划和目标，以及重点行业的优先发展路线等。此外，在政府的政策扶植方面，应进一步加大力度，如在金融扶持性政策方面，可通过降低信贷门槛，设立专门基金的形式；在财税政策支持力度方面，可采用在发展的初期阶段使用优惠税收政策等手段。

第五节 重视培养高级专门人才，提升二业协同互动的融入度

人才要素是生产性服务业发展水平高低的关键因素，生产性服务业的核心作用是提供专业的人力资源和知识资本的服务，并通过将人力资本等生产要素嵌入制造业的价值链环节中去，促使制造业价值的提升和实现。随着现代科技的发展，制造业企业在生产经营过程中对知识和技术的要求日益密集，这就对专业技术人员的科技创新能力提出了更高要求，同时在其对外包生产性服务的购买中对供给者的专业知识的要求也越发严格。换句话说，生产性服务业的发展因其自身属性的要求而对知识和技术为代表的高级专门人才有特殊的需求，而制造业的发展、转型、升级和向价值链的高端的攀升，同样对第三方生产性服务业提供的生产性服务有额外的知识密集和技术密集的要求。

因此，应尽快提升高等院校和职业院校中对与生产性服务业相关专业人才的培养水平，建立生产性服务业人才教育实习基地，完善生产性服务业高级人才的引进和使用机制。健全人才激励机制。如针对管理层的股票期权、激励期权，对技术人员的员工持股计划等要全面铺开。此外，还要建立高效的人力资本流动机制。人力资本的优化配置是以其能够在市场上的自由流动来支撑的。人力资本的自由流动另一方面也通过市场信号给高级专业人才的流向和集聚提供指引，从而有利于高级专门人才向优秀的生产性服务企业或制造企业的集中，进一步提升二业协同互动发展的融合度。

第六节 通过降低市场交易成本，鼓励二业协同以市场的方式推进

推进生产性服务业和制造业的协同发展，无论是在延伸阶段、嵌入阶

段，还是在价值链的重构阶段，都必须确保是相关企业的市场行为，以市场的方式进行的，而不能以政府的"拉郎配"的行为推进。政府需要做的是降低企业间的市场交易成本，确保二业协同的交易成功。

具体而言，包括不断推进完善二业协同发展的法律体系（如强化《专利法》对技术研发的保护保障）和信任机制（如推动建立完善的企业市场行为信用记录，健全社会诚信体系，改善社会信用环境），来降低二业间的市场交易成本，提升二业协同发展市场行为的专业化水平。

此外，降低市场的交易成本，还包括降低企业间的信息沟通成本。这主要是由政府通过引导制造业企业和生产性服务企业在一定地理空间上的集聚，来降低企业彼此由信息不对称引发的交易成本，从而推进信息的交换和技术的扩散。

第十章　主要结论与研究展望

第一节　主要结论

　　自改革开放以来，制造业在我国实现普遍的恢复性快速增长，但服务业尤其是生产性服务业的发展明显滞后。这一现象在我国加入 WTO 以后表现更为明显。东部沿海地区借助改革开放国家给予的各种优惠政策实现了外向型经济飞速发展，推动了制造业的蓬勃扩张，也带来了生产性服务业的同步发展。同期的中部地区经济发展明显滞后于东部地区，出现了明显的经济塌方。随后国家在政策上对此加以平衡，特别是中部崛起战略的实施，给中部地区经济社会的发展带来新的历史性机遇。当前，国际国内环境已同改革开放初期和我国加入 WTO 初期大不相同，2008 年的美国次贷危机带来了整个世界经济的下滑，欧洲经济、日本经济通通陷入泥潭，东部沿海地区的制造业纷纷面临关闭潮，只有生产性服务业的发展一枝独秀。这是本研究面临的新时代背景，所有的实证分析数据也是基于最新公开出版的统计年鉴，通过在理论上的严密推演和实证上的数据分析，本研究得出如下的结论：

　　（1）在转轨国家的欠发达地区，生产性服务业规模的扩大可以显著提高制造业的效率和竞争力水平。

　　（2）在制造业处在价值链低端的条件下，只有制造企业自身难以提供的生产性服务能对制造业效率提升发挥显著效应。

　　（3）金融危机背景下，加快生产性服务业的发展步伐，并在一定程度上适当超前，能有效促使中部地区制造业实现高质量发展，以及有效地承接东部沿海地区制造业的转移。

　　（4）在我国经济发展由高速增长阶段转向高质量发展阶段的大环境下，

推动生产性服务业和制造业的高质量协同互动发展，能加快中部地区经济产业结构转型升级的步伐，有助于实体经济做实做强做优。

第二节 研究展望

随着世界经济的缓慢复苏，以及我国经济供给侧结构性改革的不断推进，中部地区的生产性服务业和制造业高质量协同发展面临的环境会愈加有利，在此前提下，笔者认为，后续可以从以下几个方面进一步深入研究：

一是金融服务业在支持中部地区制造业高质量发展中的特殊性问题，尤其是与其他生产性服务业相比较而言，金融类生产性服务业与中部地区制造业的协同关系并不像理论上认为的那么紧密。这是一个值得针对中部地区制造业发展进一步深入探讨的问题。

二是关于生产性服务业的价值链寻求问题。一般理论上认为，价值链仅存在于制造业的生产过程中，而生产性服务业不存在单独的价值链条。但本课题的分析研究表明，可能存在一条独有的生产性服务业的价值链，需要进一步从理论上进行更为深刻的探讨和严谨的推演。

三是生产性服务业从一开始，就独立于制造业的发展而发展，并在价值链上迂回去促使制造业的附加值厚植。这也是生产性服务业和制造业得到众多学者深入探寻的基本要义。但生产性服务业是一个综合性的概念，这种综合性的涵义几乎超越了脱离制造业之初的生产性服务业的基础涵义。本项目在研究中已经遇到这一现象，所以，笔者认为在今后的研究中如何科学、合理、正确地把握生产性服务业的综合性概念和具体性类别之间的关联和区分，以及它们对于制造业的不同意义是一个重要的研究方向。

参考文献

（一）中文书籍

〔美〕迈克尔·波特：《竞争优势》，陈小悦译，华夏出版社，1997。
〔美〕迈克尔·波特：《竞争战略》，陈小悦译，华夏出版社，2005。
〔美〕迈克尔·波特：《竞争优势》，陈小悦译，华夏出版社，2005。
〔美〕迈克尔·波特：《竞争论》，高登第、李明轩译，中信出版社，2003。
〔美〕H. 钱纳里等：《工业化和经济增长的比较研究》，吴奇等译，上海三联书店、上海人民出版社，1995。
〔美〕迈克尔·波特：《竞争战略 分析产业和竞争者的技巧》，陈小悦译，华夏出版社，1997。
〔德〕阿尔弗雷德·韦伯：《工业区位论》，李刚剑等译，商务印书馆，1997。
〔日〕藤田昌久、〔美〕克鲁格曼、〔英〕维纳布尔斯：《空间经济学 城市、区域与国际贸易》，中国人民大学出版社，2013。
毕斗斗：《生产服务业发展研究》，经济科学出版社，2009。
程大中：《生产者服务论：兼论中国服务业发展与开放》，文汇出版社，2006。
程大中：《中国服务业的增长、技术进步与国际竞争力》，经济管理出版社，2006。
傅家骥主编《技术创新学》，清华大学出版社，1998。
高运胜：《上海生产性服务业集聚区发展模式研究》，对外经济贸易大学出版社，2009。
黄少军：《服务业与经济增长》，经济科学出版社，2000。
金碚等：《竞争力经济学》，广东经济出版社。2003。
梁琦：《产业集聚论》，商务印书馆，2004。
李善同、高传胜等：《中国生产者服务业发展与制造业升级》，上海三联书店，2008。

刘志彪：《服务业驱动长三角》，中国人民大学出版社，2008。

邱灵、申玉铭、任旺兵：《中国服务业发展及其空间结构》，商务印书馆，2014。

任旺兵主编《我国服务业的发展与创新》，中国计划出版社，2004。

任旺兵：《我国服务业发展的国际比较与实证研究》，中国计划出版社，2005。

任旺兵主编《中国服务业发展现状、问题、思路》，中国计划出版社，2007。

任旺兵主编《我国制造业发展转型期生产性服务业发展问题》，中国计划出版社，2008。

藤田昌久主编《空间经济学：聚焦中国》，浙江大学出版社，2013。

王缉慈等：《创新的空间：企业集群与区域发展》，北京大学出版社。2001。

王小平：《服务业竞争力：一个理论以及对服务贸易与零售业的研究》，经济管理出版社，2003。

魏江、周丹等：《生产性服务业与制造业融合互动发展——以浙江省为例》，科学出版社，2011。

夏杰长：《高新技术与现代服务业融合发展研究》，经济管理出版社，2008。

夏杰长等：《迎接服务经济时代来临：中国服务业发展趋势、动力与路径研究》，经济管理出版社，2010。

夏杰长、姚战琪、李勇坚主编《中国服务业发展报告2014：以生产性服务业推动产业升级》，社会科学文献出版社，2014。

徐宏毅主编《服务业生产率与服务业经济增长研究》，武汉理工大学出版社，2010。

杨玉英：《中国生产性服务业发展战略》，经济科学出版社，2010。

张文献、陈海权编著《广东生产性服务业发展研究报告》，经济科学出版社，2009。

郑吉昌、夏晴：《服务业、服务贸易与区域竞争力》，浙江大学出版社，2004。

周丹、魏江：《知识型服务业与制造业互动：机理与路径》，浙江大学出版社，2015。

周振华主编《现代服务业发展研究》，上海社会科学院出版社，2005。

（二）中文期刊

白清：《生产性服务业促进制造业升级的机制分析——基于全球价值链视

角》,《财经问题研究》2015 年第 4 期。

鲍宗客、陈艳莹:《中国生产性服务企业利润率差异性及贡献度分解》,《管理科学》2013 年第 4 期。

蔡伟宏、李惠娟:《生产性服务出口技术复杂度与自主创新——基于跨国面板数据的实证分析》,《经济问题探索》2016 年第 7 期。

曹东坡、于诚、徐保昌:《高端服务业与先进制造业的协同机制与实证分析——基于长三角地区的研究》,《经济与管理研究》2014 年第 3 期。

曹毅、申玉铭、邱灵:《天津生产性服务业与制造业的产业关联分析》,《经济地理》2009 年第 5 期。

曾世宏:《基于产业关联视角的中国服务业结构变迁》,南京大学博士学位论文,2011。

陈红霞、贾舒雯:《中国三大城市群生产性服务业的集聚特征比较》,《城市发展研究》2017 年第 10 期。

陈建军、陈菁菁:《生产性服务业与制造业的协同定位研究——以浙江省 69 个城市和地区为例》,《中国工业经济》2011 年第 6 期。

陈倩倩、韩玉刚:《安徽省农业生产性服务业现状及发展效率评价》,《中国农学通报》2017 年第 25 期。

陈荣梅:《生产者服务业与制造业互动发展机制研究——基于面板数据的联立方程模型》,南京农业大学硕士学位论文,2009。

陈婷、苏秦、张艳:《陕西省制造业与服务业互动机制研究》,《科技管理研究》2008 年第 9 期。

陈伟达、冯小康:《生产者服务业与制造业的互动演化研究——基于我国投入产出表的实证分析》,《华东经济管理》2010 年第 1 期。

陈伟达、韩勇、达庆利:《苏州地区生产者服务业与制造业互动关系研究》,《东南大学学报(哲学社会科学版)》2007 年第 6 期。

陈宪、黄建锋:《分工、互动与融合:服务业与制造业关系演进的实证研究》,《中国软科学》2004 年第 10 期。

陈晓峰、陈昭锋:《生产性服务业与制造业协同集聚的水平及效应——来自中国东部沿海地区的经验证据》,《财贸研究》2014 年第 2 期。

陈艳莹、鲍宗客:《行业效应还是企业效应?——中国生产性服务企业利润率差异来源分解》,《管理世界》2013 年第 10 期。

陈郁青、王文平：《生产性服务发展与制造业成长的互动与协同关系分析》，《统计与决策》2015 年第 24 期。

陈郁青、王文平、颜超：《不同要素密集型制造业的生产性服务价值活动网络演化研究》，《东南大学学报（哲学社会科学版）》2015 年第 1 期。

成丹、赵放：《中国生产性服务贸易与中间产品贸易关系——基于行业面板数据的考察》，《国际经贸探索》2011 年第 11 期。

成康康：《农业生产性服务业与农村居民消费关系实证研究》，《商业经济研究》2017 年第 19 期。

楚明钦：《生产性服务嵌入、技术进步与中国装备制造业效率提升》，《财经论丛》2016 年第 12 期。

楚明钦：《装备制造业与生产性服务业产业关联研究——基于中国投入产出表的比较分析》，《中国经济问题》2013 年第 3 期。

楚明钦、刘志彪：《装备制造业规模、交易成本与生产性服务外化》，《财经研究》2014 年第 7 期。

崔纯：《中国生产性服务业促进装备制造业发展研究》，辽宁大学博士学位论文，2013。

崔大树、杨永亮：《生产性服务业空间分异的动因与表现——一个理论分析框架》，《学术月刊》2014 年第 3 期。

崔岩、臧新：《日本服务业与制造业对外直接投资的比较和关联性分析》，《世界经济研究》2007 年第 8 期。

代伊博：《生产者服务业对制造业发展的作用及机制研究》，武汉大学博士学位论文，2011。

代伊博、谭力文：《国外生产者服务业研究：历程、特点与演化方向》，《技术经济》2010 年第 12 期。

代中强：《长三角地区生产者服务业发展比较——基于投入产出表的分析》，《南京社会科学》2008 年第 5 期。

代中强：《制造业与生产者服务业的互动关系——来自长三角的证据》，《产业经济研究》2008 年第 4 期。

戴翔：《生产率与中国企业"走出去"：服务业和制造业有何不同？》，《数量经济技术经济研究》2014 年第 6 期。

但斌、贾利华：《国外生产性服务业的发展经验及对我国的启示》，《生产力研究》2008 年第 16 期。

但斌、刘利华：《面向产品制造企业的生产性服务及其运营模式研究》，《软科学》2007 年第 3 期。

邓丽姝：《生产性服务业推动制造业发展的实证分析》，《技术经济与管理研究》2011 年第 2 期。

邓于君、何娟：《中国服务业需求对生产性服务业发展影响分析》，《广东行政学院学报》2017 年第 1 期。

董旭、陈艳莹：《服务业与制造业对华 FDI 区位选择的差异——基于存量调整模型的实证研究》，《世界经济研究》2013 年第 3 期。

杜传忠、邵悦：《中国区域制造业与生产性服务业协调发展水平测度及其提升对策》，《中国地质大学学报（社会科学版）》2013 年第 1 期。

杜传忠、王鑫、刘忠京：《制造业与生产性服务业耦合协同能提高经济圈竞争力吗？——基于京津冀与长三角两大经济圈的比较》，《产业经济研究》2013 年。

杜德瑞、王喆、杨李娟：《工业化进程视角下的生产性服务业影响因素研究——基于全国 2002—2011 年 31 个省市面板数据分析》，《上海经济研究》2014 年第 6 期。

杜宇玮：《中国生产性服务业对制造业升级的促进作用研究——基于效率视角的评价》，《当代经济管理》2017 年第 5 期。

段海燕、赵瑞君、佟昕：《现代装备制造业与服务业融合发展研究——基于"互联网＋"的视角》，《技术经济与管理研究》2017 年第 1 期。

段丽娜：《中国生产性服务贸易发展与产业结构优化的耦合研究》，辽宁大学博士学位论文，2012。

樊斌：《中国生产性服务贸易发展与经济增长关系研究》，首都经济贸易大学硕士学位论文，2015。

樊文静：《中国生产性服务业发展悖论及其形成机理》，浙江大学博士学位论文，2013。

樊秀峰、韩亚峰：《生产性服务贸易对制造业生产效率影响的实证研究——基于价值链视角》，《国际经贸探索》2012 年第 5 期。

方永胜、魏中俊：《论我国中部崛起中的生产者服务业》，《技术经济》2008 年第 1 期。

冯鹏飞、申玉铭:《北京生产性服务业和制造业共同集聚研究》,《首都经济贸易大学学报》2017年第2期。

冯泰文:《生产性服务业的发展对制造业效率的影响——以交易成本和制造成本为中介变量》,《数量经济技术经济研究》2009年第3期。

高传胜:《生产者服务业与经济国际化:耦合性与互动发展》,《现代经济探讨》2004年第11期。

高传胜、李善同:《中国服务业:短处、突破方向与政策着力点——基于中、美、日、德四国投入产出数据的比较分析》,《中国软科学》2008年第2期。

高传胜、刘志彪:《生产者服务与长三角制造业集聚和发展——理论、实证与潜力分析》,《上海经济研究》2005年第8期。

高春亮:《文献综述:生产者服务业概念、特征与区位》,《上海经济研究》2005年第11期。

高觉民、李晓慧:《生产性服务业与制造业的互动机理:理论与实证》,《中国工业经济》2011年第6期。

宫鹏:《中国生产性服务行业贸易竞争力研究》,安徽财经大学硕士学位论文,2015。

顾乃华:《生产性服务业对工业获利能力的影响和渠道——基于城市面板数据和SFA模型的实证研究》,《中国工业经济》2010年第5期。

顾乃华、毕斗斗、任旺兵:《生产性服务业与制造业互动发展:文献综述》,《经济学家》2006年第6期。

顾乃华、毕斗斗、任旺兵:《中国转型期生产性服务业发展与制造业竞争力关系研究——基于面板数据的实证分析》,《中国工业经济》2006年第9期。

韩德超:《生产性服务业与制造业关系实证研究》,《统计与决策》2009年第18期。

韩德超、张建华:《中国生产性服务业发展的影响因素研究》,《管理科学》2008年第6期。

韩峰、王琢卓、阳立高:《生产性服务业集聚、空间技术溢出效应与经济增长》,《产业经济研究》2014年第2期。

韩锋、张永庆:《生产性服务业集聚重构区域空间的驱动力及作用机制分析》,《当代经济管理》2017年第8期。

何黎明:《"新常态"下我国物流与供应链发展趋势与政策展望》,《中国流通经济》2014年第8期。

何林、刘惠:《生产性服务贸易对中国四类制造业国际竞争力的影响研究》,《软科学》2014年第4期。

胡晓鹏、李庆科:《生产性服务业与制造业共生关系研究——对苏、浙、沪投入产出表的动态比较》,《数量经济技术经济研究》2009年第2期。

华广敏:《高技术服务业FDI对东道国制造业效率影响的研究——基于中介效应分析》,《世界经济研究》2012年第12期。

华广敏:《高技术服务业与制造业互动关系的实证研究——基于OECD跨国面板数据》,《世界经济研究》2015年第4期。

华广敏、荆林波:《中日高技术服务业FDI对制造业效率影响的比较研究——基于中介效应分析》,《世界经济研究》2013年第11期。

黄福华、谷汉文:《中国现代制造业与物流业协同发展对策探讨》,《中国流通经济》2009年第8期。

黄莉芳:《中国生产性服务业嵌入制造业关系研究——基于投入产出表的实证分析》,《中国经济问题》2011年第1期。

黄莉芳、黄良文、郭玮:《生产性服务业对制造业前向和后向技术溢出效应检验》,《产业经济研究》2011年第3期。

黄莉芳、黄良文、洪琳琳:《基于随机前沿模型的中国生产性服务业技术效率测算及影响因素探讨》,《数量经济技术经济研究》2011年第6期。

黄亚洲:《河南省生产性服务业与制造业融合发展研究》,郑州大学硕士学位论文,2014。

黄永春、郑江淮、杨以文等:《中国"去工业化"与美国"再工业化"冲突之谜解析——来自服务业与制造业交互外部性的分析》,《中国工业经济》2013年第3期。

黄有方、严伟:《我国制造业与物流业联动发展的趋势及建议》,《上海海事大学学报》2010年第01期。

霍鹏、魏修建:《制造业与物流业互动融合的研究——基于八大综合经济区数据的实证分析》,《华东经济管理》2017年第04期。

吉亚辉、李岩、苏晓晨:《我国生产性服务业与制造业的相关性研究——基于产业集聚的分析》，《软科学》2012 年第 03 期。

贾根良、刘书瀚：《生产性服务业：构建中国制造业国家价值链的关键》，《学术月刊》2012 年第 12 期。

江静、刘志彪：《世界工厂的定位能促进中国生产性服务业发展吗》，《经济理论与经济管理》2010 年第 03 期。

江静、刘志彪：《生产性服务发展与制造业在全球价值链中的升级——以长三角地区为例》，《南方经济》2009 年第 11 期。

江静、刘志彪、于明超：《生产者服务业发展与制造业效率提升：基于地区和行业面板数据的经验分析》，《世界经济》2007 年第 8 期。

江曼琦、席强敏：《生产性服务业与制造业的产业关联与协同集聚》，《南开学报（哲学社会科学版）》2014 年第 1 期。

江小国、顾青青、程佳韫：《安徽省生产性服务业与制造业互动程度的实证分析》，《安徽工业大学学报（社会科学版）》2017 年第 1 期。

姜凌、卢建平：《服务外包对我国制造业与服务业升级的作用机理》，《经济学家》2011 年第 12 期。

蒋希：《江苏省生产性服务业与制造业产业关联研究》，江苏大学硕士学位论文，2010。

孔德洋、徐希燕：《生产性服务业与制造业互动关系研究》，《经济管理》2008 年第 6 期。

孔婷、孙林岩、冯泰文：《生产性服务业对制造业效率调节效应的实证研究》，《科学学研究》2010 年第 03 期。

李秉强：《中国制造业与生产性服务业的耦合性判断》，《统计与信息论坛》2014 年第 4 期。

李国刚、李开航、唐燕、咸娇娇：《新常态背景下生产性服务业发展政策框架设计与分析》，《情报杂志》2016 年第 9 期。

李惠娟、蔡伟宏：《离岸生产性服务中间投入对中国制造业出口技术复杂度的影响》，《世界经济与政治论坛》2016 年第 3 期。

李佳洺、孙铁山、张文忠：《中国生产性服务业空间集聚特征与模式研究——基于地级市的实证分析》，《地理科学》2014 年第 4 期。

李钦、曾宪影：《生产者服务业与产业升级研究——兼论江苏生产者服务业发展重点与政策选择》，《江苏社会科学》2008 年第 5 期。

李士梅：《当前中国制造业发展面临的主要问题及对策研究》，《中央财经大学学报》2004年第12期。

李松庆、苏开拓：《广东制造业与物流业联动发展的灰色关联分析》，《中国集体经济》2009年第15期。

李杨、程斌琪：《北京市生产性服务业发展与高端制造业增长》，《北京社会科学》2017年第10期。

李洋：《生产性服务业与制造业互动性研究——以四川省为例》，四川省社会科学院，2007。

李云鹏：《中国生产性服务进口贸易对制造业升级影响的研究》，东北财经大学硕士学位论文，2016。

林海榕：《服务外包业与制造业协调发展研究》，福建师范大学博士学位论文，2014。

林略、杨俊萍、但斌：《面向制造业的生产性服务专业化集聚发展研究》，《科技管理研究》2007年第10期。

林子波、李碧珍：《海西区制造业与生产性服务业互动关系的实证分析》，《福建论坛（人文社会科学版）》2008年第1期。

刘兵权、王耀中：《分工、现代生产性服务业与高端制造业发展》，《山西财经大学学报》2010年第11期。

刘纯彬、杨仁发：《中国生产性服务业发展的影响因素研究——基于地区和行业面板数据的分析》，《山西财经大学学报》2013年第4期。

刘纯彬、杨仁发：《中国生产性服务业发展对制造业效率影响实证分析》，《中央财经大学学报》2013年第8期。

刘芳：《中部地区生产性服务业与制造业关系的研究》，南昌大学硕士学位论文，2014。

刘浩、原毅军：《中国生产性服务业与制造业的共生行为模式检验》，《财贸研究》2010年第3期。

刘健：《对中国经济增长模式的探讨——基于生产性服务产业发展的视角》，《云南财经大学学报》2010年第2期。

刘军跃、李军锋、钟升：《生产性服务业与装备制造业共生关系研究——基于全国31省市的耦合协调度分析》，《湖南科技大学学报（社会科学版）》2013年第1期。

刘明宇、芮明杰、姚凯：《生产性服务价值链嵌入与制造业升级的协同演进关系研究》，《中国工业经济》2010年第8期。

刘培林、宋湛：《服务业和制造业企业法人绩效比较》，《经济研究》2007年第1期。

刘书瀚、张瑞、刘立霞：《中国生产性服务业和制造业的产业关联分析》，《南开经济研究》2010年第6期。

刘婷婷、曾洪勇、张华：《京津生产性服务业与制造业互动关系比较研究》，《中国人口。资源与环境》2014年第S2期。

刘欣伟：《生产性服务业产业集群研究》，上海社会科学院博士学位论文，2009。

刘叶、刘伯凡：《生产性服务业与制造业协同集聚对制造业效率的影响——基于中国城市群面板数据的实证研究》，《经济管理》2016年第6期。

刘奕、夏杰长、李垚：《生产性服务业集聚与制造业升级》，《中国工业经济》2017年第7期。

刘志彪：《基于制造业基础的现代生产者服务业发展》，《江苏行政学院学报》2006年第5期。

刘志彪：《论现代生产者服务业发展的基本规律》，《中国经济问题》2006年第1期。

卢迪颖：《中国生产性服务贸易国际竞争力指数分析》，《经济论坛》2013年第7期。

芦千文、姜长云：《农业生产性服务业发展模式和产业属性》，《江淮论坛》2017年第2期。

陆剑宝：《基于制造业集聚的生产性服务业协同效应研究》，《管理学报》2014年第3期。

路红艳：《生产性服务与制造业结构升级——基于产业互动、融合的视角》，《财贸经济》2009年第9期。

罗建强、李伟鹏、赵艳萍：《基于演化博弈的制造企业服务衍生稳定性研究》，《系统工程学报》2016年第6期。

马凤华、李江帆：《生产服务业与制造业互动研究述评》，《经济管理》2008年第17期。

马洪伟：《黑龙江装备制造业与生产性服务业互动发展模式研究》，哈尔滨理工大学硕士学位论文，2013。

马卫红、黄繁华：《生产者服务业与制造业的互动发展与行业差异——基于长三角地区的实证研究》，《上海经济研究》2012年第5期。

马欣：《我国生产性服务业出口与制造业出口的互动性研究》，安徽大学硕士学位论文，2017。

毛丽莉、杨明皓：《中国生产性服务贸易发展研究》，《现代商贸工业》2012年第3期。

毛艳华：《广东制造业与生产性服务业耦合互动发展的实证研究——基于2005~2014年面板数据的分析》，《华南师范大学学报（社会科学版）》2017年第2期。

孟萍莉：《生产性服务业FDI、OFDI对制造业结构升级的影响——基于灰色关联理论的实证分析》，《经济与管理》2017年第3期。

苗林栋、潘文卿：《中国三大增长极生产性服务业与制造业的共生关系比较》，《技术经济》2014年第11期。

莫莎、王佩婷：《生产性服务进口质量对工业低碳贸易竞争力的影响研究》，《国际商务（对外经济贸易大学学报）》2017年第3期。

宁养豪：《山西生产性服务业发展问题研究》，山西财经大学硕士学位论文，2012。

牛一：《中国生产性服务业与制造业协调发展研究》，北京邮电大学博士学位论文，2013。

庞博慧：《中国生产服务业与制造业共生演化模型实证研究》，《中国管理科学》2012年第2期。

彭本红、冯良清：《现代物流业与先进制造业的共生机理研究》，《商业经济与管理》2010年第1期。

彭水军、李虹静：《中国生产者服务业、制造业与出口贸易关系的实证研究》，《国际贸易问题》2014年第10期。

平新乔、安然、黄昕：《中国服务业的全要素生产率的决定及其对制造业的影响》，《学术研究》2017年第3期。

綦良群、蔡渊渊、王成东：《GVC下中国装备制造业与生产性服务业融合影响因素研究》，《科技进步与对策》2017年第14期。

綦良群、何宇：《装备制造业与生产性服务业互动融合演进模型及演进特征研究》，《科技进步与对策》2017年第10期。

钱书法、贺建、程海狮：《社会分工制度下生产性服务业与制造业关系新探——以江苏省为例》，《经济理论与经济管理》2010年第3期。

乔均、施建军：《生产性服务业与制造业互动发展研究评述》，《经济学动态》2009年第11期。

邱灵、方创琳：《北京市生产性服务业空间集聚综合测度》，《地理研究》2013年第1期。

邱灵、方创琳：《生产性服务业空间集聚与城市发展研究》，《经济地理》2012年第11期。

邱灵、申玉铭、任旺兵：《国内外生产性服务业与制造业互动发展的研究进展》，《世界地理研究》2007年第3期。

尚宇红：《生产者服务业：现状、问题和发展对策》，《理论探索》2008年第2期。

沈飞、吴解生、陈寿雨：《产性服务业对制造业集聚、竞争力提升的影响及两产业耦合关联的实证研究》，《技术经济》2013年第11期。

盛丰：《生产性服务业集聚与制造业升级：机制与经验——来自230个城市数据的空间计量分析》，《产业经济研究》2014年第2期。

盛龙、陆根尧：《中国生产性服务业集聚及其影响因素研究——基于行业和地区层面的分析》，《南开经济研究》2013年第5期。

宋晗菲：《发达国家生产性服务业与制造业互动发展研究》，郑州大学硕士学位论文，2013。

苏秦、张艳：《制造业与物流业联动现状分析及国际比较》，《中国软科学》2011年第5期。

孙畅：《产业共生视角下产业结构升级的空间效应分析》，《宏观经济研究》2017年第7期。

孙冀萍：《山西省生产性服务业发展策略研究——基于因子分析法》，《经济研究参考》2014年第39期。

孙久文、李爱民、彭芳梅、赵霄伟：《长三角地区生产性服务业与制造业共生发展研究》，《南京社会科学》2010年第8期。

孙浦阳、韩帅、靳舒晶：《产业集聚对外商直接投资的影响分析——基于服务业与制造业的比较研究》，《数量经济技术经济研究》2012年第9期。

孙晓华、翟钰、秦川：《生产性服务业带动了制造业发展吗？——基于动态两部门模型的再检验》,《产业经济研究》2014 年第 1 期。

谭洪波:《生产者服务业与制造业的空间集聚:基于贸易成本的研究》,《世界经济》2015 年第 3 期。

唐海燕:《新国际分工、制造业竞争力与我国生产性服务业发展》,《华东师范大学学报(哲学社会科学版)》2012 年第 2 期。

唐强荣、徐学军:《基于共生理论的生产性服务企业与制造企业合作关系的实证研究》,《工业技术经济》2008 年第 12 期。

唐强荣、徐学军、何自力:《生产性服务业与制造业共生发展模型及实证研究》,《南开管理评论》2009 年第 3 期。

田曦:《生产性服务影响我国制造业竞争力的实证分析》,《科技和产业》2007 年第 11 期。

童洁:《生产性服务业与制造业融合发展的价值创造与合作策略研究》,重庆大学硕士学位论文,2012。

童洁、张旭梅、但斌:《制造业与生产性服务业融合发展的模式与策略研究》,《软科学》2010 年第 2 期。

汪本强、杨学春:《区域性制造业与生产性服务业互动发展问题的研究述评及借鉴》,《经济问题探索》2015 年第 4 期。

汪斌、金星:《生产性服务业提升制造业竞争力的作用分析——基于发达国家的计量模型的实证研究》,《技术经济》2007 年第 1 期。

汪素芹、胡玲玲:《我国生产性服务贸易的发展及国际竞争力分析》,《国际商务(对外经济贸易大学学报)》2007 年第 6 期。

汪素芹、孙燕:《中国生产性服务贸易发展及其结构分析》,《商业经济与管理》2008 年第 11 期。

王成亮、丁晓东、宗利永:《生产性服务外包的关系特征和价值网络构建》,《中国流通经济》2011 年第 1 期。

王聪、曹有挥、陈国伟:《基于生产性服务业的长江三角洲城市网络》,《地理研究》2014 年第 2 期。

王聪、曹有挥、宋伟轩、刘可文:《生产性服务业视角下的城市网络构建研究进展》,《地理科学进展》2013 年第 7 期。

王海杰、陈稳:《中部六省生产性服务业竞争力评价研究》,《区域经济评论》2017 年第 4 期。

王慧娟：《生产性服务外包提升中国制造业国际竞争力》，哈尔滨商业大学硕士学位论文，2013。

王江、陶磊、黄雨婷：《中国与"一带一路"沿线十国生产性服务贸易竞争力比较》，《商业研究》2017年第4期。

王茂林、刘秉镰：《制造业与物流业联动发展中存在的问题与趋势》，《现代管理科学》2009年第3期。

王谦、丁琦：《生产性服务贸易技术复杂度与我国产业结构升级》，《经营与管理》2016年第11期。

王爽：《全球价值链下我国生产性服务贸易发展：机理、特征与对策》，《宏观经济研究》2016年第10期。

王思文、刘雪强、李哲：《生产性服务业对制造业产业转移的影响：文献综述》，《兰州财经大学学报》2017年第2期。

王文、孙早：《制造业需求与中国生产性服务业效率——经济发展水平的门槛效应》，《财贸经济》2017年第7期。

王希：《生产性服务业对制造业增长贡献的实证研究——西安市生产性服务业研究》，西安电子科技大学硕士学位论文，2013。

王晓红、王传荣：《产业转型条件的制造业与服务业融合》，《改革》2013年第9期。

王兴莲：《全球价值链视角下生产性服务嵌入与地方产业集群升级》，《改革与战略》2011年第1期。

王影：《中国生产性服务贸易国际竞争力研究》，东北师范大学博士学位论文，2013。

王影、石凯：《提升我国生产性服务贸易竞争力的实证研究》，《工业技术经济》2013年第10期。

王宇：《江苏省生产性服务业与制造业融合研究》，南京师范大学硕士学位论文，2013。

王玉玲：《中国生产性服务业与制造业的互动融合：理论分析和经验研究》，上海社会科学院博士学位论文，2017。

王珍珍、陈功玉：《制造业与物流业联动发展的演化博弈分析》，《中国经济问题》2012年第2期。

王珍珍、陈功玉：《制造业与物流业联动发展的竞合模型研究——基于产业生态系统的视角》，《经济与管理》2009 年第 7 期。

王治、王耀中：《中国服务业发展与制造业升级关系研究——基于东、中、西部面板数据的经验证据》，《华东经济管理》2010 年第 11 期。

王佐：《制造业与物流业联动发展的本源和创新》，《中国流通经济》2009 年第 2 期。

韦琦：《制造业与物流业联动关系演化与实证分析》，《中南财经政法大学学报》2011 年第 1 期。

魏江、周丹：《我国生产性服务业与制造业互动需求结构及发展态势》，《经济管理》2010 年第 8 期。

闻振天：《生产性服务业与制造业互动发展研究——基于山东省的实证分析》，西南财经大学，2014。

吴群：《制造业与物流业联动共生模式及相关对策研究》，《经济问题探索》2011 年第 1 期。

吴雪：《制造业与生产性服务业互动发展研究》，上海师范大学硕士学位论文，2013。

席强敏、陈曦、李国平：《中国城市生产性服务业模式选择研究——以工业效率提升为导向》，《中国工业经济》2015 年第 2 期。

席艳乐、李芊蕾：《长三角地区生产性服务业与制造业互动关系的实证研究——基于联立方程模型的 GMM 方法》，《宏观经济研究》2013 年第 1 期。

肖文、樊文静：《产业关联下的生产性服务业发展——基于需求规模和需求结构的研究》，《经济学家》2011 年第 6 期。

肖文、徐静、林高榜：《生产性服务业与制造业关联效应的实证研究——以浙江省为例》，《学海》2011 年第 4 期。

徐从才、丁宁：《服务业与制造业互动发展的价值链创新及其绩效——基于大型零售商纵向约束与供应链流程再造的分析》，《管理世界》2008 年第 8 期。

宣烨、余泳泽：《生生产性服务业层级分工对制造业效率提升的影响——基于长三角地区 38 城市的经验分析》，《产业经济研究》2014 年第 3 期。

宣烨：《生产性服务业空间集聚与制造业效率提升——基于空间外溢效应的实证研究》，《财贸经济》2012 年第 4 期。

闫付美、张宏：《中国生产性服务业 OFDI 的影响因素分析——来自微观企业的证据》,《经济问题探索》2017年第4期。

闫宗敏:《黑龙江省生产性服务业对制造业升级的促进作用分析》,哈尔滨工业大学硕士学位论文,2013。

严任远:《生产性服务业与现代制造业互动发展研究——以浙江为例》,《华东经济管理》2010年第8期。

杨海悦:《生产性服务进口贸易对制造业服务化影响效应研究》,上海大学硕士学位论文,2015。

杨慧瀛、项义军:《中外生产性服务贸易国际竞争力比较及对策研究》,《经济纵横》2015年第7期。

杨杰、宋马林:《生产性服务贸易与货物贸易竞争力动态相关性研究——基于中美两国的对比》,《广西财经学院学报》2012年第4期。

杨玲:《破解困扰"中国制造"升级的"生产性服务业发展悖论"的经验研究》,《数量经济技术经济研究》2017年第7期。

杨玲:《生产性服务进口贸易促进制造业服务化效应研究》,《数量经济技术经济研究》2015年第5期。

杨玲:《中国与发达国家生产者服务业产业内贸易比较研究——基于货物贸易、服务贸易的视角分析》,《国际贸易问题》2012年第9期。

杨玲:《美国生产者服务业的变迁及启示——基于1997、2002、2007年投入产出表的实证研究》,《经济与管理研究》2009年第9期。

杨玲、郭羽诞:《生产性服务贸易出口技术结构对包容性增长的影响研究》,《世界经济研究》2014年第2期。

杨玲、徐舒婷:《生产性服务贸易进口技术复杂度与经济增长》,《国际贸易问题》2015年第2期。

杨仁发:《生产性服务业发展、制造业竞争力与产业融合》,南开大学博士学位论文,2013。

杨仁发:《产业集聚与地区工资差距——基于我国269个城市的实证研究》,《管理世界》2013年第8期。

杨仁发、刘纯彬:《生产性服务业与制造业融合背景的产业升级》,《改革》2011年第1期。

杨仁发、张爱美:《我国生产性服务业与制造业协调发展研究》,《经济纵横》2008年。

杨锐、张洁、芮明杰：《基于主体属性差异的生产性服务网络形成及双重结构》，《中国工业经济》2011年第3期。

杨勇：《生产者服务贸易国外研究进展与述评》，《技术经济与管理研究》2011年第7期。

易莹莹、席艳乐：《生产性服务业与制造业互动关系研究》，《商业研究》2012年第11期。

殷凤：《中国制造业与服务业双向溢出效应的实证分析》，《上海大学学报（社会科学版）》2011年第1期。

余道先、刘海云：《中国生产性服务贸易结构与贸易竞争力分析》，《世界经济研究》2010年第2期。

余晶：《制造业与生产性服务业互动效率的测度研究——基于投入产出关联》，复旦大学博士学位论文，2013。

喻春娇、肖德、胡小洁：《武汉城市圈生产性服务业对制造业效率提升作用的实证》，《经济地理》2012年第5期。

喻美辞：《生产性服务业发展对珠三角制造业竞争力的影响》，《华南农业大学学报（社会科学版）》2011年第1期。

原小能：《全球服务价值链及中国服务业价值链的位置测度》，《云南财经大学学报》2017年第1期。

原毅军、耿殿贺、张乙明：《技术关联下生产性服务业与制造业的研发博弈》，《中国工业经济》2007年第11期。

原毅军、刘浩：《中国制造业服务外包与服务业劳动生产率的提升》，《中国工业经济》2009年第5期。

詹浩勇：《生产性服务业集聚与制造业转型升级研究》，西南财经大学博士学位论文，2013。

詹浩勇、冯金丽、袁中华：《我国城市生产性服务业集聚模式选择——基于制造业内部结构分类的研究》，《宏观经济研究》2017年第10期。

张蕾、申玉铭、柳坤：《北京生产性服务业发展与城市经济功能提升》，《地理科学进展》2013年第12期。

张平：《全球价值链分工与中国制造业成长》，辽宁大学博士学位论文，2013。

张蔷：《我国生产性服务业与制造业的互动发展研究》，首都经济贸易大学硕士学位论文，2014。

张三峰、杨德才:《产业转移背景下的制造业与服务业互动研究——基于我国中部地区的分析》,《经济管理》2009年第8期。

张巍钰:《中部地区金融发展与产业结构升级理论及实证研究》,湖南大学博士学位论文,2014。

张文倩:《中国生产性服务贸易竞争力及其影响因素研究》,南京航空航天大学硕士学位论文,2016。

张晓涛、李芳芳:《生产性服务业与制造业的互动关系研究——基于MS-VAR模型的动态分析》,《吉林大学社会科学学报》2012年第3期。

张亚军、干春晖、郑若谷:《生产性服务业与制造业的内生与关联效应——基于投入产出结构分解技术的实证研究》,《产业经济研究》2014年第11期。

张延吉、吴凌燕、秦波:《北京市生产性服务业的空间集聚及影响因素——基于连续平面的测度方法》,《中央财经大学学报》2017年第9期。

张衍:《生产者服务业与制造业互动机制研究——基于东中西部比较》,南京财经大学硕士学位论文,2010。

张艳、苏秦、陈婷:《制造业、生产者服务业及消费者服务业之间的技术溢出效应分析》,《科技管理研究》2008年第6期。

张益丰、黎美玲:《先进制造业与生产性服务业双重集聚研究》,《广东商学院学报》2011年第2期。

张益丰、刘东、侯海菁:《生产者服务业产业集聚与产业升级的有效途径——基于政府规制视角的理论阐述》,《世界经济研究》2009年第9期。

张勇:《生产性服务业空间集聚的实证研究》,辽宁大学博士学位论文,2012。

张宇馨:《制造业FDI与服务业FDI区位决策的互动影响——基于我国省际面板数据的实证分析》,《山西财经大学学报》2012年第2期。

张长森、杨振华:《基于共生机理的生产性服务业与制造业互动研究》,《南昌大学学报(人文社会科学版)》2010年第3期。

张振刚、陈志明、胡琪玲:《生产性服务业对制造业效率提升的影响研究》,《科研管理》2014年第1期。

张志彬:《生产性服务业与城市经济可持续发展研究》,湖南大学博士学位论文,2013。

章建新:《析区域经济发展中的物流产业集群功能》,《经济问题》2007年第 1 期。

赵放、成丹:《东亚生产性服务业和制造业的产业关联分析》,《世界经济研究》2012 年第 7 期。

赵龙双:《东北地区生产性服务业与装备制造业融合模式研究》,哈尔滨理工大学硕士学位论文,2014。

赵伟、郑雯雯:《生产性服务业——贸易成本与制造业集聚:机理与实证》,《经济学家》2011 年第 2 期。

赵霞:《流通服务业与制造业互动融合研究》,西南财经大学博士学位论文,2011。

赵霞:《生产性服务投入、垂直专业化与装备制造业生产率》,《产业经济研究》2017 年第 2 期。

赵霞、徐永锋:《流通服务业对制造业效率的影响路径分析》,《中南财经政法大学学报》2012 年第 2 期。

赵新华:《产业融合对经济结构转型的影响:理论及实证研究》,湖南大学博士学位论文,2014。

郑吉昌:《基于服务经济的服务业与制造业的关系》,《数量经济技术经济研究》2003 年第 12 期。

郑吉昌、夏晴:《现代服务业与制造业竞争力关系研究——以浙江先进制造业基地建设为例》,《财贸经济》2004 年第 9 期。

郑吉昌、夏晴:《服务业与城市化互动关系研究——兼论浙江城市化发展及区域竞争力的提高》,《经济学动态》2004 年第 12 期。

郑凯捷:《分工与产业结构发展——从制造经济到服务经济》,复旦大学博士学位论文,2006。

郑凯捷:《中国服务业发展的中间需求因素分析——中间需求表现及工业产业分工发展的影响》,《山西财经大学学报》2008 年第 2 期。

周丹、应瑛:《生产性服务业与制造业互动综述与展望》,《情报杂志》2009 年第 8 期。

周静:《生产性服务业与制造业互动的阶段性特征及其效应》,《改革》2014 年第 11 期。

周孝坤、刘茜:《西部地区生产性服务业与制造业互动发展实证研究》,《经济问题探索》2013 年第 3 期。

朱高峰、唐守廉、惠明、李燕、唐一薇：《制造业服务化发展战略研究》，《中国工程科学》2017年第3期。

朱慧、周根贵、任国岩：《制造业与物流业的空间共同集聚研究——以中部六省为例》，《经济地理》2015年第11期。

朱有为、张向阳：《国际制造业与服务业向中国转移的协同关系分析》，《中国软科学》2005年第10期。

朱智文、袁观林：《甘肃省生产性服务业发展与经济增长关系研究——基于甘肃省相关数据的模型检验》，《开发研究》2013年第1期。

（三）英文期刊

Bailly, A. S. Producer Servicers Researcher in Europe［J］. Professional Geographer, 1999（47）.

Bayson J R. Business Service Firms, Service Apace and the Management of Change［J］. Entrepreneurship and Regional Development, 1997（9）.

Benhabib, J. and Spiegel, M. The Role of Human Capital in Economic Development: Evidence from Aggregate Cross-Country Date［J］. Journal of monetary Economic, 1994（34）.

Beyers, W. B. Producer Servicers［J］. Progress in Human Geography, 1993,（17）.

Browning H. C. and Singelmann J. The Emergence of a Service Society National Technical Information Service［J］. Springfield Virginia, 1975.

Coffey, W. J. Producer Services in Canada［J］. Professional Geograghy, 1995,（47）.

Daniels, P. W. Producer Services Research in the United Kingdom［J］. Professional Geographer, 1995（47）.

Daniels, P. W. Services Industries: A Geographical Appraisal［M］. London: Methuen, 1985.

Fisher, A. G. Capital and the Growth OJ Knowledge［J］. Economic Journal, 1933（9）.

Fisher, A. G. Production, primary, secondary, and Tertiary［J］. Economic Record, 1939（6）.

Francois, J. K. Producer Services, Scale, and the Division of Labor [J]. Oxford Economic Papers, 1990 (42).

Giuseppe Nicoletti. Regulation in Servicers: OECD Patterns and Economic Implications [J]. OECD Economics Department Working Papers, 2001 (287).

Geo W. R. The Growth of Producer Service Industries: Sorting through the externalization debate [J]. Growth and Change, 1991 (22).

Goe W. Richard. An Examination of the Relationship between Corporate Spatial Organization, Restructuring, and External Contracting of Producer Servicers within a Metropolitan Region [J]. Urban Affairs Review, 1996 (32).

Goe W. Richard. Factors Associated with the Development of Nonmetropolitan Growth Nodes in Producer Services Industries [J]. Urban Affairs Rewiew, 2002 (67).

Greenfield H. Manpower and The Growth of Producers Servicers [M]. New York: Columbia University Press, 1966.

Guerrieri, Meliciani. International Competitiveness in Producer Services [P]. Paper Presented at the SETI Meeting Rome, 2003.

Harrington, J. w. Empirical Research on Producer Servicers Growth and Regional Development: International Comparisons [J]. Professional Geographer, 1995 (47).

Illeris S. Proximity between Service Producers and Service Users [J]. Tijdschrift voor Economische en Social Geografie, 1994 (85).

Joliffe-Tranter, L. E. Advanced Producer Services: Just a Service to manufacturing? [J]. Service Industries, 1996 (16).

Klodt H. Structural Change towards Services: the German Experience [P]. University of Birmingham IGS Discussion Paper, 2000.

Macpherson A. The Role of Producer Service Outsourcing in the Innovation Performance of New York State Manufacturing Firm [J]. Annals of the Association of American Geographers, 1997 (87).

Markusen James. Trade in Producer Services and in other Specialized Intermediate Inputs [J]. The American Economic Review, 1989 (79).

Marrewijk C. et al. Producer services, Comparative Advantage, and International

Trade Patterns [J]. Journal of International Economic, 1997 (42).

Martin Neil Baily. Adjusting to China: A Challenge to the U. S. Manufacturing Sector [J]. Brookings. 2011 (1).

Melvin R. James. Trade in Producer Services: A Heckscher-Ohlin Approach [J]. Journal of Political Economic. 1989 (97).

Paolo Guerrieri and Valentina Meliciani. Technology and International Competitiveness: The Interdependence between Manufacturing and Producer Services [J]. Structure Change and Economic Dynamics, 2005 (16).

Riddle. Service-led Growth: The Role of the Service Sector in World Development [M]. New York: Praeger, 1986.

Robert Pollin, Dean Baker. Reindustrializing America: A Proposal for Reviving U. S. Manufacturing and Creating Millions of Good Jobs [J]. New Labor Forum, 2010 (19).

Se Hark Park. Intersectional Relationships between Manufacturing and Servicer: New Evidence from Selected Pacific Basin Countries [J]. ASEAN Economic Bulletin, 1999 (03).

W. Richard Goe. Factors Associated with the Development of Nonmetropolitan Growth Nodes in Producer Services Industries [J]. Rural Sociology, 2002 (67).

Yang J M., Ma F. B. The Hard Structure and Soft Structure of Enterprises Network-the Case Study on IT Hardware Industry in Dongguan [R]. Proceedings of IEEE International Engineering Management Conference, 2004.

图书在版编目(CIP)数据

中部地区生产性服务业和制造业高质量协同发展研究/侯红昌著. -- 北京:社会科学文献出版社,2018.11
（中原学术文库. 青年丛书）
ISBN 978 - 7 - 5201 - 3901 - 4

Ⅰ.①中… Ⅱ.①侯… Ⅲ.①生产服务 - 服务业 - 产业发展 - 关系 - 制造工业 - 产业发展 - 研究 - 中国 Ⅳ.①F719②F426.4

中国版本图书馆 CIP 数据核字（2018）第 252534 号

中原学术文库·青年丛书
中部地区生产性服务业和制造业高质量协同发展研究

著　　者 / 侯红昌

出 版 人 / 谢寿光
项目统筹 / 任文武
责任编辑 / 连凌云

出　　版 / 社会科学文献出版社·区域发展出版中心（010）59367143
　　　　　　地址：北京市北三环中路甲 29 号院华龙大厦　邮编：100029
　　　　　　网址：www.ssap.com.cn
发　　行 / 市场营销中心（010）59367081　59367083
印　　装 / 三河市尚艺印装有限公司

规　　格 / 开　本：787mm × 1092mm　1/16
　　　　　　印　张：15.25　字　数：251 千字
版　　次 / 2018 年 11 月第 1 版　2018 年 11 月第 1 次印刷
书　　号 / ISBN 978 - 7 - 5201 - 3901 - 4
定　　价 / 78.00 元

本书如有印装质量问题，请与读者服务中心（010 - 59367028）联系

▲ 版权所有 翻印必究